iyi ki **kitap**lar var...

TİMAŞ YAYINLARI

İstanbul 2025

timas.com.tr

Allah ile Konuşturan Namaz

Mehmet Yıldız

Namazı hızlı hızlı kıldığında şunu unutma;
elde etmeyi veya kaçırmamayı istediğin her
şey önünde durduğun Allah'ın kudretindedir!

--/--/----

ALLAH İLE KONUŞTURAN NAMAZ

Mehmet Yıldız

TİMAŞ YAYINLARI | 5536

Aile Kitaplığı | Ailede Din Eğitim | 46

EDİTÖR

Kalender Yıldız

KAPAK TASARIMI

Erdi Demir

İÇ TASARIM

Nur Kayaalp

1. BASKI

Nisan 2022, İstanbul

7. BASKI

Şubat 2025, İstanbul

ISBN

ISBN: 978-605-08-4451-1

9 786050 844511

TİMAŞ YAYINLARI

Bahçelievler Mah. Zübeyde Hanım Cad. No: 8

Üsküdar / İstanbul

Telefon: (0212) 511 24 24

timas.com.tr

timas@timas.com.tr

timasyayingrubu

Kültür Bakanlığı Yayıncılık

Sertifika No: 45587

BASKI VE CİLT

WPC Matbaacılık

Osmangazi Mah. Mehmet Deniz Kopuz Cad. No: 17-1

Esenyurt / İstanbul

Telefon: (0212) 886 83 30

Matbaa Sertifika No: 50884

ALLAH İLE KONUŞTURAN NAMAZ

Mehmet Yıldız

TİMAŞ

MEHMET YILDIZ

Hayatınızın keyifli geçtiğini zannettiğiniz günlerde, bir bakmışsınız Firavun misali bir adam oluvermişsinizdir. İşte böyle yaşarken bile kalbim daraldığında, çevremde kimsenin elinin kalbime yetmemesi kalbimi yapan sanatkarın arayışına itiverdi beni.

İyi ki de itmiş, elhamdülillah ite kaka bulduk bu yolu.

Sonra kader diğer sürprizlerini tecelli ettirmek için benim biletimi İzmir'e kesmiş meğer...

Ege üniversitesinde matematik bölümünü bitirdikten sonra ise ikinci meslek olarak matematik öğretmenliğine başlamıştım. İlk mesleğim mi? Rabbimi tanımak...

Mersin'de birkaç üniversiteli gencin birleşerek, bir bebeğin annesinin meme musluklarından beslendiği gibi, Risale-i Nur'un iman hakikatlerine doyurduğu musluklardan beslenerek serüvenimiz başladı. Sonra dertlenmeye başladık... Bildiklerimizi, bilemeyenlere bildirmek için dertlenmeye...

Allah, kader planında bu acı ile kıvranan birkaç arkadaşla denk getirince 300 metrekarelik bir mekânda sosyal medya kullanarak milyonlarca insana ulaşmaya vesile olduk. Demek bizim gibi kusurlu adamlar bile bu eserlerle bu hale gelebiliyormuş! Yaptığımız sohbetleri YouTube, Facebook, Twitter, Instagram gibi sosyal medya araçlarını kullanarak birçok kardeşimize ulaştırmaya çalıştığımızdan, birkaç yıl içinde bir de baktık milyonlara ulaşmak nasip olmuş. Bize gelen binlerce mesajda, bizleri tıpkı kendileri gibi gördüklerinden ve kendilerinin de bu işleri yapabileceğine güven duymaya başladıklarından bahsediyorlar. Kısa bir süre zarfında milyonlara ulaşınca anladım ki, Allah bizim gibi küçükleri böyle büyük işlere vesile ederek kendi büyüklüğünü gösteriyormuş...

Bu güzel yolda güzel projeler yapabilmek için ömrümüzün sonuna kadar mücadele etmeye niyetliyiz.

Ve sizin hayat hikayeniz de...

Şayet benzer cümlelerden dem vuruyorsa, sizleri bir gün Hayalhanem'de karanfil kokulu demli çayımız ile bekliyor olacağız.

Sosyal Medya:
youtube.com/hayalhanem
twitter.com/mehmedimyldz
instagram.com/mehmedimyldz
facebook.com/mehmedimyldz

İçindekiler

Ölene Kadar Namaz mı Kılacağım

Toplumdaki insanların çoğu inandıkları ile yaşadıkları arasında bir çıkmazdalar. Bakıyorsunuz ki kişi çok güzel inanıyor ama o inancı çok güzel yaşamasına yetmiyor. Hani ağır kasa bir araba olur da beygiri onu çekmeye yetmez, işte bazı insanlarda da güzel bir inanç var. "Ben namaz kılmak, Rabbimin huzuruna gelmek istiyorum." diyor ama bir türlü kılmaya güç yetiremiyor. Bir problem, bir çelişki var burada. Demek ki yapmak istediğimiz amele yetebilecek bir inanç, bir güç içimizde yok.

O zaman biz buradan anlıyoruz ki inanmanın da mertebeleri var. Beni harekete geçirmeyen bir inanç, beni cumadan cumaya harekete geçiren, beni beş vakit harekete geçiren, beni teheccütlere kadar harekete geçirebilen bir inanç. Demek ki beygir ne kadar kuvvetlenirse araba da o kadar iyi çekiyor. İşte bizlerin tam da bu noktaları iyi anlaması lazım çünkü bu satırlarda tamamen namaz konuşacağız. Hatta 21 gün aralıksız namaz kıldıktan sonra daimî namaz kılabilmenin formülünü de konuşacağız ama temelde başka bir problem var. Önce ondan başlayalım.

İnanmanın mertebeleri vardır ve bizler bu mertebelerin ikisini çok zikrederiz. Bunlardan ilki taklidi imandır. Kişi yaptıklarını birilerinden görmüştür ama alt yapısı boştur. Sebep sonuç ilişkisi boştur. Nefsini o işi yapmak için ikna etme kısmı boştur. Şüphelere, gelen vesveselere karşı sağlam değildir. İkinci iman mertebemiz ise tahkiki imandır. Bu imanda kişi bir şeyi gerçekte nasılsa öyle bilir ve inancında zerrece şüphe barındırmaz.

Mesela meleklere iman, imanın altı şartından biridir ve her mümin meleklerin varlığına inanır. Meleklerin varlığını dedesinin anlattığı kadar bilip, sadece lafı geçtiğinde hatırlayan insanların imanı taklidi imanken, melekleri Kur'an'ın bildirdiği gibi bilen, her adım atışında onları yanı başında hisseden bir insanın imanı ise şüpheden uzak tahkiki imandır. Tahkiki imanın da üç ana mertebesi ve her mertebenin de sonsuz derecesi vardır.

İlmelyakin; ilim yoluyla kesin bilme. Onun bir üstü **aynelyakin**; göz ile görmüşçesine kesin bilme. Gözle görüp her şeyi Allah için müşahede edebilme. Onun da bir üstü ise **hakkelyakin**; hücrelerine kadar yaşıyormuş gibi kesin bilme.

O zaman bizim namazda temel noktadaki problemimiz şu; biz inandığımızı yapabilecek noktada inanç kuvveti taşımıyoruz. Bu da bizi bir türlü harekete geçirmiyor. Demek ki bizim en evvel nefsi ikna etmemiz gerekiyor. Eğer bizler nefsi namaz için nedenleriyle, nasıllarıyla ikna eder, bardağı doldurursak, kendisi iman olarak, hidayet olarak, amel olarak, namaz olarak taşar zaten. Çünkü inanç iradeyi doğrudan etkiler. Bir insan ancak inanabildiği kadar amel eder. Yoksa masada oturup namazın bütün güzelliklerini anlatan ama namaz kılmayan bir sürü insan var. Demek ki o insanın anlatacak kadar hitabeti var ama anlattığını faaliyete geçirebilecek düzeyde inancı yok.

O yüzden Efendimiz(sav) sahabelere önce imanı tebliğ etmiş. Çünkü bu meselenin en evvelinde inandırmak var. İnandıramadığımız bir şeyi insanlara yaptırmamız mümkün değil. Bazen birilerine bir şeyler anlatıyoruz, o kişi anlattığımızı yapmadığı zamanda; "ben bu arkadaşa sabahtan beri anlatıyorum ama bir türlü dediğimi yapmıyor" diyoruz ya hani. Niye yapmıyor o arkadaş? Çünkü sen anlattığın meselenin alt yapısını oluşturmadın. Söylediklerine karşındakini inandıramadın. O kişi "niye yapmam lazım, bunun ahiretime ne faydası var, bu dünyada benim işime nasıl yarar, ahirette işime nasıl yarar" noktalarını bir türlü çözemedi ve kalbi ikna olmadığından dediklerini yapmıyor. Tam da bu sebepten Allah kuluna önce imanı sonra ibadeti emrediyor. Zaten imansız ibadet makbul değil hatta farz da değil. İman olmadıktan sonra ibadetin hiçbir ehemmiyeti yok. Peki kişinin inandığı şeyleri yapması neden bu kadar ehemmiyetli? Yapmasa ne olur? Kişi yeteri kadar inanmadığında arzu ettiği hayatı da yeteri kadar yaşayamaz. Yaşadığı hayat saplantılı, haramlarla dolu bir hayat olduğundan, bunun yanına bir de inanç güçsüzlüğü eklenince bu sefer yaşadığı gibi bir inanış başlar.

Bir insan bizim küçük zannettiğimiz amelleri yapmaya yapmaya, hâşâ küçük gibi gördüğümüz günahları işleye işleye, bir gün bir bakarsınız inkara başlamış. Temelinde de bu sebepler yatar. İnsanların genelinde inanma noktasında problem var. Toplumun manevi gücü tükenmiş durumda. Yani toplum bazı doğruları çok iyi biliyor, hepsinin irfanı var ama bildiği doğruları yapabilecek manevi gücü içinde bulamıyor. Namaz dendiğinde kişi belki canını verecek ama bir türlü secdeye başını koyamıyor. Çünkü o manevi gücü içinde bulamıyor.

Bizler dışarıda da sürekli insanlarla muhabbet ediyoruz ve yine bir gün birkaç arkadaşı muhabbet için topladık. Bana ne anlatacağımı sordular ben de: "Haram, helal, cennet, cehennem anlatacağım." dedim. İçlerinden biri: "Abi bize bunları anlatma. Bizim içimizde bunları bilmeyen hiç kimse yok. Bize; biz Allah'ı, peygamberi bilmemize rağmen neden namaz kılmıyoruz? Cenneti bilmemize rağmen neden fedakarlık yapamıyoruz? Cehennemi bilmemize rağmen neden cehennemden gerisin geriye kaçamıyoruz, bunları anlat." dedi. Esas problemi anlıyoruz değil mi?

İnsanlar biliyor. Bugün namazı sorduğunuzda namazı bilmeyen bir insan bile yok ama o insanların "neden namaz kılmadığı" noktalarında ciddi problemler var. Bir hastanede hasta bakıcısı olduğunuzu düşünün. Hastanede yangın çıktı ve bir bölümde felçli hastalar yatıyor. Siz gidip: "Hastane yanıyor, hastane yanıyor kaçın perişan olacaksınız!" diye bağırıyorsunuz. O hastalar size nasıl bir tavırda bulunur? Sadece gözleriyle tamam der gibi işaret yapar ve yatmaya devam ederler. Peki neden böyle yaparlar? Çünkü o hastalar tehlikenin farkında ama ona karşı amel edebilecek bir güç yani kaçacak dermanları yok. O kişi hasta hatta o kadar hasta ki sindirim sistemi bile doğru çalışmıyor. Ağızdan yemek veriyorsun kabul etmiyor. Hal böyle olunca da bu sefer o hasta damardan bir yol açarak besleniyor. Ne zaman damardan verilen ilaçlarla eksik vitaminler, eksik mineraller, vücudun ihtiyacı olan şeyler tamamlanıyor, o zaman hasta birden canlanıp kendine geliyor. İşte o hasta canlandıktan sonra sıcaklığı zaten kendisi hissedeceğinden sizin artık ona kaç demenize gerek kalmıyor.

Toplum da aynen bu halde, felçli hasta gibi. İnsanlara: "Kardeşim namaz kıl. Namaz cennetin bileti. Huzurun anahtarı. Hem her kulun üzerine farz." diyoruz. Hepsi dediklerimizin doğru olduğunu biliyor ama felçli hasta gibi ayağa kalkamıyor, başını secdeye götüremiyor. Çünkü ortada bir hastalık var, sindirim sistemleri bozuk. O zaman bu durumda bizlere, manevi bir damar yolu açıp, o yoldan, iman dersleri, inanma dersleri, ne için inanması gerektiği dersleri, Allah'a güvenme dersleri ile o insanları beslemek düşüyor. Kalbi bu derslerle bol bol besleyeceksin ki o insan hakikati kavradığında birden teyakkuza geçecek, ayağa kalkacak ve ondan sonra ona "namaz kıl" demeye bile ihtiyaç kalmayacak.

Farkında mısınız hangi konuyu konuşursak konuşalım altından çıkan problem iman hastalığı oluyor. Temel sorun buysa eğer bizim de "namaz kıl iyidir, namazın farzı 12'dir" diye sürekli aynı şeyleri tekrarlamamıza gerek yok. Çünkü kişinin bu söylenenlerden yana bir problemi yok.

Yine bir gün arkadaşlarla dışarıda oturduk, muhabbet ediyoruz. Bir tane amca yanımıza geldi. "Hocam sen bu çocuklara bunları anlatıyorsun ama önce ilmihal anlatman gerekir. Çünkü bu çocuklar daha namaz kılmıyor." dedi. Ben de ona dedim ki: "Bak amcacım ilmihali yeri geldiğinde tabi ki mecbur öğrenecekler. Ama bu insanların problemi başka. Bu kardeşler namazı bilmediklerinden namaz kılmıyor değil. Zira onlardan biri Kur'an kursundan çıkmış, diğeri hafız ama namazlarını bırakmışlar. Velev ki bu kişiler Kur'an kursu görmemiş bile olsalar, internetten her şeyi bir dakikada öğrenen insanlar bunu mu öğrenemeyecek? Çok rahat öğrenir. Demek ki bu arkadaşlar nasıl namaz kılmayı bilmediklerinden değil ne için namaz kılmaları gerektiğini bilmediklerinden namazdan kaçmışlar. Yani bu kardeşlerin içinde namaz kılacak kuvvet yok. Bunun sebebi de namaz kılmanın kendilerinde meydana getireceği yansımaları bilmemeleri."

Bizler çoğu zaman insanlara sebep vermeden sonuç bekliyoruz. "Namaz kılsın" diyoruz ama "neden namaz kılsın" noktasını vermiyoruz. İyi de siz birine un vermeden ekmek isteseniz olur mu? Mümkün değil. Aynen öyle de bizler bir insana namazın hammaddesini vermeden namazı alamayız. O halde bir kişinin namaz kılmasını istiyorsak ilk olarak namazın sebeplerini ortaya koymamız lazım ki sonuç olarak namaz doğsun.

Günümüzde anne baba namaz kılıyor ve çocuktan da namaz kılmasını istiyor. Lakin bunu isteyen anne baba, çocuğa hiçbir zaman "iman nedir, namaz ne için kılınır, Allah bizden namazı neden istemiş, namaza bizim mi ihtiyacımız var yoksa Allah'ın mı bizim namazımıza ihtiyacı var, biz sabahın o saatinde neden uykumuzu bölüyoruz, kim için ne için?" kısımlarını anlatmamış. İyi de böyle nasıl olacak? Çocukluk döneminde imanın hakikatini almayan bir çocuk, pimi çekilmiş bomba gibidir nerede patlayacağı belli olmaz. O anne baba hem çocuğa imanı anlatmamış hem de "evladım namaz kıl" derken dünyasını da alabildiğine açmış. Buyur bilgisayar oyunu, buyur istediğin tatil, tabi arkadaşlarınla gez, parayı düşünme ben karşılarım... Vermiş vermiş vermiş... Ondan sonra bize: "Hocam söyleyin de namaz kılsın." diyor.

Söylemekle oluyorsa anne baba olarak sen söyle de kılsın. İsteklerini yaz bir kâğıda. Program verir gibi ver çocuğa, o da namaz kılsın o zaman. Sorun söyleme noktasında değil sorun başka bir noktada bizim önce bunu anlamamız gerekiyor. İnsanı değiştirmek en zor iştir. Bir anda bozulmayan insanı bir anda düzeltmeye çalışmak ise Allah'ın hikmetine terstir. Yoğun bakımda yatan hasta bir ilaç vermeyle hemen ayağa kalkabilir mi? Böyle bir şey yok. Bu kişi bir anda o hale gelmemiş ki. Kazanla devrilen kaşıkla toplanır. İnsan namazın hakikatini anlayamadıktan, alt yapısını dolduramadıktan, inanç dediğimiz kısmı çözemedikten sonra biz istediğimiz kadar ona "namaz kıl, namaz kıl, namaz kıl" diyelim. Onun bize soracağı ilk soru şu olur? "Niçin namaz kılayım?"

Bizler bir insana Kur'an oku diyoruz ama Kur'an'ın verdiği ilahi mesajla okuma noktasını bir türlü birleştiremiyoruz. Namazda da aynı hatayı yapıyoruz. Kişiye nasıl namaz kılacağını anlatıyoruz ama ne için namaz kılacağını anlatmıyoruz. İlmihali oku nasıl namaz kılacağını bil ama ne için namaz kılacağını bilme. Hiç olur mu? Balı bolca yiyen, suyu kendisi arar. Namazın sebepleriyle bolca dolan insan da namaza zaten kendisi gider ama o insan namazın önemini anlayamadığı zaman dünyevi buluşmaları Allah'la buluşmaya tercih ediyor. Arkadaşıyla cafede, patronuyla toplantıda buluşmayı, namazda Allah'la buluşmaktan büyük görüyor. Çünkü kiminle muhatap olduğunu bilmiyor. Onun zihninde ve kalbinde kim büyük kim küçük karışmış. Bir insan için namaz küçükse hangi mesele büyük olabilir ki? Çoğu insanın muvazenesi şaştığından, gözünde dünyayı sürekli büyütüyor. Halbuki dünya dediği ufacık, oyun ve oyalanmak için yaratılmış bir yer ve Allah dünyadan büyük...

İnançsız bir insan gelse ve "ben namaz kılıyorum" dese hahay der güleriz değil mi? İşte bir ateistin namaz kılması ne kadar komikse inanan bir insanın namaz gibi bir ibadeti yapmaması da o kadar komik bir durum ama biz maalesef asr-ı felaketin çocukları olarak böyle manzaralarla çokça karşılaşıyoruz. O yüzden insanlarda namazın alt yapısını oluşturmamız, ne için namaz kılmaları gerektiğini anlatmamız lazım. Yoksa Müddessir suresinde ki akıbete uğramamız çok yüksek ihtimal hafazanallah.

"Sizi yakıcı ateşe sokan nedir? Onlar şöyle cevap verirler: Biz namaz kılanlardan değildik."

İman sadece namaz değil bütün noktalarda çok önemlidir. Çünkü iman dediğimiz olay cennet mi, cehennem mi mekan belirler. Fikri bir mesele olduğundan inananlar imanını son nefesine kadar koruyabilirse cennete giderler. Amel, ibadet dediğimiz olay ise acaba cennette veyahut cehennemde hangi mertebedesin diye makam belirler. O yüzden meselenin alt yapısını iyi anlamamız lazım. Bakalım Üstad Bediüzzaman bu alt yapıyı bizlere nasıl anlatacak buyurun başlayalım.

YİRMİ BİRİNCİ SÖZ - BİRİNCİ MAKAM

Bismillahirrahmanirrahim

إِنَّ الصَّلٰوةَ كَانَتْ عَلَى الْمُؤْمِنِينَ كِتَابًا مَوْقُوتًا

"Şüphesiz ki namaz, mü'minler üzerine belli vakitler için farz olarak yazılmıştır." Nisâ Sûresi, 4:103.

Bir zaman sinnen, cismen, rütbeten büyük bir adam bana dedi: "Namaz iyidir. Fakat her gün, her gün beşer defa kılmak çoktur. Bitmediğinden usanç veriyor."

Nefis insana "namaz kılma" demez. "Her gün beş defa namaz kılmaktan adam usanır" der. Hem de bunu cismen, rütbeten, yaş itibariyle büyük bir adamın ağzıyla söyletir, kurnazlık eder.

Bir gün bir arkadaş bana geldi ve aynı şeyi söyledi: "Namaz bana çok geliyor." Ben de ona "namazı, Allah'ın dünyada verdiği nimetlerle kıyaslayalım bakalım çok mu gelecek" dedim ve başladık kıyaslamaya.

- Patron 8 saat çalışma karşılığında sana ne kadar maaş veriyor?

- Asgari ücret veriyor.

- Peki sen bu kadar emek veriyorsun karşılığı bu mu?

- Hayır bu değil, patron az karşılık veriyor.

- E madem öyle çıkıp söylesene patrona "benim ücretim az" diye.

- Söylesem de çaresi olmuyor.

- Peki patronun sana: "Bir saatlik çay molanda namaz kılarsan sana maaşının on katını veririm." dese ne yaparsın?

- Hiç affetmem kılarım.

- Peki patronun: "Namaz kılmazsan çalışma hakkını elinden alırım. Bir daha hiçbir yerde çalışamazsın." dese ne yaparsın?

- Ben o namazdan kafamı kaldırmam.

Olayı görüyor musunuz? Bir verilenlere bakın bir de karşılığına. Patron verdiği asgari ücretle senin sekiz saat ciğerini söküyor bu sana çok gelmiyor. Ama Allah sana sayılamayacak kadar nimet veriyor, karşılığında senden namaz için bir saatini alamıyor. Çünkü bu sana çok geliyor. Cennet sana verilen asgari ücretten ucuz mu? Şimdi siz görmenin lezzetini aldınız, görmek nedir biliyorsunuz. Allah dese ki: "Senden sağ gözünü alıyorum bir saat namaz kılarsan geri vereceğim." Ne yaparsınız? Kılarsınız o namazı değil mi? Allah size o gözü vereceğim ama karşılığında seccadeden kalkmayacaksınız dese onu bile kabul edersiniz. Çünkü bir uzvu kullanmak nasıl nimetse kullanamamakta öyle acı verir insana. Mesela biz farkında değiliz ama kolumuzu kullanabiliyor olmamız bir lezzettir ve biz bunu zıttı olunca fark ederiz. Bir gün kolumuz kırılır, alçıya alınır ve kullanamamak bize acı verir. Şimdi bizler üç kuruş için dünyada bunca mücadele etmişken, verilen nimetlerin karşılığı acaba az ve ucuz mu geliyor da namaza bir türlü kendimizi veremiyor, Allah'ın huzuruna bir saat çıkmayı çok görüyoruz?

O zâtın o sözünden hayli zaman geçtikten sonra, nefsimi dinledim. İşittim ki, aynı sözleri söylüyor. Ve ona baktım, gördüm ki, tembellik kulağıyla şeytandan aynı dersi alıyor. O vakit anladım: O zat o sözü bütün nüfus-u emmârenin namına söylemiş gibidir veya söylettirilmiştir. O zaman ben dahi dedim: Madem nefsim emmâredir. Nefsini ıslah etmeyen başkasını ıslah edemez.

Üstad Bediüzzaman'ın da nefsi var, karşısına gelen adamın da nefsi var, bizim de nefsimiz var ve dikkat edin hepsi bir ağızdan aynı şeyi söylüyor. Çünkü yayın yaptığı yer ve bütün nefislerin ders aldığı hoca aynı, ŞEYTAN!

Herkes toplumu düzeltmek ister ama topluma bir şeyler anlatmak onları düzeltmenin yolu değildir. Said Nursi burada bir şeyleri düzeltmek isteyenlere çok kestirme ve keskin bir yol gösteriyor. "Sen kendini düzelttiğin anda karşındaki muhatap düzelecek." diyor. Çünkü başkalarını değiştirmenin en kısa yolu kendini değiştirmektir. İyi de karşımızdaki kişi bizim nefsimizi düzeltip düzeltmediğimizi, ıslah edip etmediğimizi nereden anlayacak? Söylediklerimizi direkt alsa uygulasa olmuyor mu? Olmuyor işte! Senin oradaki samimiyetini bilen Allah, karşıdakine de tesiri o samimiyet ölçüsünde yaratıyor. Yani senin karşında bulunan insana tesirinin, karşıdaki insanla bir alakası yok. Sendeki samimiyetin derecesini, söylediklerini önce senin mucibince tatbik edip etmediğini bilen Allah, aynı hali karşındakinde de yaratıyor.

Öyle ise nefsimden başlarım.

Üstad Bediüzzaman'ın burada "nefsimden başlarım" demesinde ince bir mesele var. İnsan insanın aynasıdır. Mesela ben mavi gömlek giysem ve sırasıyla Onur aynası, Osman aynası, İrfan aynası karşıma gelse, ben o aynalarda hep aynı gözükürüm. Yani aynaları değiştirmem benim değişmeme sebep olmaz. Karşıma hangi aynayı koysam, Mehmet aynı mavi gömleği giymiş olacak. O halde benim bu değişikliği sağlayabilmem için önce kendimi değiştirmem lazım. Üzerimdeki mavi gömleği değiştirdiğim anda aynalardaki görüntüm de değişecek. Mesela ben üzerimden mavi gömleği çıkarsam ve yüreğimde samimi hissettiğim namaz gömleğimi giysem. Bu sefer de karşıma gelen insana o yansıyacaktır. Yani ben nefsimi ıslah etsem, onu namaz noktasında ikna etsem, teheccütlere iştiyak duyar hale getirsem, namazlarımda Allah ile kavuşma noktasını sağlasam ve üzerime o kıyafeti giysem, karşıma bir dostum geldiğinde, o aynaya vereceğim görüntü ne kadar samimi ise, o dostumun yüreğinden çıkacak görüntü de o kadar samimi olacaktır. Çünkü ben değiştiğimden aynadaki görüntü de değişti.

O yüzden namaz gibi iman gibi meseleler satırlardan öğrenilecek konular değildir, sadırdan diz dize göz göze öğrenilecek konulardır.

Yine ahir zamanın tembelliği, birçok insan "aman bir kitap okur, bir video izler çözerim bu meseleleri" diyor ama onlar başlangıç için güzel bir sebep olsa da işin metodu bu değildir. Çünkü bu meseleler de satırlardan öğrenilecek meseleler değildir. O yüzden başkasını ıslah etmenin yolu aynaları değiştirmekte değil. Eğer ben kendi nefsimi ıslah edersem başka nefislerde de Allah Azze ve Celle razı olup aynı şekilde o tesiri yaratacaktır.

Bakın Rad suresinde ne diyor: "Bir toplum kendisindekini değiştirmedikçe Allah onlarda bulunanı değiştirmez." Yani nefis noktasında insanın kendini değiştirme kısmı çok elzem. İbni Kayyum'a göre on üç çeşit cihat vardır ve ibni Kayyum bu cihatlarda en önemli payeyi nefis cihadına vermiştir. Yani sen o değişikliği iç aleminde, samimiyetinde, kalbinde, iştahında, iştiyakında başaramadıktan sonra karşıdakine bunları anlatmanın da bir anlamı yok.

Zira bir ayette de bu konu ile ilgili şöyle buyuruluyor: "Ey iman edenler, yapmayacağınız şeyi niçin söylüyorsunuz? Yapmayacağınız şeyleri söylemeniz, Allah katında büyük bir gazap nedenidir.[1]"

Bizler ne ses sanatçısıyız ne de gırtlak ağası. Konu sadece anlatmaksa eğer çok değerli bir sanatçıyı çağıralım, namaz da kılmasın, gelsin anlatsın bizlere ama konu o değil ki! Sen hissettiğini anlatmadıktan sonra ne ehemmiyeti kalacak. O yüzden bu işlerin ilk terbiyesi kendi nefsimizdir ve o yüzden artık "ben bu yola gençleri terbiye etmek için çıktım, ben topluma ışık olacağım" gibi cümleleri bir köşeye bırakmamız gerekir. Çünkü bu işin temelinde kendimize dönük yaşamak var. Aynayı değiştirmek çare olmuyor, benim kendi kıyafetimi değiştirmem gerekiyor.

---

1 Saff suresi/ 2-3.

Üstad Said Nursi'nin "öyleyse nefsimden başlarım" demesinde bir sır daha barınıyor. Bu asrın insanı nasihat kabul etmiyor. Özellikle o nasihat şahsına dokunursa hiç kabul etmiyor. İyi de "din nasihattir" diye hadiste geçiyor. Ne yapacağız o zaman, nasıl nasihat edeceğiz? Dil ile değil hal ile edeceğiz. Çünkü hal ile halledilmedik hiçbir mesele yok. Onda bile önce nefsimizden başlayacağız. Bu asırda insanların kulakları anlatılanlara doydu, gözleri yapılacak amelleri görmeye aç. Bir insan abdestin faziletlerini anlattığında beni de çok etkilemiyor ama kışın karda abdest almış bir genci gördüğümde resmen irşad oluyorum. İşte abdestin ruhu, namazın ruhu bu diyorum. Demek bu asırda buradan başlamak gerekiyor...

Dedim: Ey nefis! Cehl-i mürekkep içinde, tembellik döşeğinde, gaflet uykusunda söylediğin şu söze mukabil, Beş İkazı benden işit.

Üstad Bediüzzaman burada bize nefsin bir özelliğini daha söylüyor. Cahillik... Cahillik de 3'e ayrılır. **Cehli basit, cehli mürekkep, cehli mikab**. Cehli basitte kişi bilmiyor. Mesela "bu ne" diye sorduğunuzda "bilmiyorum" diyor. Siz "bu masa" dediğinizde de "tamam anladım" diyor. Bir insan bilmediğini bilirse bu bir ilimdir. Cehli mürekkepte ise kişi hem bilmiyor hem de bilmediğini bilmiyor. Ona diyorsunuz ki;

- Bak bu masa.

- Olur mu canım öyle şey bu kitap, diyor.

Yani hem bilmiyor hem de bilmediğini bilmiyor. İşte nefsin özelliği de bu, cehli mürekkep olması. Yani sen nefse desen ki :

- Bu namaz iyidir hoştur. O da der ki: "İyi de çoktur."

-Desen ki, namazı şimdi kılmamız lazım. O da der ki: "İyi de rızık peşinde de koşman lazım. Bak iş güç bekliyor."

- Desen ki, Allah huzuruna bekliyor; der ki: "Kaç yıldır görmediğin deden gelmiş o da bekliyor."

Yani her şeyde tersini biliyor nefis. O yüzden senin içindeki düşmanın problemli olduğundan, sen böyle bir düşmana hiçbir şey bilmeden, onun silahlarını öğrenmeden, düşmanını tanımadan mukabelede bulunamazsın. Mümkün değil.

BİRİNCİ İKAZ

Ey bedbaht nefsim! Acaba ömrün ebedî midir? Hiç kat'î senedin var mı ki, gelecek seneye, belki yarına kadar kalacaksın?

Sana usanç veren, tevehhüm-ü ebediyettir.

Namaz kılmayan bir insana usanç veren namaz değildir. Kişinin namazla bir problemi yok. Problem, insanın kendini dünyada ebedi kalacak zannetmesidir. İşte buna tevehhüm-ü ebediyet denir. Sen bu dünyada sonsuz yaşamayacaksın ama sonsuz yaşayacak gibi hissediyor bunun için de namaz kılmıyorsun. Diyorsun ki: "Kıl kıl bitmiyor, bu ne böyle sigortalı iş gibi yıllarca namaz mı kılacağız?" Bizler günde beş vakitten 60 yıl desem 109.500 namaz eder diye namaza külli bakıyoruz. Halbuki yatsı namazını kılan insanın sabaha çıkacağının garantisi yok. O halde bizim için vakit namazını kıldıktan sonra artık namaz diye bir şey söz konusu değil. İşte bizler o ana bakamadığımızdan, kendimizi sonsuz yaşayacak zannediyoruz. Böyle olunca da namaz kılasımız gelmiyor. Yani problem yine imanda.

Fani olduğumuzu, ölüp gideceğimizi, bir anda gözümüzü kapayacağımızı bilmiyoruz. "Zaman akıp gidiyor, ben ömrümü namaz kılarak mı geçireceğim?" diyoruz. Halbuki hiçbirimiz yemekte bunu yapmıyoruz. "Ortalama 70 yıl yaşayacağım. 70 yıllık yemeğimin hepsini bir anda yiyim." demiyoruz. Maddi gıdaya böyle bakmayan insan, manevi gıda olan namaza böyle bakıyor işte.

Bu da nefsin oyun ve desiselerinden...

Normalde oruç tutmak fiziki cihette namaz kılmaktan daha zordur. Ama ramazan ayında oruç tutan insanın namaz kılan insandan daha fazla olduğunu görüyoruz. Çünkü oruç 30 gün olduğundan insana kısa geliyor ama mesele namaz olduğunda aynı insan "namaz bir ömür boyu" diyor. İyi de güzel kardeşim ömrün boyu kısa, ne zaman öleceğin belli değil. Bir anda vefat edebilirsin. Dünyan ters düz olabilir ve sen bunun hiç farkında değilsin.

İnsan namazı, kendisine uzun ömürler biçtiği için erteliyor. Onun için bizlerin bir insana sürekli "namaz kıl, namaz kıl" demesinin de bir anlamı yok. O insan fani olduğunu, çürüyüp gideceğini, toprak olacağını anladığı anda zaten: "Benim bu fani hayatımı baki bir ticarete çevirmem gerek. Bunun ise en ama en iyi yolu namazdır. Çünkü imandan sonra gelen en önemli amel odur." diye kendisi diyecek.

"Keyif için ebedî dünyada kalacak gibi nazlanıyorsun."

Bir memuru iş yerinde amiri, bir öğrenciyi okulda müdürü, bir askeri kışlada komutanı "çabuk odama gel seninle konuşmamız gereken bir mesele var" diye çağırsa, onların "kendimi hiç iyi hissetmiyorum, biraz hazır olup öyle geleyim" deme ihtimali var mı?

Hiç olur mu böyle bir şey? Namazda oluyor işte. Bizler namaz meselesinde aynı böyle bir naz içerisine giriyor, kendimizi namaza hazır hissetmeyi bekliyoruz. Çünkü ölüm bizim aklımıza sadece, covid olunca, deprem olunca, toplu ölümler gördüğümüzde geliyor ama gerçekte öyle değil. Dünya devam ediyor ve Allah günde 500.000 insan öldürüp 600.000 insanı diriltiyor. Yani günde bir şehir yıkılırken bir şehir yapılıyor ve bu hercümercin arasında sen de ebedi değilsin. Bir gün bir anda bir sela duyulacak, o sela senin selan olacak. Ondan sonra toprağın üstünde sevdiklerin malını bölüşürken, toprağın altında da böcekler cesedini bölüşecek ve sen bir bakacaksın ki mahvolmuşsun.

> Namaz kılmayı erteleyenlere not: Ölüm aniden gelir.

Bizlerde maalesef bazı şeylerin önem sırası karışmış. Çoğumuz dünyada sonsuz yaşayacağımızı, işlerin bitmeyeceğini düşündüğümüzden her şeyi erteliyor, önemsiz şeyleri önemlilerin çok çok önüne alabiliyoruz.

Adama "iki yıldır iman dersine gel bu dersler çok önemli" diyoruz o ise bize; "ben dükkanımı iki saat nasıl bırakayım" diyor. Sonra Allah Azze ve Celle bir musibet yaratıyor, dükkanlar iki yıl kapalı kalıyor. İddialaştık da ne oldu? Kim kazandı kim kaybetti?

Tabi ki Allah bu musibetleri üstümüzden alsın ona bir sözümüz yok ama sebepler ortadan kalkmadan sonuçlar ortadan kalkmaz. Yani biz musibete sebep olan hallerimizi ortadan kaldırırsak ancak o zaman sonuç olan musibet de ortadan kalkacaktır. Bizim iman noktasında ciddi problemimiz var. "Evimiz, işimiz, evladımız, paramız, arabamız, makamımız, işimizi halledecek tanıdıklar, şöhretimiz, sevdiklerimiz olmadan yapamayız." diye düşünüyoruz. Halbuki bu düşüncenin aksine bizlerin kalbinin artık şu kıvama gelmesi şart. "Allah'ım ben her şeysiz yaparım ama Sensiz yapamam."

İnanın bana kalplerimiz hakiki manada bunu dedikten sonra bütün problemlerimiz bitecek. Kaza da yapsak, hastalansak da bir anda çok sevdiğimiz birinin vefat haberini de alsak, çok güvendiğimiz, tomarla para kazandığımız işimizden iflas da etsek, türlü türlü musibet başımıza da gelse hayat devam ediyor ve biz namaz noktasını ancak bu hakikati anladığımızda oturtacağız. Zira hiçbirimiz dünyada layemut, ebedi değiliz, bir anda çekip gideceğiz.

Eğer senin bu ticarette elinde hiçbir şey kalmamışsa asıl üzülmen gereken nokta inan çok başka.

"Eğer anlasa idin ki ömrün azdır hem faydasız gidiyor."

Bizim bir sermayemiz var ve o sermayenin adı "an."

Şimdi ben sizinle ticaret yapacak olsam ilerde kazanacağıma sermaye der misiniz? Demezsiniz. Peki geçmişte çok varlıklıydım ona sermaye der misiniz? Hayır ona da demezsiniz çünkü sermaye o an elinde olana denir. İşte ömür noktasında da böyle bir hadise var. Mesela şu an bugünü yaşıyorsunuz ve Allah dünü elinizden almış yarını da size daha vermiyor. Yani size yaşattığı kısa bir an. Eğer bir insan fark etse ki elinde o anın sermayesi var. O anı bekaya dönüştürmek için elinden geleni yapar. Çünkü tek sermayesini riske atmaz.

Bir gün birisi emekli olmuş. Eline kalan 40-50 bin lira para için kuyumcuya aylarca gitmiş. "Ben paramı nasıl değerlendireyim?" diye sormuş. En son kuyumcu bıkıp: "Ya amca elindeki para da büyük para olsa, ne sorup duruyorsun?" deyince adam: "Ben bu parayı kazanmak için yıllarca çalıştım, korumak için aylarca mücadele ederim." demiş. Çünkü geçici de olsa sermayesinin farkında. Demek ki biz bazı şeylerin farkında değiliz. Dünyanın geçici, elimizdeki sermayenin de anlık olduğu noktalarının bir türlü farkına varamıyoruz. Hayat tek bir sermaye ve ezel ile ebed arasında bir tane hakkımız var. İkinci bir şans verilmeyecek.

Bir öğrenci sınavın son saniyelerinde bile çabasını bırakmıyor, belki bir soru fazladan çözerim diye su bile içmiyor. Çünkü sınavdaki üç saat ile gelecekteki elli yılını belirleyeceğinin, bir dakikada çözdüğü bir soru ile binlerce insanla arasında fark oluşturacağının bilincinde.

Bizim ömür dakikalarımız ise sonsuz hayatımızı belirleyecek ama biz bunun farkında değiliz.

Sanki kalplerimiz taşlaşmış... İşte bizler inşallah bu dersler ile o taşları bir bir kıracağız.

"Elbette onun yirmi dörtten birisini, hakikî bir hayat-ı ebediyenin saadetine medar olacak bir güzel ve hoş ve rahat ve rahmet bir hizmete sarf etmek, usanmak şöyle dursun, belki ciddî bir iştiyak ve hoş bir zevki tahrike sebep olur."

Bu kısımda "tahrik etme" meselesine dikkatlerimizi vereceğiz. Çünkü insan bir şeyi sürekli yaparsa ortaya içerisindeki incelik çıkar. Mesela bizim yanımızda herhangi bir müzik çalsa, biz onu sıradan bir müzik gibi dinleriz. Aynı müzik kulağını sürekli tahrik edip çalıştıran bir müzisyenin yanında çalsa, müzisyen o müzikten en ince notalarına varana kadar lezzet alır. Çünkü sanatçı kulağını tahrik ede ede her ritmi duyar. Ya da dilini sürekli tahrik eden gurmeler vardır. Bizim önümüze mantı gelse biz onu beş dakikada bitiririz. Aynı mantı bir gurmenin önüne koyulsa, gurme o mantının içindeki nane, pul biberden tut, bütün malzemelere varana kadar lezzet alır. Çünkü dilini sürekli tahrik ede ede onun içerisindeki ince lezzet ayarlarını ortaya çıkarmış. O zaman namazdan lezzet almanın kuralı da çıktı ortaya. Bir insan namazın ameliye kısmını sürekli tahrik etse, namazı sürekli uygulasa artık o noktada bir meleke kesbedecek, uzmanlaşacak ve namazın içerisindeki derin lezzetleri çekip alacak. Çünkü bizde de namazın lezzetini alabilecek manevi diller var ve lezzet almamız için o dilleri geliştirmemiz gerek.

İnanın bana insan o lezzeti bir keşfetse, cennet cehennem hesabı olmadan sırf lezzeti için bile o namazı bırakmaz. Böyle bir insana namazı bıraktırabilecek bir güç mevcut olamaz. Zira tarihte bunun örnekleri çokça mevcut.

Bir dönem Üstad Said Nursi hazretlerini Ruslar esir edip Kosturma'ya sevk ederler ve onu esir kampına götürürler. Bir gün zalimliği ile meşhur "koca gavur" lakabında Rus başkumandanı Nikola Nikolaviç esirleri teftişe gelir. Teftiş esnasında, Bediüzzaman kumandana selâm vermez ve yerinden kalkmaz. Kumandan kendi kendine kızar, belki tanımamıştır diyerek tekrar Üstad Bediüzzaman'ın önünden geçer ama Said Nursi yerinden yine kalkmaz. Kumandan tercüman vasıtasıyla der: "Beni herhalde tanımadılar?"

Bediüzzaman: "Tanıyorum, Nikola Nikolaviç'tir."

Kumandan: "Şu hâlde Rus ordusuna, dolayısıyla Rus Çarı'na hakaret ediyorlar!"

Bediüzzaman: "Hakaret etmedim. Ben bir Müslüman âlimiyim. İmanlı bir kimse, Cenâb-ı Hakk'ı tanımayan bir adamdan üstündür. Binaenaleyh, ben sana kıyam etmem." der.

Bunun üzerine Bediüzzaman askeri mahkemeye verilir ve mahkemenin nihayetinde idam kararı çıkar. Hüküm yerine getirileceği vakit, Üstad Bediüzzaman namaz kılmak için müsaade ister; dini vazifesini yerine getirdikten sonra, atılacak kurşunlara göğsünü gereceğini beyan eder. Tam bu esnada, namazını eda ederken, Rus kumandanı gelerek Bediüzzaman'dan özür dileyip: "O hareketinizin, kutsal değerlerinize olan bağlılıktan ileri geldiğine kanaat getirdim, rica ederim, beni affediniz." diyerek verilen idam hükmünü geri alır.

Üstad Bediüzzaman böyle bir anda bile ne namazı ne de namazdaki lezzeti bırakır.

Mevlana hazretleri namazdaki bu lezzet için: "Sultanlar iki rekat namazdan aldığımız lezzeti fark etse o saltanat döşeğini bırakır ve orduları ile kapıya dayanıp o iki rekat namazın lezzetine talip olurlar." buyurur.

> Namaz imkan meselesi değil iman meselesidir.

Bir gün sahabelerimiz merak edip: "Ya Resulallah namazda nasıl bu kadar uzun kalabiliyorsun?" diye sorunca ise Efendimiz(sav): "Sizin dünya lezzetlerinden, zevklerinden, yemekten, içmekten ve benzerinden aldığınız lezzetin daha fazlasını ben namazdan alıyorum." buyurur.

Peki bizim satırlardır bahsettiğimiz bu lezzet, bu zevk nedir?

Namazda kâinatı yaratan Zat(cc) seni huzuruna kabul eder ve seninle dertleşmek ister. Gerçekten inanılır gibi değil. Muhtar tanıdığı olan biri bile her yerde "ben o muhtarı şöyle tanırım böyle tanırım" diye anlatır. Yahu ne kadar tanırsan tanı ne işe yarayabilir? Gezegenleri çevirebiliyor mu? Cenneti cehennemi var mı? Güneş'e hükmü geçer mi? Kâinatı kudret eli ile yaratmış bir Allah, bizi muhatap alıyor "gel dertleşelim" diyor. Ama biz Allah'ın büyüklüğünü keşfedemediğimizden, o büyüklüğü namaz ile ilan edemiyoruz.

Rükû ve secde Allah'ın büyüklüğü karşısında bir duruş sergilemektir. Sultanın huzuruna iki büklüm çıkıp, en aciz kalınan anda yere kapanmak gibi. Çünkü anlaşılan kudrete karşı bir davranış biçimidir namaz. Demek biz Allah'ın kudretini, bize karşı ilgisini keşfedemiyoruz. Demek bizim namaza ilgisizliğimizin altında yatan en büyük sebep Allah'ın bize ilgisini fark edemememiz.

Koskoca kâinatın sahibinin gündeminde sen varsın, senin gündeminde üç kuruşluk dünya meseleleri var. Olmuyor böyle, namazın içerisindeki sır çıkmıyor. Allah seni muhatap alıp, dertleşmeye çağırıyor. Gitsen, secdeye kapansan: "Ya Rab beni şu köşede kırdılar. Kalbim bin parça bırakıldım. Şurada canım çok yandı. Sırtım bıçak izi ile dolu. Vefasızlıklar, hainlikler her gün bir köşede canımı yakıyor. Ne olur Sen(cc) beni huzuruna al." diyerek içini döksen, bu samimiyetle dergah-ı ilahiyede secde etsen, kalbinde dert adına bir şey kalır mı? Artık bu saatten sonra senin kalbine hangi sıklet ağırlık verebilir? Ama biz bunları anlayamıyoruz. Biz Allah'ı keşfedemediğimizden namazdan da lezzet alamıyoruz.

Makam sahibi birinin huzuruna çıksan, kaç dakika fazla kalsan o kadar lezzet alırsın. Namazda iken o makam sahibi adamın da sahibinin huzurundasın ama onu keşfedemediğinden, marifetullah dediğimiz meseleyi çözemediğinden, iman ve inanç noktasını oturtamadığından, kimin huzurunda olduğunu bir türlü fark edemediğinden namaz sende "yat kalk" diye bir ameliye olmuş, farkında değilsin. Oysa dertleşmenin adıdır namaz. Allah'ın huzuruna kabulündür. Hani namaz kılmayan insan "ben kılmıyorum" diyor ya. Zannediyor ki kendi kılmadığı için Allah'ın huzuruna gidememiş. Halbuki olay hiç de öyle değil. Dünyada o kadar zahmetli işleri yapan bir insan, fiziksel olarak namazdan daha kolay bir amel olmamasına rağmen hala o namazı kılmıyorsa demek ki başka bir problem var burada. Allah seni huzuruna kabul etmemiş. Sen zannediyorsun ki ben bugün namaz kılmadım, kılamadım. Alakası bile yok! Böyle bir konuyu konuşma bile. Allah seni layık görüp huzuruna almamış. Sen huzurdan reddedilmek için ne yaptın asıl onu bul. Çünkü bu mesele ancak o sorunun cevabını bulunca çözülür.

Bir insan huzura ancak kul olmadığı için kabul edilmez ve iyi bilinsin ki bu dünyada kul olamayan ahirette kül olur, mahvolur, perişan olur. Peki insan neden kul olamaz? Çünkü Allah başkasına kul olanı kendi huzuruna kabul etmez. Bu Allah'ın gadabına dokunur. Düşünün siz bir anne veya bir babasınız ve evladınızı yıllarca beslemiş, büyütmüş, ne ihtiyacı varsa karşılamışsınız. Ama bir gün yan komşunuz ona çikolata verdi diye evladınız sizi reddedip: "Beni besleyen, büyüten, ihtiyaçlarımı gideren odur. Ben bundan sonra yan komşuya anne, baba diyeceğim." dese ne yaparsınız? Ağırınıza gider: "Sen nasıl evlatsın, bu nasıl bir nankörlüktür?" dersiniz değil mi?

İşte sen de nimetlerle seni donatan, tüm ihtiyaçlarını karşılayan bir Allah karşısında kula kul olduğun anda Allah seni kül ediyor ve bu haline çokça öfkeleniyor. Bunun neticesinde de senden yapacağın ameli istemiyor. "O amelin sevabını bu kuluma vermeyeceğim." diyor ve seni huzura kabul etmiyor. Yoksa namaz gibi hafif bir ibadeti yapmamak gibi bir durum söz konusu olamaz.

Mesela siz eşinizin "benim kalbimde başkasına muhabbet var" demesini kaldırabilir misiniz? Elbette kaldıramazsınız. Siz nasıl böyle bir şeyi kabul etmez, o kalpten çıkar giderseniz, Allah da sizin kalbinizde başka şeylere muhabbet, şirk olduğunda o kalpte kalmak istemiyor ve çıkıp gidiyor işte.

Günümüzde namazın kılınmamasında rol oynayan en temel faktörlerden birisi de zamane anneleri. Ahir zaman onları da garip bir hale getirdi. Güya fazla şefkatinden sabah namazına evladını kaldırmayan anneler, aynı saat okul dersine, para kazanacağı bir işe geldiği zaman ortalığı yıkıyor. Evladının canını çıkarıyor, para için haram bir iş bile olsa "o işe gireceksin, çalışmak zorundasın" diyor. Kendi gücü yetmezse bu konu ile ilgili ailesinden kim varsa çocukla konuşması için çağırıyor. Ama mesele namaz olunca çocuğun namazı kimsenin umurunda değil.

Böyle şefkat, böyle rahmet olur mu? Bu vaziyette bir anneye namaz için sorulsa: "Sen bütün şefkatini elindeki bebeğine mi vermek istersin? Yoksa bebeğini ara ara kenara bırakıp namaz ile öz sorumluluğunu yerine getirmek mi istersin?" Maalesef zamane annelerinin çoğu "ben kendi varlığımı bebeğe veririm ama Allah'a ve namaza veremem" der.

Peki neden böyle söyler? Çünkü bebeği verenin Allah olduğunu bilmediğinden kendisinin zannediyor. Bebeğin içerisindeki tüm güzelliklerin güzelliği yaratandan geldiğini, o bebeğin de kendisinin de sahibinin Allah olduğunu anlayamıyor. Bizlerin kainatta gördüğü bütün güzelliklerin tamamı Allah'ın bizzat kendi güzelliğidir. Süleymaniye Camii'nin her taşı nasıl Mimar Sinan'ı anlatıyorsa, yeryüzünde namazı terk edip, muhabbet beslediğin hangi şey varsa, o da sana haykırarak; "bende gördüğün güzellikler benden değil, her birinin kaynağı beni yaratandır, tüm bu güzelliklerin hepsi Allah'tandır" diyor ama bunların hepsi görene görene...

Dünya Beni Boğuyor! Nasıl Nefes Alacağım?

Namaz kılmak içinizden gelmiyor mu, siz de; "namaz adamın içinde olacak" diyenlerden misiniz? O zaman yanlışlarınızla yüzleşmeye hazır olun çünkü sizin bu iddianıza göre Allah kullarından kiminin içine namazı koymuş kiminin içine koymamıştır. Böyle bir durumun olması ise muhal ender muhaldir. O zaman Allah'ın, içine namaz koymadığı kulundan namazın hesabını sormaması gerekir. Fakat bizler Müddessir suresinin kırk iki ve kırk üçüncü ayetlerinden de biliriz ki namaz kılmamak insanların cehenneme girmelerine sebeptir. Madem namaz cehenneme girmek için bir ayraçtır, o zaman herkesin içinde vardır. Burada sorun namazın içimizde olup olmaması değil başka bir şeydir.

Tohum atılmamış topraktan mahsul beklenmez. Bir insan mahsul almak istiyorsa, önce toprağa tohumu eker sonra da o tohumları sular.

Allah her insanın fıtratına namazın tohumunu ekmiş. Sulama vazifesini ise insanın kendisine vermiş. Nasıl bahçeye ekilen tohum sulandığında meyve veriyorsa, insanın içindeki namaz tohumu da iman dersleri ile sulandığında namaz ameline dönüşüyor. Yani bizlerin namaz kılmamasına sebep haşa bahçıvanın tohum atmayı unutması değil. Bizlerin o tohumu sulamaması.

Üstad Bediüzzaman Risale-i Nur'da namaza dair beş ikazdan bahsediyor. Biz şimdi o ikazlardan ikincisini okuyacağız.

İnsan bu ikazlarla kalbini beslediği zaman, içindeki tohum can suyuyla buluşuyor ve neticesinde tohum patlıyor, mana cesede galebe çalıyor ve namaz doğuyor. Çünkü o ikazların her biri bir iman dersi.

SÖZLER / 21. SÖZ

2. İkaz

Ey şikem-perver nefsim!

Daha önce hiç Ramazan ayında sofra hazırlamayı unutan bir insana şahit oldunuz mu? Eminim olmamışsınızdır. Çünkü insanoğlu şikemperver yani midesine düşkündür. Yemek yemeyi midesi için ihtiyaç bildiğinden, değil unutmak, o yemeği hazırlarken üşenmez bile.

İnsan sofraya ancak açlık ihtiyacını hissettiği zaman geçer. Çünkü bir şeyin huzuruna varmak için önce onun ihtiyacını hissetmek gerekir. İhtiyaç hissetmek ise hayatın anlamını sorgulamakla başlar. Mesela bir koyunu otlağa bıraksanız hayatın anlamını sorgular mı? Sorgulamaz. Sabahtan akşama kadar otunu yer, suyunu içer, geviş getirir. Madem öyle, bir insan hayatı boyunca midenin kendisine neden verildiğini düşünmeden sadece yemekten konuşup, yemek yese, hayata gönderiliş amacını sorgulamasa koyundan ne farkı kalır? Bizim bu hayattaki tek amacımız yumruk kadar mideyi doldurmak değildir ki!

Eğer insan, insan olmak istiyorsa başka amaçları olmak zorunda...

Mesela bizler bazen insanlara dışarda soruyoruz: "Kardeş sen ne için yaşıyorsun?" Aldığımız cevap çok komik...

"Yaşamak için." diyor.

Burada baştan bir mantık hatası var. Çünkü bir şeyin neticesi, kendisi olamaz. Mesela siz, bardak üreten bir firmaya gidip deseniz: "Siz niçin bardak üretiyorsunuz?" Onlar da size dese: "Bardak için." Böyle bir cevap olamaz. Çünkü bir şeyin hedefi kendisi olamaz. Firmanın size, "biz bu bardakları içine sıvı gıdalar konması için ürettik" gibi hedefine dair bir cümle söylemesi gerekir.

İşte bu misal gibi insanın da yaşama dair bir hedefinin olması gerekir. Çünkü Allah bizi kainata başıboş kalalım, sadece yiyelim, içelim, gezelim, okuyalım, iş sahibi olup evlenelim, sonra da ölüp gidelim diye göndermemiştir. Daha ulvi gayeler için göndermiştir. Bu durumu anlamak için kafamızı kaldırıp bakmamız yeterlidir. Zira tüm kainat insan için çalışıyor. Atmosferden güneşe, hücrelerden yıldızlara, sudan böceğe, arıya, bala kadar her bir şey kâinatta bizim için bir memur vazifesi görüyor. Madem yeryüzünde her şey bize hizmet ediyor, bizim vazifemizin kainattaki her şeyin vazifesinin üstünde olması gerekiyor. İşte bizler bize yüklenen bu vazifeyi, yaratılışımızın gayesini, ruhumuzun hedefini yakalamaya ihtiyaç hissettiğimiz an tüm düğümler açılacak ve ortaya namaz çıkacaktır.

"Ey şikem-perver nefsim! Acaba her gün her gün ekmek yersin, su içersin, havayı teneffüs edersin; sana onlar usanç veriyor mu?"

Hava, ekmek, su insan bedeni için bir lezzet değil olmazsa olmaz gıdadır. İnsan portakal yemeden yaşayabilir ama havayı solumadan yaşayamaz. Bir insan her gün beş öğün iskender yese bir yerden sonra bıkar ama ömrü boyunca hava, su, ekmek gıdalarını tüketse asla bıkmaz. Çünkü lezzetin tekrarı insana usanç verirken gıdanın tekrarı lezzet verir.

İşte nasıl bedenimiz için olmazsa olmaz ekmek, su, havaysa; ruhumuz için de olmazsa olmaz namazdır. Zira namaz, insan için bir lezzet değil gıdadır. Onun için günde beş defa tekrarında ruha usanç değil lezzet vardır.

Biri dese ki:

"Ben namazdan lezzet almıyorum bir problem mi var?"

"Evet var. Devamlı ve tekrarlı kılmamanda bir problem var." deriz.

Çünkü namazdaki lezzeti namazın tekrarı artırır.

Günümüz toplumunda sıkça rastladığımız psikolojik rahatsızlıkların temelinde yatan sebep namaz olduğu gibi çözümü de yine namazdadır. Çünkü bir insanın psikolojisini sağlam tutmasının yolu, ruhunu güzel bir şekilde beslemekten geçer ve ruhu besleyen en güçlü gıda, namazdır. İnsan namazın içerisinde böyle bir sır olduğunu bilse, bir vakit namazı elinden alınmak istendiğinde, canını verir de namazını vermez. O namazı kılmak için elinden geleni yapar.

Allah Resulü[(sav)] 40 yaşındayken Cibril-i Emin tarafından ilk vahiy kendisine getiriliyor. Cebrâîl[(as)] Allah Resulü'nü[(sav)] üç kez sıkarak "oku" diyor. Orada yaşanan hadiselerin ardından Efendimiz[(sav)], sevgili eşi Haticesinin yanına, eve gidiyor.

"Zemmiluni zemmiluni - üstümü ört üstümü ört." diyor.

Bu hadise pazartesi gece oluyor ve salı sabahı Cibril-i Emin, Muhammed-ül Emin'le[(sav)] tekrar buluşuyor. Mekke'nin biraz dışında Ebu Dübb denilen vadiye gidiyorlar. Cibril[(as)] ayağını yere vurunca yerden su çıkıyor ve orada Efendimiz'e[(sav)] hem abdest almayı hem de namaz kılmayı öğretiyor.

Efendimiz(sav) abdesti ve namazı öğrendikten sonra bu güzelliği evde Hatice(ra) annemizle de paylaşıyor. Ona namazı anlatıyor ve beraber namaz kılarlarken 10 yaşında bir genç bu hadiseye şahit oluyor. İşte o genç Hz. Ali(ra) efendimiz.

Bir gün Efendimiz, Hz. Hatice(ra) validemiz ve Hz. Ali(ra) Kabe'de namaz kılıyorlar. O esnada Afif El-Kindi isminde bir zat Kabe'yi seyrederken bir anda üç kişi seyir alanına girer. Kendisi o zamanlar sahabe değildir ama ilerde sahabe olacaktır. Afif o üç kişinin namaz kıldığını görünce yanında duran Efendimiz'in(sav) amcası Hz. Abbas'a: "Bunlar kimdir tanıyor musun? Ne yapıyorlar öyle?" diye sorar.

Hz. Abbas(ra) efendimiz: "Tanıyorum o benim yeğenim Muhammed'dir(sav). Ona peygamberlik geldi ve onlar bu şekilde ibadet ettiklerini söylüyorlar." der.

Hadisenin üstünden yirmi bir yıl geçer. Afif, Mekke fethinden sonra gelip Efendimiz'e(sav) iman eder. En güzel müjde olan iman ile buluşmasına rağmen ağlamaktan kendisini bir türlü alamaz. Onun bu halini gören Allah Resulü(sav): "Sen ne güzel bir şeyle buluştun. Neden hâlâ ağlıyorsun?" deyince Hz. Afif(ra): "Ya Resulullah hatırlar mısın sana vahyin geldiği ilk zamanlar, ben sizi Kabe'de namaz kılarken gördüm. Eğer ben o zamanlarda namazın hakikatini anlasaydım, şimdi yanında Ebubekir'in yerinde ben vardım." der.

Bir yanda ilk fırsatı değerlendiremediğinden sonraki mutluluğu tam yaşayamayan sahabe diğer yanda namazla ilgili karşımıza çıkan yüzlerce fırsatı tepen biz.

Bir insan namazın kıymetini, hakikatini, derinliğini bilse bir vakit Rabbiyle buluşması için dünyaları yakar da o namazı yine kılar. Biz dünyayı gözümüzde çok büyütüyoruz Allah'ın dünyadan büyük olduğunu bir türlü anlamıyoruz. Onun için Allah'la buluşmaların önüne dünya buluşmalarını koyuyoruz. Geçici, üç kuruş etmez işler için sürekli Allah ile vuslatı erteliyoruz. Nasıl bir gaflet... Namazın hakikatini anlayanlar ise iman gibi bir şerefle buluşmalarına rağmen göz yaşlarına hakim olamıyorlar ve "eğer ben namazın hakikatini yirmi bir yıl önce anlasaydım bu gün Ebubekir'in yerinde ben vardım." diyorlar.

Hani yıllarca annesinden ayrı kalmış bir çocuk, annesiyle buluşsa sımsıkı sarılıp onu bir daha asla bırakmaz ya. Bu hakikatlerle yıllar sonra tanışan ve bu hali yaşayan insanlar da oluyor. Yıllardır Allah'tan uzak kalmış o insan, namazda Rabbiyle kavuşma hissiyatını öyle derin yaşıyor ki, secdeden gözyaşlarını tutamıyor. Böyle güzide insana bir zamanlar ben de rast gelmiştim. Kendisi eski gayr-i meşru hayat yaşayanlardan. Gün gelmiş Allah'ı bulmuş, secde ile kavuşmuş, bana dedi ki: "Ben secdede duramıyorum, tutamıyorum kendimi, çok ağlıyorum. Bu namazıma zarar verip de namazımı bozar mı?"

Onun bu sorusu karşısında ben kendimden utanarak dedim: "Kardeş senin namaza bir şey olmaz da; bizim gözyaşı dökmeden kıldığımız namazlar ne olacak bilmiyorum."

Gözyaşları ile semanın kapılarını çalan bir namaz düşünün...

Burada bir derinliği beraber yakalamamız lazım. Namazın en büyük şartlarından birisi "ihtiyaç hissetme" konusudur ve o ihtiyaç bir iskender dönere ihtiyaç hissetme gibi değil de havaya, suya ihtiyaç hissetme gibi olmalıdır.

Çünkü insan namaza bir gıda gibi ihtiyaç duyduğu zaman namazın içindeki lezzet açığa çıkacak ve kıldığı namazlardan lezzet almaya başlayacaktır. Mesela bizler yemekten en çok iftar sofrasında lezzet alırız. Çünkü ihtiyacımızın en yüksek olduğu zaman oruç zamanıdır. Hatta iftar sofrasında aldığımız birinci lokma ile onuncu lokma arasında bile bir lezzet farkı vardır. Çünkü ihtiyaç hissetme derecelerimiz farklıdır. İlk lokmada ihtiyaç çok şiddetliyken onuncu lokmada o şiddet azalmıştır. Aslında bakarsanız her lokma lezzetlidir ama insan ihtiyaç hissetmediği zaman lokmanın lezzetini de hissetmez.

Bir lokmanın lezzetsiz olmasıyla, insanın lezzetli de olsa lokmaya ihtiyaç duymaması arasında bir fark yoktur. Çünkü insan ikisinde de lezzet almaz. O zaman burada problem lokmanın lezzetli olmasında ya da olmamasında değildir. Bizim ihtiyaç hissetmememizdedir. Yoksa ekmek, su, hava, namaz hep lezzetlidir. Sıkıntı bizim ihtiyaç ayarlarımızdadır.

Bir insanın namaz ihtiyacını hissedememesinin birçok sebebi vardır. Temelde iman dersleri ile kendini beslemediğinden Allah'ı yeteri kadar tanımıyordur. Tanımadığı için de ihtiyaçlarında problem çıkıyordur. Zira bizler eğer Allah'ı hakkıyla tanısak, huzuruna gitmek için can atarız.

Doğduğunuz günden itibaren birisinin size Almanya'dan sürekli hediye gönderdiğini düşünün. Bir gün paketi açtığınızda Rolex saat çıktığını, başka bir gün evin önüne baktığınızda sizin için Lamborghini araba geldiğini hayal edin. Cüzdanınızda para bitse, hesabınıza yüz bin lira yatıyor; gömleğiniz yırtılsa gömlek; ayakkabınız eskise ayakkabı geliyor. Merak edip annenize: "Annecim bana bunları gönderen kim?" diye sorduğunuzda ise anneniz: "Dayın gönderiyor evladım." diyor.

Şimdi sizin tüm ihtiyaçlarınızı karşılayan bu dayınız bir gün size: "Yeğenim selamlar, nasılsın? Ben Almanya'dan Mersin'e geliyorum. Seninle şu gün buluşmak istiyorum." dese hangi bahane sizin dayınızla buluşmanıza engel olabilir? Hiçbir şeyin engel olması mümkün değil. Çünkü siz dayınızın bütün ihtiyaçlarınızı karşıladığını fark ettiniz.

Bir de aynı mantıkla kâinatı temaşa etsek, dönüp kendimize bir baksak olayı daha net anlayabiliriz. Allah aşkına bizlere verilen akıl, kalp, kaş, göz, çocuk, sağlık, anne, baba gibi nimetlerin yerini hangi dünya saadeti doldurabilir? Bize bu kadar kıymetli şeyleri Allah'tan başka kim verebilir? Madem kimse veremez ve madem dünyayı verseler bir gözünüzü vermezsiniz öyleyse gözünüzü verene neden secde etmezsiniz?

Bir insanın namaza karşı ilgisizliğinin en büyük sebebi, Allah'ın ona karşı ilgisini bilmemesidir. Annemiz saçımızı okşasa hoşumuza gidiyor; Allah ise o saçı anbean yaratıyor ama biz fark etmiyoruz. Elimizi kesince biri yara bandı getirse mutlu oluyoruz, Allah o yarayı gözümüzün önünde anbean dikiyor ama biz görmüyoruz. Bir yerimiz kırılınca tedavi için doktorun müdahale etmesinden memnun oluyoruz, kırılan kemiğimizi yaratan bir Allah olduğunu aklımıza dahi getirmiyoruz. Bizimle anbean alakadar olan, daimî ilgilenen bir Allah var ama biz bunu umursamıyor, O'nun bize ilgisini bir türlü anlamıyoruz.

Zaten bir insan Allah'ın kendisine olan ilgisini anlayarak namazdaki lezzeti bir fark etse, dünya lezzetlerine sarıldığına dahi utanır. Dünyanın on kuruşluk menfaati için sahip olduğu tek hayatı satanlar; namaz kılınca ahirette hesap edilemez ölçüde bir menfaat olduğunu bilseler, hayatlarını peşinen satarlar. Ama bilmiyorlar. Bu sebepten de bir türlü namazı kendilerine ihtiyaç hissetmiyorlar. Yoksa bu ticaret bu kadar zararla yapılır mı?

Bir vali sizi önemli bir mesele konuşmak için makamına çağırsa, siz de her gün farklı bir bahane ile buluşmayı sürekli erteleyip valiyi bekletseniz vali bu durumdan hoşnut olur mu?

"Ben seni memleketin güzel bir insanı sanıp, önemli bir meseleyi konuşmak için makamıma çağırdım. Ama sen türlü türlü bahanelerle gelmedin. Buluşmayı hep erteledin. Senin bu yaptığın hadsizliktir, makamıma saygısızlıktır." deyip size ceza verir mi, vermez mi? Peki Allah seni günde beş vakit huzuruna çağırırken, sen üç kuruşluk meseleler için onunla buluşmayı sürekli ertelesen sergilediğin tavır bundan farklı olur mu?

Bedenin ihtiyacını karşılamaya gelince üşenmeyen hatta bu karşılama tekrar ettikçe lezzet alan insan, konu ruhun ihtiyacını karşılamaya gelince neden üşenir? Neden sürekli erteler? Beş gün art arda yemek yemese bedeni ölecek olan insan, beş gün art arda namaz kılmadığında ruhunu ölmeyecek mi sanır?

"Madem vermiyor çünkü ihtiyaç tekerrür ettiğinden usanç değil belki telezzüz ediyorsun."

İhtiyacına daimî muhtaç olduğumuz şeylerin tekrarı bize usanç değil aksine lezzet verir. Mesela biz günde çok kez susarız ve her susadığımızda içtiğimiz su bize lezzet verir. Kimse de: "Otuz yıldır su içmekten usandım. Bundan sonraki hayatımda su içmek istemiyorum." demez. Çünkü ihtiyacı hisseden dilimiz, damağımız her seferinde kurur ve bize su ihtiyacını haber verir. Biz ruhumuzu ne hale getirdik ki namazın ihtiyacını dahi hissedemiyoruz? Bunu herkesin kendi iç dünyasında muhasebe yapması gerekir. Bu muhasebe başta can sıkar belki ama işin sonunda bize ruhumuzun derinliklerini hissedebilmeyi kazandırır.

"Öyle ise hane-i cismimde senin arkadaşların olan kalbimin gıdası, ruhumun âb-ı hayatı ve Latîfe-i Rabbaniyemin havayı nesîmini cezb ve celbeden namaz dahi seni usandırmamak gerektir."

Beden için gıdanın sürekliliği insanı usandırmıyorsa ruh için de gıdanın devamlılığının hiç usandırmaması gerekir.

Bir gün Gaziantep'e yemeğe giderseniz görürsünüz ki oradaki insanlar doyduğunuza asla inanmıyorlar. Orda iftardan sahura kadar sadece yediriyorlar. Yemek bitince bir daha yediriyorlar. Vedalaşırken ona özel yemek yediriyorlar ve sonra sonsuza kadar yiyorlar.

Peki bizler bedene bu kadar ehemmiyet verip ruhu geri plana atarsak ne olur? Hiç düşündük mü?

Bedenimize at dediğimizi varsayalım. Çünkü beden bizim bineğimiz, ruh şehadet aleminde onun üzerinde seyahat ediyor. O zaman cesedimiz atsa; içimizdeki ruh da süvari olur. Bir süvarinin atı köşede samanla beslense, süvari o at kuvvetleneceği için bir lezzet alır. Ama samanın lezzetini attan alamaz. Çünkü süvarinin gıdası bambaşkadır, saman değildir. Onun et, baklagil, sebze yemesi gerekir. Az önce bahsettiğim Gaziantep olayındaki gibi kişi cesedini sürekli doyursa dahi bu ruhu beslemez. Atın samanıyla süvarinin açlığı giderilip ihtiyacı karşılanmayacağı için, ata bu kadar yatırım yapan insan, süvariyi aç bırakırsa bu sefer at süvariye hâkim olur. Bunun neticesinde de insanın hayvaniyet yanı ruhaniyet yanını geçer.

Normalde ceset, insan ruhunun alet çantasıdır. Bizim bu dünyayı gören asıl organımız göz değil ruhtur ve ruh: "Ben gayb alemindenim, bu dünya ise şehadet alemindendir. O halde benim bu dünyayı görmek için alet çantamdan göze ihtiyacım var." diyerek göz penceresini takar.

Aynı şekilde bizim asıl işiten organımız da kulağımız değil ruhumuzdur ve ruh şehadet aleminde işitmeyi sağlamak için alet çantası olan cesetten bu sefer de kulak takar. İşte insanın alet çantası olan atı samanla besleyip onun içerisindeki süvari olan ruhu bir türlü beslememesi çok büyük bir mantıksızlıktır. Savaşa giden bir komutan atını beslese ama süvarisini beslemese olur mu? Elbette olmaz.

Bir insan eğer bedenini beslerken aynı zamanda ruhunu beslemez aç bırakırsa, bedeninin esiri olan insanda da ortaya ruhsal problemler çıkar. Bir binanın dayandığı yer kolonlardır ve kolonlardan biri dahi çekilse bina yıkılır. İnsan da bina gibi dayanak noktalarını doğru yerlere inşa etmezse bedenen ve ruhen yıkılması mümkündür. Avrupa'daki insanların dayandığı noktaların neredeyse hepsi maddi değerlerdir. Bu yüzden o insanlardan dayanak noktaları olan maddiyatı çektiğiniz an o kişi de yıkılır. Bizim topraklarda ise Anadolu insanının maddi hayatı bir gün iyi bir gün kötü olmasına rağmen Avrupa insanından daha dayanıklı olma sebebi, bizim insanımızın maddeye değil manaya bağlı olmasıdır. Başına ne gelirse gelsin, dayanak noktası Allah'ın rızası olduğundan sabredip O(c.c)'na sığınabilmesidir. Zaten o, Allah'tan başka kimseye ihtiyacı olmadığına inandığı için Allah da onu başkasına muhtaç etmemektedir.

İşte dayanak manaya bağlanmayıp maddi beklentilere girdiğinde yıkım kaçınılmaz oluyor. Bu topraklarda doğup büyüyen bir genç dahi çevresi tarafından maddi dayanaklar dayatılması sonucu 'bir ev, bir araba için yaşamayı reddediyorum' diyerek hayatına son verebiliyor. Bu durum bizler için önlem alınmazsa çok üzücü noktalara gidecektir. Giderek artan intihar oranlarının, maddiyata gereğinden fazla önem vermeyle bağlantılı olduğunu ne zaman anlayacağız? Konuyla ilgili yaşanan bir olayı anlatayım.

Bir gün sınıfın birisinde öğretmen bir soru soruyor: "İntiharın sebebi nedir?"

Talebenin biri el kaldırıyor ve: "Hocam intiharın sebebi varlıktır. Varlığı çok olan, her aradığını anında bulan insan, intihar eder." diyor.

Sınıf gülüyor ama hoca: "Gülmeyin, istatistikler de bunu gösteriyor. Arkadaşınızın söylediği şey doğru." diyor.

Dünya genelinde intihar vakalarının en çok olduğu yerlere baktığımızda, milli geliri en yüksek yerler olmasına rağmen İskandinav ülkelerinin başı çektiğini görüyoruz. Bu ülkeler maddi gelirleri ne kadar yüksek olsa da intihar edilmesini bir türlü engelleyemiyorlar.

Öğretmenin sorduğu soruya cevap vermek için bu sefer başka bir talebe el kaldırıyor: "Hocam intiharın en büyük sebebi fakirliktir. Çünkü bir insan ihtiyaçlarını karşılayamadığında ümitsizliğe kapılır, çaresiz kalır ve intihar eder." diye cevap veriyor.

Hoca bu cevaba da doğru diyor ama burada bir problem var. Eğer bir şey doğru ise onun zıddı yanlıştır. Eğer bu soruda zenginlik intihar sebebi ise fakirliğin intihar sebebi olmaması lazım. Mesela benim terlememin sebebi sıcaksa; soğuğun beni terletmemesi gerekir. Ya da benim üşümemin sebebi soğuksa; sıcağın beni üşütmemesi gerekir. Yani zenginlik intihar sebebiyse fakirliğin mutluluk sebebi olması lazım ama değil. Fakirlik intihar sebebi ise bu seferde zenginliğin intihar sebebi olmaması lazım ama o da değil.

Demek ki intiharın sebebi ne zenginlik ne de fakirlik, ikisi de değil. İkisinin de üstünde başka bir sebep aramalıyız. İnsan sadece cesetten ibaret olmadığından intiharı sadece madde ile açıklamak mümkün değildir. Zira insan, hayvan gibi olmadığından maddi ihtiyaçlarının karşılanmasıyla hayatta kalması beklenemez. Yani insan madde elindeyken de intihar ediyorsa, ruhunun yaşaması için bir gayesi yok demektir. İnsanın hayata tutunması için, hayattan daha kıymetli bir hedefinin olması şarttır. İnsan kendisini arayacaksa ruhunda aramalıdır.

Madde mana içindir. Bir insan at-süvari örneğindeki metaforu anlayabilirse, dayanak noktasının madde değil mana olması gerektiğini fark eder. Bunu fark ettiği anda da ruhunu çok iyi beslemesi gerektiğini ve bunun da en iyi yolunun namaz olduğunu anlayacaktır. Böylece ruhu bedenine galebe edip ortaya namaz çıkacaktır.

Bizler hangi meseleyi ele alsak sonu Allah'a bağlanıyor. Mesela namaz diyoruz sebebi Allah, oruç diyoruz sebebi Allah, ekonomi diyoruz sebebi Allah, deprem diyoruz sebebi Allah, musibet diyoruz sebebi Allah, başımıza gelen her şeyin sebebi Allah...

Çünkü gerçekten de her şeyin hakiki sebebi Allah'tır. Ama bizi gören bazı insanlar diyor ki: "Ya siz de her şeyi Allah'a bağlıyorsunuz." Onlara göre; biz, her şeyi Allah'a bağlıyoruz. Bize göre de asıl onlar her şeyi Allah'tan koparıyor. Sizce hangisi daha büyük bir problem?

Birisi bizi alıp Süleymaniye Camii'ne gezdirmeye götürse, camide bize sürekli Mimar Sinan'ı anlatır. Çünkü Süleymaniye Camii'nin var oluş sebebi Mimar Sinan'dır.

Peki o kişi bize caminin taşından toprağına kadar her şeyde Mimar Sinan'ı anlatırken, biz de ona: "Yahu yeter! Sen de ne anlatsan Mimar Sinan'a bağlıyorsun. Koparsana Mimar Sinan'ı şu konudan biraz." desek koparabilir mi? Mümkün değil. Süleymaniye Camii'nin bütün taşlarında ve toprağında Mimar Sinan'ın ilmi varsa, sen Mimar Sinan'ı ortamdan çektiğin anda o cami de yıkılır. Çünkü o camiyi ayakta tutan Sinan'ın ilmidir.

Süleymaniye Camii'nin her bir taşında Sinan'ın ilmi varsa; demek ki her bir taştan da Mimar Sinan'a giden bir yol var demektir.

Madem öyle kâinatın tamamı Allah'ın ilmiyle kuşatılmışsa; senin saç telinden, bir annenin yavrusunu emzirmesine kadar her şeyde de Allah'a giden bir yol vardır. Bizim bu bağı kopartarak bu yolları kapatmamız mümkün mü?

Kur'an'da: "O'nun ilmi dışında bir yaprak bile düşmez.[2]" diye bir ayet geçerken biz başımıza gelen hadiseleri nasıl Allah'tan ayrı düşünürüz? Zaten yaşadığımız olayları Allah'tan kopara kopara bu hale gelmedi mi toplum? Dışarda sorsak herkes huzuru arıyor ama huzur arayan insanların çoğu ya namaz kılmıyor ya da kıldığı namazı kim için, ne için kıldığını bilmiyor. İnsanlar, huzura çıkmadan huzur bulmaya çalışıyor. Ama bilinsin ki O'nun huzurundan başka yerde huzur bulmamızın hiçbir yolu yok.

Biz bazı değerleri hayatımızda tam oturtamıyoruz. Şu an çoğumuzun dünyası ahiretinin önüne geçmiş durumda. İçinizde: "Yok ya öyle değil." diyen varsa; sadece namaza ayırdığı vakit ile dünyalık işlerine ayırdığı vakti kıyaslaması yeterli olacaktır.

"Ben namazıma ne kadar vakit ayırıyorum? İşime, eşime, evladıma, arkadaşlarıma ne kadar vakit ayırıyorum?"

Bana sorarsanız herkes bu kıyası yapmak zorundadır. Halimiz neyse ölmeden önce çıksın ortaya. Yanlış anlaşılmasın, yukarıda saydığım sebepler (iş, eş, evlat, arkadaş vs.) zamanımızın bir kısmını alan ve gerekli şeylerdir. Ancak bunlara bir de elde telefonla boş boş gezindiğimiz, hiç gerek yokken sokaklarda boş boş dolandığımız, yarın bir gün işime yarar diye gereksiz adamlarla oturduğumuz zamanları eklersek inanın sonuçlar hiç iç açıcı olmayacaktır. O yüzden o hesap ahirette yapılmadan bizim burada yapmamız gerekiyor. Çünkü harcadığımız her bir saniyenin sahibi var. Bunların her birisi Allah'ın vaktidir ve bizim bu hallerimiz Allah'a karşı bir hakarettir.

Bizler vaktimizi harcadığımız bu şeylerle mutlu olacağımızı zannediyoruz. Mutluluğu yaratan Allah olmasına rağmen namaz kılmayarak: "Allah'ım sen köşede dur ben sensiz mutlu olmaya

2 En'am suresi 6/59.

çalışacağım." diyoruz hâşâ. İşte bunun adı haramda huzur aramaktır ve haramda huzur arayana huzur haramdır.

"Evet, nihayetsiz teessürat ve elemlere maruz ve müptela ve nihayetsiz telezzüzata ve emellere meftun ve pür-sevda bir kalbin kut ve kuvveti her şeye kâdir bir Rahîm-i Kerîm'in kapısını niyaz ile çalmakla elde edilebilir."

İnanmak iman etmek demektir. Bizler Allah'ım Sana, peygamberlerine, kitaplarına inanıyorum diyerek aslında onlara iman ettiğimizi de söylemiş oluruz. Lakin iman sadece söylemekle olacak bir iş değildir.

Mesela siz bir gün tıp fakültesinin önüne gitseniz ve: "Ben fakültenizdeki profesörlere, kitaplara, yaptığınız çalışmalara, her şeye inanıyor ve sizi çok seviyorum. Kurban olayım bana da bir diploma verin" deseniz verirler mi?

Sizi tımarhaneye atarlar ama yine de o diplomayı vermezler. Çünkü insan diplomayı sadece tıp fakültesinin varlığına inanmakla alamaz. Bir de amel etmesi, yani teorik ve pratik derslerde başarılı olarak okulu bitirmesi gerekir.

İşte bizim de Allah ile ilişkimiz aynı bu şekildedir. Namaz kılmıyoruz ama "Allah'ım vallahi ben Sana, peygamberlerine, kitaplarına, meleklerine , her şeyin Sen(c.c) den olduğuna inanıyorum. Kurban olayım bana huzur ver." diyoruz. Amelsiz diploma alamayan insan, namazsız huzur alabilir mi? Elbette alamaz, çünkü namaz İslam'ın olmazsa olmaz şartıdır. İbadetsiz iman kurtuluş sebebi değildir. Zira ibadet dediğimiz şey zaten imanın belirtisidir. Bir insanın kalbi iman ile dolu ise ameline ibadet ancak o zaman sızar. İbadet sızmıyorsa demek ki kişinin kendisini kurtarabilecek bir imanı yok demektir. Zira hepimizin kendisine şu soruları sorması lazım: "Bu dünyada başımı secdeye götürmeyen iman ahirette beni cennete götürür mü? Bu dünyada gözümü haramdan çevirmeyen bir iman cehennemden yolumu çevirebilir mi?"

Toplumda birçok insanın temel problemi burada. Amel edemiyor, iman zafiyeti var ve biz temeldeki bu sorunu konuşmadan, iman dediğimiz kısmı çözmeden bunun üzerine hiçbir şey inşa edemeyeceğiz. Çünkü istediğimiz şeyleri ancak bir olan Rahim-i Kerim'in kapısını niyaz ile çalmakla elde edebileceğiz. "Allah'ım ben seni çok seviyorum." demekle değil.

"Evet, şu fâni dünyada kemal-i süratle vaveylâ-yı firakı koparan giden ekser mevcudatla alâkadar bir ruhun âb-ı hayatı ise her şeye bedel bir Mabud-u Bâki'nin, bir Mahbub-u Sermedî'nin çeşme-i rahmetine namaz ile teveccüh etmekle içilebilir."

Abdullah ibni Mesud(ra) rivayet ediyor: "Resulullah(asm) nafile namaza durunca ben de hemen arkasına geçip namaza durdum. Allah Resulü(sav) başladı sureleri sesli okumaya. Önce Bakara suresi, ardından Âl-i İmrân suresi, ardından Nisâ suresini okudu ve ben her surenin sonunda "tamam bu sefer bitti" diye düşünsem de Resulullah(sav) devam etti. En son Mâide suresini okumaya başlayınca "ey Abdullah sen buna güç yetiremeyeceksin" diye içimden geçirdim. Neyse ki Efendimiz(sav) namazı bitirdi."

Allah'ın sevgilisi rahmet çeşmesinden nasıl kana kana su içmiş görüyor musunuz? Namaza ne kadar çok ihtiyaç hissettiyse, Bakara suresi üç cüze, Âl-i İmrân suresi iki cüze yakın uzun sureler olmasına rağmen bunların hepsini tek rekatta okumuş. Zira her şey zıddıyla bilinir. En büyük, yanında bir de en küçük olduğu zaman hissedilir. Karanlık, ışığın parlaklığının zirveye ulaştığı an kendisini en net şekliyle gösterir. Sen zıddiyet itibari ile Allah'ın kemal sıfatlarına aynasın. Bunun için de Allah'ın gücünün, kudretinin, esma tecellisinin en büyüğünü ancak en küçük, en aciz olduğun anda hissedebilirsin. İşte Efendimiz(sav) bu manayı bildiğinden namazdaki lezzeti asla bırakıp terk etmiyor.

> En güzel sermaye; bir namaz, bir dua, bir de seccade...

Bir gün Hz. Aişe(ra) annemiz gece gözünü açıyor, eliyle etrafa bakıyor ama Allah Resulü(sav) yok. En son eliyle yoklaya yoklaya Efendimiz'in(sav) ayağına denk geliyor. Bakıyor ki Allah Resulü hıçkırıklar içerisinde namaz kılıyor, dua dua Rabbine yakarıyor. Onu o halde gören Aişe(ra) annemiz namazı bitince soruyor:

"Ya Resulullah! Allah senin geçmiş ve gelecek tüm günahlarını affettiğini söylüyor. Nedir bu halin?"

Efendimiz buyuruyor:

"Ben şükredenlerden olmayım mı ya Aişe?[3]"

Bir ümmeti olduğumuz Peygambere(sav) bakın bir de Allah'a karşı takındığımız tavırlara. Hiç birbiri ile uyuşuyor mu?

Şükür hayatımızın neresinde? Allah'a dua dua yakarmak, seccadelerimizi gözyaşlarımızla ıslatmak hayatımızın neresinde? Biz bu işin neresindeyiz?

Bizler insanlar arasında vefasız ola ola, Allah'a karşı vefa duygumuzu da yitirdik. Vefası olmayanın minneti olur mu? Minneti olmayanın namazı olur mu?

Bizlerin Allah'a karşı vefa duygumuzun gelişmesi için önce bize verdiği nimetlerin farkında olmamız gerekir. Düşünsene, sen yoktun, karanlıklar içindeydin ve Allah seni var etti. Hayvan etmedi, dağ etmedi, taş etmedi, varlık sahasının halifesi insan etti.

3 Buhari, Teheccüt, 6; Müslim, Kitabu Sıfati'l-Müsafirine ve Kasrihim, 18.

Sonrasında bir de sana onlarca nimet verdi. Güneş, su gibi maddi nimetler yanında, sevme sevilebilme duygularını, anne şefkatini, baba güvenini, evlat sevgisini verdi. Verdi de verdi...

İşte biz sayılamayacak kadar çok verilen bu nimetleri bir anlayabilsek; nimeti verene teşekkür edebilmek için yerimizde duramayız. Bunca maddi manevi nimeti bize veren ve bunlarla beraber içimize sevgiyi yerleştiren Allah'tır.

Annende, evladında işinde, kıyafetlerinde, hoşuna giden ne varsa hepsindeki sevgi madem Allah'tansa o zaman sen gerçekte onları değil Allah'ı seviyorsun ama anlayamamışsın. Zira anlasaydın, O'na şükretmekten, secde etmekten kendini alamazdın.

Bizlerin bu noktalarda sorun yaşamasının bir sebebi de peygambere iman noktasındaki zafiyetimizdir.

Üstad Said Nursi der ki: "Kişi sevdiğine benzemek ister."

Günümüzde çokça popüler olan moda dahi böyle kurgulanır. Önce birini tüm dünyaya sevdirirler. Sonra o kişinin saç şekline, parfümüne, kıyafetine kadar değiştirip dünyayı etkilerler. Bir müddet sonra bir bakarsınız ki; o kişi hangi yüzüğü takmışsa herkes onu takmaya başlamış. Hangi parfümü sıkmışsa herkes onu sıkmaya başlamış.

Allah Resulü(sav) mahbub-u kulûb yani kalplerin sevgilisidir. Eğer bizler onu hakkıyla bilip hakkıyla sevseydik moda ikonlarına benzemeye çalıştığımız kadar Ona ve Onun kılmaya doyamadığı namazına benzemeye çalışırdık. Çünkü kişi birini seviyorsa mutlaka ona benzemek ister. Biz namazda yeteri kadar Efendimiz'e(sav) benzeyemiyorsak; Onu hakkıyla sevmiyor, Ona yeteri kadar inanmıyor, Ona gerektiği gibi güvenmiyoruz demektir. Bir tanıdığımızın ekonomi ile ilgili üç kuruşluk sözlerine inanıyoruz. Kâr edeceğimiz bir tüyo verse; kalbimizin ritmi hızlanıyor. Lakin Resulullah'ın(sav) namazla ilgili hadislerini duyunca umursamıyor, Onun bize vaad ettiği cenneti duyunca kalbimizde herhangi bir kımıldama olmuyor. Resulullah'ın(sav) sözleri, tanıdığımızın sözleri kadar kalbimizi titretmiyor. Vahim haller içerisindeyiz. Zaten bu halin içerisindeki bir insandan namaz nasıl doğabilir ki?

"Evet, fıtraten ebediyeti isteyen ve ebed için halk olunan ve ezelî ve ebedî bir zatın âyinesi olan ve nihayetsiz derecede nazik ve letafetli bulunan zîşuur bir sırr-ı insanî, zînur bir latîfe-i Rabbaniye; şu kasavetli, ezici ve sıkıntılı, geçici ve zulümatlı ve boğucu olan ahval-i dünyeviye içinde, elbette teneffüse pek çok muhtaçtır ve ancak namazın penceresiyle nefes alabilir."

İnsanın ruhu sonsuzluk yani beka standartlarından, dünya ise geçici yani fani standartlardan yaratılmıştır. Onun için ruh, kendisine dünyadan sunulan hiçbir faniye razı olmaz, onlarla acı çeker. Normal şartlarda tırnağımızın çok sert bir yapısı vardır ve yanlışlıkla birisinin yüzüne çarpsa yırtıp atar. İlginçtir ki bu kadar sert yapılı bir şey parmaklarımızın içinden çıkıyor, canımızı acıtmıyor. Ama parmağımıza dışardan bir kürdan batsa "aman canım yandı" deyip feryat ediyoruz. Çünkü tırnak bizim kendi standartlarımıza uygunken kürdan değildir.

İşte ruh, dünyalıklarla doyurulmaya çalışıldığında aynı feryadı ediyor ve "ben sonsuzluktan yaratıldım, sen bana sonlu şeyleri vererek o kürdan gibi benim canımı yakıyorsun" diyor.

Sizi karanlık, loş, kokuşmuş bir zindana attıklarını düşünün. Bir gardiyan gelip zindandan bir pencere açsa ve güneş o pencereden doğup, yağmur o pencereden yağsa, hava o pencereden girse, siz o pencereden nefes alır ve tüm ihtiyacınızı karşılarsınız. İşte namaz da dünyalıklarla daralmış ruhun sonsuzluğa açılıp nefes alacağı, faniden elini çekip bakiye teveccüh ettiği bir penceredir. Sen eğer namazı kılmaz, sonsuzluğa açılan o pencereyi de kapatırsan karanlıklar içinde kalırsın. Tüm dünya sana zindan olur. Şimdi anlıyor musun içinin neden sıkıldığını, koskoca dünyaya neden sığmadığını?

Belki birkaç yıl sonra ortaya çıkacak bir bunalımının sebebi, sonsuzluk hammaddesi ile yaratılmış ruhunu, fani şeylerle doyurmaya çalışman olacaktır.

Bir gün Efendimiz(sav), Hz. Ali'nin(ra) dizinde uyuya kalmış. O esnada Efendimiz(sav) ikindi namazını kılmış. Ama Hz. Ali(ra) henüz namazını kılmamış. Vakit geçmiş ama Hz. Ali(ra) bakmış ki, Allah resulü(sav) hâlâ uyuyor, kaldırmaya kıyamamış. Bundan dolayı da namazı tam bir saat geçmiş.[4]

İnsanın aklına, "Uyandırsaydı da namazını kılsaydı olmaz mıydı? Namazdan önemli mi?" diye geliyor değil mi? Olmazdı işte olmazdı. Alemler Onun(sav) hürmetine yaratılmış. Namaz Onun(sav) bereketi hürmetine bize ikram edilmiş. Kâinatın varlık sebebi O(sav).

"Sen olmasaydın ey Habibim felekleri (kainatı) yaratmazdım." diyor Allah.[5]

İşte bu hadisede de kâinatın ve namazın var olma sebebini uyandırmıyor Hz. Ali(ra) efendimiz...

Ama yaşanan bu olayda Allah öyle bir mucize yaratıyor ki, Hz. Ali'nin namazı geçmesin diye güneş bir saat yerinde tevakkuf ediyor, yani duruyor. Allah onun o davranışı için güneşi, koca sistemi yerinde durduruyor. Bizler ise günümüzde artık otobüsü bile durduramıyoruz. Şoförle anlaşıp biniyoruz ama şoför namaz vakti gelince: "Ya hocam bir namaz için koca otobüsü mü durdurayım?" diyor. Tuvalet için duran otobüs namaz için durmuyor. Tuvalet kadar değer vermiyorlar namaza. "E bu kadar yolcu var bunların

---

4 Tahavi, Taberani (Kebir), Hâkim ve Beyhaki (Delail) rivayet etmiştir. (bk. ibn Hacer, Fethu'l-Bâri, 6/222).

5 Acluni, II: 164; Hakim el Müstedrek, II: 615.

hakkı ne olacak? Kazaya bırak." diyorlar. Peki ben soruyorum size: "Allah'ın hakkı ne olacak?"

> Sor kendine olmazsa olmazlarının içinde namaz kaçıncı sırada?

Sen,İslam'da insan iradesi ile namazın kazaya bırakılmayacağını bildiğinden, Allah'ın emrettiği namazı kılmak için bir çığlık koparıp otobüsü durdurunca sana deli gözüyle bakıyorlar. Bizler böyle bir asırdayız. Baksınlar ne olacak ki? Futbolun delisi var, paranın delisi var, kumarın delisi var, siyasetin delisi var, biri de desin ki "bu insan da Allah'ın delisi..." Ne olacak?

Biz şuurumuzu yitirmişiz gerçekten...

İnsanlar gol için attığı çığlığı cehennemden kurtulmak için atamıyor. Hz. Bilâl b. Rebâh'ın(ra) "Ehadun Ehad" dediği gibi "Allah'ım beni kurtar" diye çığlık atamadık. Haşlanmış yumurtayı bile soğumadan soyamayan insanın, "Cehennemse cehennem, yanar çıkarız" demesi ne kadar garip? Üç kuruşluk geçici dünya meseleleri için birileriyle buluşacağız diye Allah'la olan buluşmalar erteleniyor. Dünyayı gözümüzde çok abartıyoruz, Allah dünyadan büyüktür bir türlü anlayamıyoruz.

Fatiha Suresindeki Sır

Öyle garip bir dönemdeyiz ki Fatiha suresinin ne manaya geldiğini bilmeden Fatiha okur hale gelmişiz. Halbuki o surenin içinde çokça derin sırlar var ve eğer sende bu sırra mazhar olmak istersen; "Fatiha ile başla, bu sırrı yaşa."

Bir insan ömrü boyunca Fatiha'yı tefekkür etmeye, anlamaya çalışsa yine de o okyanusun suyu azalmaz. Bir şeyin tekraratının çokluğu kıymetinin çokluğuna işarettir ve bu kadar çok tekrar edilen Fatiha suresi, içinde bizim merkezi olarak anlamamız gereken çok ciddi hakikatler barındırır. Bu yüzden biz Fatiha'nın sadece mealine değil tefsirine de ihtiyaç duyarız. O halde önce, "Tefsir nedir? Tevil nedir? Meal nedir?" diye ufak bir giriş yapalım.

Tefsir, bir lafzın maksadını ortaya koymak demektir. "Fesr" yani beyan etmek kelimesinden türemiştir.

Tevil ise, bir kelamı alıp taşıdığı muhtemel manalardan birine çevirmek demektir. Yani tefsir daha geniş bir maksat, bir mana anlatırken tevil sözü ise o manalardan birisine irca etmek, yönlendirmek demektir. Evl (geri dönmek) kelimesinden türemiştir. Mealde bu kelimeden gelir.

Denize üstünden bakarsanız masmavi bir kalıp gözükür. Ama içine girerseniz balinalar, yunuslar, denizatları, ahtapotlar gibi bir sürü canlı görünür. İşte bu örnekteki üstten sığ bakmaya meal dersek denizin içine girip daha derin bakmaya da tefsir diyebiliriz. Ayetler sadece mealde okunduğu gibi değildir, içerisinde çok farklı bir dünya taşır. Mesela eski zamanlarda insanlar, dünyadan güneşe bakmışlar ve güneş hareket ediyor gibi gözüktüğünden "dünya yerinde sabit, güneş ise hareketlidir" demişler. Daha sonra işin mütehassısları, alanında uzman olan kişiler duruma el atmışlar ve anlamışlar ki durum sanıldığı gibi değil, Güneş sabit, dünya onun etrafında dönüyor. İşte buradaki ilk anlayış meal anlayışıyken, ikinci anlayış tefsir anlayışıdır. Bizler meal ile anlatılmak istenen manayı tam alamayız. Onun için bu alandaki mütehassısların yorumlarına yani tefsire ihtiyacımız vardır. Ama bazı insanlar bu ihtiyacı kabul etmezler ve "Kur'an Mübin bir kitap değil mi" derler. Evet Kur'an Mübin'dir, apaçık bir kitaptır ama bizler ondaki manaları tam anlayacak kadar açık değiliz. Onun için de başkalarına ihtiyaç duyuyoruz.

Zira bizler sosyal hayatta da böyleyiz. Dışardaki tüm bitkileri bilir ama ilaç için eczacıya ihtiyaç duyarız. Madem tüm bitkileri biliyoruz ilacı da kendimiz yapalım. Olmaz mı? Olmuyor işte, bir mütehassısa ihtiyaç doğuyor. Aynen bunun gibi bizlerin manalar noktasında da bu işin tefsirini ortaya koyan, "burada aslında aklınıza gelmeyen şu derin manalar da var" diyen insanlara ihtiyacımız var. Bu yüzden Fatiha suresini hakkıyla anlamak istiyorsak evvela onun tefsirini öğrenmemiz lazım.

Bizler Müslüman bir gruba: "Gelin Fatiha suresini öğrenelim." desek: "Fatiha mı biz onu çocukluktan beri biliyoruz." derler ve inanın kimse gelmez. Madem çoğumuz Fatiha suresini tâ çocukluktan beri biliyoruz, o zaman neden rızık endişesi çekiyoruz?

Eğer biz iddia ettiğimiz gibi Fatiha suresini gerçekten hakkıyla bilseydik rızık endişesi taşımazdık. Demek ki biz Fatiha'yı değil onun lafızlarını biliyoruz. Halbuki Fatiha nasıldır biliyor musunuz? Hani tonluk çelik kapılar, bir parmak izi ile açılır ya. İşte Fatiha'da da o parmak izi vardır. Kur'an'ın bütün derinliklerinin anahtarı, Fatiha'nın içerisinde saklıdır.

Bizler Fatiha'nın içinde geçen "elhamdülillah" kelimesini söylediğimiz zaman bir hakikati sadece beyan etmiş oluruz. Bizim o hakikati yaşamamız, hamd edebilmemiz için ise bir olaya şahit olmamız, o şahitlik sonucunda bu cümleyi ifade etmemiz gerekir. İşte bu bizde, ancak tefsir dediğimiz mana ile oturacak bir hakikattir. O yüzden şunu anlamalıyız ki. Fatiha'nın ne demek istediğini tam öğrenmek istiyorsak; "Allah, bu ayeti anlayabilmem için kâinatta neler yaratmış" nazarıyla bakmamız şarttır. Yoksa sadece, "bu kelime bu manaya geliyor, bu lafız bunu diyor" dersek mana çok eksik kalacaktır.

Eğer bizler Fatiha'yı sadece ezberlemek yerine bir de onu yaşarsak ne olur biliyor musunuz? Ayağına saplanan oku namazda çıkarttıran Hz. Ali(ra) gibi dünya gözümüzden silinir. Ne görürsek görelim her şeyde Allah ile alaka kurmaya başlarız. İşte o zaman Fatiha'yı hayatımızın her alanına yerleştirmiş oluruz...

Anlamı

Günde kırk kez tekrar ettiğimiz ama ne demek istediğini yeteri kadar anlamadığımız bir suredir Fatiha. Bir şey kıymeti nispetinde tekrar edilir. Mesela günde birkaç kez yemek yeriz çünkü yemeğe o kadar ihtiyaç hissederiz. Yemekten çok su içeriz. Çünkü suya daha fazla ihtiyaç hissederiz. Havayı her an teneffüs ederiz çünkü ona olan ihtiyaç daimidir. Demek ki Fatiha'da da olmazsa olmaz bir şey var ki günde en az kırk defa tekrar ediyoruz. O halde bizlerin yemekten, içmekten, havadan daha fazla Fatiha'nın hakikatine ihtiyacımız var. Zira bizler Fatiha'nın bu denli tekrarından anlıyoruz ki; "Fatiha hayatımızda yaşanmazsa o hayat yaşanamaz."

Fatiha; fetih ve fatih kelimeleri ile aynı kökten türemiştir. Açan, mukaddime (başlangıç) manalarına gelir. Kur'an'nın mukaddimesi Fatiha'dır. Yani Fatiha Kur'an'ın kapısı hükmündedir. Kur'an'ın 114 suresinden tam bir sure olarak ilk nazil olanı Fatiha'dır.

Übey bin Ka'b bir gün, Allah Resulü'ne(asm) Fatiha'nın hakikatini sorar ve Efendimiz, Fatiha için şu ifadeleri kullanır: "Bu surenin misli ne Tevrat'ta ne İncil'de ne de Zebur'da indirilmiştir.[6]"

Fatiha misli hiçbir zaman gelmemiş bir suredir.

Kadı Iyaz'ın Şifa-i Şerif'inden edindiğim bilgiye göre sadece Efendimiz'e (s.a.v) verilen bazı şeyler vardır; "Bir aylık yol kadar (uzaklıktan) düşmanların kalbine korku salma. Savaş ganimetinden pay alma. Şefaat etme. Cevami-ül kelim yani az laf ile çok fazla anlam ifade etme ve son olarak Fatiha suresi ve Bakara suresinin son iki ayeti olan Âmenerresulü."

Tüm bunlar sadece Efendimiz'e verilmiş ikramlardır. Bu yüzden hadiste "Fatiha'yı okumayanın namazı yoktur." buyurulmaktadır.

Üstad Bediüzzaman'a Fatiha suresinin manası üçüncü medrese-i Yusufiye diye bahsettiği Afyon hapsinde açılmıştır. Zira Said Nursi hazretlerinin talebelerine yahut hatıralarını dinleyenlere, onun en ziyade sıkıntı çektiği hapis hangisiydi diye sorsanız mutlaka Afyon hapsi diyeceklerdir. Düşünün, hayatı 28 yıl sürgünlerde geçmiş. Toplamda 19 kez zehirlenmiş. Afyon hapsinde 40 kiloya kadar düşmüş ama en çileli dönemini yaşadığı bu hapishanede

---

6 Tirmizi, Sevâbu'l-Kur'ân 1, 2878).

kendisine Fatiha suresinin manası açılmış. Sizce de bunda çok ince bir sır yok mu?

Zira ben bunu öğrendiğimde kendime ilk şunu dedim: "Bizler çok basit sebeplerden dolayı hakikat yolundan dönüyoruz. Bu kişi canımı sıktı. Şu adam bana şöyle bir laf etti. O kişiyle anlaşamadık menfaatimiz çakıştı." Dilimizde bir sürü bahane...

Bir yoldan dönenlerin sundukları bahanelere bakın bir de Üstad Bediüzzaman'ın yaşadığı o ağır şartlara ve o şartlar sonucunda ona nasip olan Fatiha'nın tefsirine. Demek ki bu ayetin bizde de açılması için bize bir vazife daha düşüyor.

Dişimizi sıkıp sabretmek...

Bir şey zahirde güzel görünmese bile netice itibari ile kesin güzeldir. Üstad da bu dersi Kur'an'dan tam aldığından, kendisini mahpusa atmışlar ama o 'medreseye geldim' demiş. Baktılar olmuyor bu sefer talebeleriyle birlikte atmışlar 'demek burada yiyecek rızkımız varmış' demiş. Zindan zindan dolaştırmışlar 'hapisteki talebelere bu hakikatlerin ulaşması lazımdı' demiş. Memleketinden sürgün edildiğinde yanına asker vermişler 'ya bir de zahmete girip yanıma bekçi veriyorlar ne büyük şeref' demiş. Yaşantısı ile bizlere adeta: "Güzel gören güzel düşünür. Güzel düşünen ise hayatından lezzet alır." dersini göstermiş. Bizler kendimizi Afyon hapishanesinde düşünelim bakalım bizden nasıl cümleler çıkacak acaba?

Şimdi Fatiha'da geçen ayetleri sırayla ele alalım.

On Beşinci Şua/ Fatiha-i Şerifenin Bir Muhtasar Hülâsası

Elhamdulillâhi rabbil'alemin; (Hamd, Alemlerin Rabbi Allah'adır.)

Rab; "terbiye edici, efendi, hâkim, hüküm koyan, emir veren" demektir. Yani kısacası bir insanın hayatı kime göre şekilleniyorsa Rabbi de odur. Bir insan hayatını Allah'ın şekillendirmesine, emirlerine göre yaşıyorsa demek ki onun Rabbi Allah'tır. Ama o insanın dikkatini "patronu, aşık olduğu birisi, vazgeçemediği bir dünya metası" gibi başka hususlar çekiyorsa ve o insan hayatını ona ulaşmak uğruna şekillendiriyorsa demek ki onun Rabbi onlardır. Çünkü Rab kelimesinde böyle hususi bir terbiye edicilik vardır.

Bizler *Elhamdülillahi rabbi'l alemin* diyerek hamdımızı alemlerin Rabbi olan Allah'a sunarız ve bu yüzden sadece manaları okumamız yetmez. Bu manaları yaşantı zenginliğimize katarak şok olacağımız, hayretlere düşeceğimiz bir olay yaşamamız bunu da Allah'a sunmamız icap eder.

Elhamdü'deki "el" istiğrak (gark olma) manasındadır. Yeryüzünde kimden kime ne kadar güzellik, hamd ve teşekkür gidiyorsa hepsi Allah'a aittir.

Mesela dostunuzla aranızdaki hoş muhabbetiniz, evladınıza olan merhametiniz, eşinize olan sevginiz, işinize olan bağlılığınız, çiçeklerin gönlünüzü ferahlatması, yağmurun huzur vermesi, kedinizi sevmeniz, çikolatanın sizi mutlu etmesi, aklınıza gelen ne kadar güzellik varsa hepsinin kaynağı tektir. O da "Allah Azze ve Celle..."

Madem tüm güzellikler Allah'tandır o halde tüm bunların hamdının, övgüsünün, şükrünün, senasının da Allah'a gitmesi gerekir. Ama bizler çoğu zaman yaşanan hadiseleri Allah'a bağlayamıyor, şefkati annemizden, balı arıdan, soğanı topraktan biliyoruz. Hatta bazen öyle gaflete düşüyoruz ki; "yeryüzünün idaresi birkaç global gücün elinden dönüyor" diyoruz. Hadi Allah yağmur yağdırmasın da o global güçler yeryüzünü yönetsin bakalım nasıl yönetecekler? Böyle bir şey mümkün değil. Zira yeryüzünü yönetenin Allah olduğu kainatta yarattığı olaylarda bile saklı ama insan Allah'tan bilmediğini kendinden biliyor işte. Başka bir örnek ile meseleyi pekiştirelim, ben muazzam bir robot yapsam. Sizce insanlar robotun yaptıklarını izledikten sonra robotu mu överler yoksa beni mi? Sanatkarı bensem beni överler. Aynen öyle de yeryüzündeki güzelliklerin tamamı, kimden kime giden bir övgü, güzel söz varsa hepsinin yaratıcısı Allah olduğundan esas övülmeye layık olan, esas hamd sahibi Allah'tır(cc).

Gözlerimizde görme problemi olduğunu ve bunun için gözlük kullandığımızı varsayalım. Yolda giderken gözlüğümüzü yere düşürsek bunun neticesinde görmemiz zorlaşır ve belki önümüzü dahi görmeyiz. O esnada birisi gözlüğümüzü yerden alıp bize verse, o kişiye karşı bir teşekkürü kendimize borç biliriz. Eğer o kişi tedavi için bir de göz ameliyatımızın masraflarını karşılasa, gözümüzü çizdirse minnetimiz daha da artar. Her net görüş sağladığımızda "Allah o kişiden razı olsun" demekten kendimizi alamayız. Kameralarda stabilize özelliği olmadığından kamera sallanınca görüntü de sallanır, net olmaz. Ama biz zıplasak, salıncakta sallansak yine de görüntü netliğinde bir değişiklik olmaz. Çünkü net görüntü için bırakın gözlüğü, bırakın gözümüzü çizdirmeyi, stabilize özelliği fevkalade olan, iki gözle görüp tek görüntü yansıtan muazzam bir göz vermiş Allah bize.

O zaman soruyorum size; bunun için Allah'a teşekkür borçlu değil miyiz? Ne kadar ücrete aldık bu gözleri? Nereden aldık?

Hiçbirinin cevabı yok. Dünyayı verseler tek gözümüzü vermeyiz. O halde verilen bu nimet için neden Allaha minnet etmeyiz?

Elimizdeki nimet bir süreliğine elimizden alınsa ve sonra tekrar geri verilse, o yokluktan sonraki kullanımı varlığına şükretmemizi sağlar. O yüzden Allah bazen hastalık, sakatlık, musibet verir ki elimizdekinin kıymetini anlayalım. Olaya farklı bir açıdan bakacak olursak bizlerin elinden iki dakika boyunca, sadece basit bir göz kırpma eylemi alınsa, birinci dakikadan sonra gözümüz sulanmaya ve acımaya başlar. Ancak ikinci dakikanın sonunda gözümüzü kırptığımız an rahatlarız. Aslında bu bile gözümüzün varlığına şükretmemiz için yeterlidir. Zaten bizlere göz gibi nimetler verilmesinin esas amacı da Allah'a teşekkürümüzü, şükrümüzü sunmamızdır. Bir düşünsenize ağacından tutun da Güneş'ine kadar, midemizin rızkından tutun da gönlümüzün rızkına kadar, kainatta bulunan hangi şey Allah'tan değil ki? Madem verilen nimetlerin tamamı Allah'tan o halde yeryüzündeki güzelliklere sunulacak tüm teşekkürün, tüm hamdlerin de Allah'a sunulması lazım.

Bizler her gün defalarca Fatiha suresini okuyup içerisinde sürekli: "Hamd yalnız alemlerin Rabbi olan Allah'a mahsustur." diyoruz. Peki bunu neden bu kadar çok tekrar ediyoruz? Bu kadar ikaz neden? Fatiha suresindeki bu ayetin içinde sürekli bir tahşidatın sebebi ne? Çünkü şeytan güzelliklerin Allah ile ilişkilendirilmesini istemiyor ve bunun için de nefs-i emmaremizi kullanıyor. Zira nefiste eşya ile esma arasındaki bağı kesip; "bu eşya benim, bunu yaratan yok. Bu başarılar benim. Ben olmasam, benim aklım, benim fikrim olmasa bunlar olur muydu" deme isteği vardır. O yüzden şeytanın amacı güzellikleri Allah'tan bildirmemek iken kullandığı en iyi askeri de nefsimizdir.

Bir zamanlar şeytanın bu hilesine aldanmış birisi: "Ben hiç yalan söylemedim ama günah olduğundan değil, yalan söylememek bir erdem olduğundan dolayı. Ben hayatım boyunca insanlara yardım ettim ama cennet hevesinden değil. İnsanlığımın gereğinden bunu yaptım." diyordu. Bu insan bu ifadeleri ile bize ne anlatmak istiyor sizce? Ben söyleyeyim: "İyilik ve kötülük kavramı erdemdendir. Bunları Allah ile ilişkilendirmenize gerek yok."

Halbuki bizim yoksul birine yardım ederken bile ilk amacımız Allah'ı memnun etmektir. Ama şeytan bu amacı bizden uzaklaştırmak istiyor. Bizlere her seferinde; "iyi bir şey yapabilirsin ama bunu Allah'tan bilemezsin" diyor.

Bir arkadaşımın iş yemeğinde, önüne içki servisi geliyor. Arkadaşım: "Ben içki almayayım." deyince masadaki ekabir takımından bir tanesi soruyor: "Sağlıktan mı içmiyorsun yoksa inançtan mı?" Niye soruyor bunu? Çünkü sağlıktan dolayı içmiyorsa ona diyecek bir söz yok ama Allah'tan dolayı içmiyorsa öyle bir şey olamaz. Yani aklınca; "bu davranışı yapmana müsaade ederim ama Allah'tan dolayı olmayacak" diyor. Demek şeytan tek başına çalışmıyor amacına ulaşmak için şeytanlaşmış insanları da kullanıyor.

Neden "elhamdülillahi rabbi'l alemin"de "bak sakın unutma sen hamdı hep Allah'tan bileceksin" diye bu kadar tahşidat var daha iyi anladık mı? Çünkü şeytanın da bu kadar tahşidatı var. Kardeşim ya da hocam diyerek söze başlayan şeytan: "Sen bir şeyi yanlış görüp yapmayabilirsin, sorun yok. Erdemden dolayı faizden çıkabilirsin. Sağlıktan veya bilimsel bir açıklamadan dolayı içki içmeyebilirsin. Ama bunu Allah'la ilişkilendiremezsin." diye sözünü bitiriyor. "Doğru davranışlara da müsaade ederim yeter ki Allah için olmasın. Her şeyin Allah'tan olduğunu itiraf etmesinler." diyor. Buna karşılık Fatiha suresi de bizleri "aldığın nefesi dahi Allah'tan bilmek zorundasın" diyerek daima uyarıyor. Allah kainatı önümüze sermesine rağmen bizler hala bunları O'ndan[(cc)] bilemeyecek kadar vefasızlık ediyoruz maalesef.

> Dünyayı verseler
> iki gözünü vermezsin.
> İki gözünü verene
> de kulluk etmezsin.
> Garip dünya...
> Necip Fazıl Kısakürek

Allah bir kula neyi verdi ise şükrünü de aynı cinsinden ister. Allah bana bir sürü kabiliyet verecek ama ben sadece dilimle hamd edeceğim olur mu? Elbette olmaz. Mesela beni hastaneye temizlik görevlisi olarak alsalar. Ben temizlik yapmayıp sadece: "Hastane çok güzel. Bir sürü deterjanım var. Elimde çok imkan var. Hepsi için yönetime çok teşekkür ederim." desem bana maaş verirler mi? Bir gün bile barındırmazlar beni orada. Çünkü verilen nimetin şükrü aynı cinsinden olur. Eğer bana temizlik görevlisi olma nimeti verildiyse bunun hamdi temizlik yapmamdır. Nasıl kuşa kanat veriliyor uçması bekleniyor, ata kuvvetli bir bacak veriliyor koşması bekleniyorsa insana da birçok cihazat verilmiş ve o cihazatlar adedince vazife bekleniyor. İnsana verilen bu cihazatların her biri Allah'ın esmalarının uyandırılmaya, ağaç olmaya muhtaç tohumlarıdır. Allah bize hangi tohumu verdiyse bizden de o vazifeyi beklemektedir. Mesela Allah melekten hastalanma vazifesini beklemez çünkü onda Şafi isminin tohumu yok. Aynı şekilde melekten yemek yeme vazifesini de beklemez çünkü onda Rezzak isminin tohumu da yok. Bu tohumlar bende var ve Allah bendeki tohumlar inkişaf etsin diye: "Ey Mehmet kulum acık. Ey Mehmet kulum hasta ol." diyor. Bizler eğer bu esma tohumlarının içerisinde ne saklı olduğunu bilsek hayatımız değişir.

Düşünün ki elinizde kilosu bir trilyon olan bir meyvenin tohumu var. Ne yaparsınız? Yatağınıza yatırır kendiniz ısınmaz onu ısıtırsınız, ona zarar gelmesin diye her çabayı sarf edersiniz. Çünkü tohumun içinde ne saklı olduğunu bilen insan ona neticesi itibariyle davranır. Bizim üstümüzde Allah'ın esma tohumları var ve bu tohumların içerisinde vazifeler saklı. Vazifelerini tamamladıktan sonra ki halinde ise cennet saklı. İşte tohumun içindeki hazineyi keşfedemeyen "şunun çekirdeğini yiyeyim" der. Onu anlık bir lezzet almak için bir lokmada bitirir. Keşfeden ise onu toprağa ekmek için en uygun yeri ve zamanı kollar. Siz annenize bir demet çiçek yaptırıp götürseniz, anneniz duygulanır. Koyun da bir anne olmasına rağmen ona çiçek götürseniz koyun duygulanmaz o çiçeği güzelce yer. Çünkü koyun aleme, midesinin deliğinden bakar. Onun için koyunda önüne gelen her şeyde mesele ikiye ayrılır.

Yenilebilir mi? Yenilemez mi?

Eğer insan, insan olmazsa aleme koyun gibi bakar. Çoğu zaman maalesef oturuyoruz masadaki şeyler yenilir mi yenilemez mi diye bakıyoruz. Bunu bize kim ikram etmiş? Bize iltifat edip bunları gönderen kim? Laboratuvarlarda yapılamayan şeftali benim masamda duruyor. Laboratuvarların cüret edemediği süt benim elimdeki bardakta bulunuyor. Kim ne için ikram etmiş bunları, diye düşünmüyoruz. Allah bize bunları Fatiha'nın manasını anlayabilmemiz ve hamd edebilmemiz için mi ikram etmiş anlayamıyoruz.

Kulun kıymeti; kulun bakış açısı ile Allah'ın bakış açısının birbirine yaklaşmasına bağlıdır. Allah'ın hayatımızdan beklentisi ile bizim bu hayattan beklentimiz ne kadar birbirine yakınsa o kadar kıymetliyiz demektir. Allah katındaki değerimiz, Allah'ın isimlerini üstümüzde gösterebildiğimiz kadar, yaşantımızda dokuyabildiğimiz kadardır. Bizlerin üstümüzdeki esmanın çekirdekleri ne kadar ağaç olursa o kadar kıymetliyizdir. Çünkü o çekirdekler ne kadar ağaç olursa bizler mevcudata o kadar Allah nazarından bakmaya başlarız. Fabrikada çalışan eleman patronuyla aynı nazardan baktığı an kıymetli eleman olur. Kainattaki kul da kainata Allah nazarından ne kadar bakabiliyorsa o kadar iyi bir kul olur. Demek ki Allah'ın isimleri bizim üzerimizde görünebildiği kadar biz insan-ı kamiliz.

Efendimiz Muhammed Mustafa(asm) niye bu kadar kıymetli? Çünkü Allah'ın tohum hükmündeki isimlerinin hepsi onda ağaç olmuş. Bütün isimlerin kemal noktada toplandığı insan Efendimiz(sav) olduğundan O yeryüzünün en şerefli ve en kıymetli insanıdır. Allah kendi isimlerinden, aleme O'nun(cc) nazarından bakabilmemiz için numunecik olarak bize de yerleştirmiş. Peki bu ne demek?

> "İyi ki namaz var. Yoksa bu ağrılı başımızı nereye koyardık."

Bir sanatkâr sanatında tanınır. Mimar bir arkadaş ile Süleymaniye'yi ziyarete gitsek, Mimar Sinan'ı o arkadaş daha iyi seyreder. Geziden o daha çok lezzet alır. Çünkü mimarlıktan bir damla onda da var, onun için mimar Sinan'ın ruhundaki güzellikleri o benden daha iyi görür. Ben baktığımda sadece taş ve demir görürken o, mimar Sinan'ın ruhunun derinliklerine kadar iner. Mimar Sinan'ı anlamak için mimarlık gerekirse Allah'ı anlamak için de O'nun(cc) isimlerine ayine olmak gerekmez mi? Demek ki insan Allah'ın esmalarını ne kadar keşfederse Allah'ı o kadar bilir ve imanın lezzetini duyar. Şefkati olmayan insan Rahim ismini anlayamaz çünkü Rahim isminin çekirdeği şefkattir, Allah'ta(cc) şefkat sonsuzdur ve Allah yeryüzünde bu özelliğin numunesi olanları daha çok sever. Yani insan şefkatte ne kadar ilerlerse Rahim ismini de o kadar anlar. O yüzden Allah'ın en sevdiği kulu Muhammed Mustafa'dır(asm) çünkü insanlığın en şefkatlisi Odur. Cömertliği olmayan Allah'ın Cud ismini anlayamaz, Kerim nedir anlayamaz. Hatta rivayette; **"cehennemin kapısını cimriler, cennetin kapısını cömertler açacak"** diye geçiyor.

İyi de Allah cömertleri niye bu kadar çok seviyor? Çünkü kendinde de bu isim var ve Allah kendisi cömert olduğundan cömertleri seviyor.

Mesela ben hanımımla pikniğe gitsem ve orada kuzusunu emziren bir koyun görsem hanımım benden daha çok etkilenir çünkü emzirme yani annelik faaliyetinin numunesi onda da var. Bende olmayıp onda olduğundan o bu halden daha çok etkileniyor. Demek ki kimde Allah'ın tohum halindeki esması daha çok açılırsa o Rabbini daha çok bilen, daha çok haşyet duyan, daha çok tanıyan, daha çok seven bir kul olur ve bunun neticesinde de Allah o kulunu daha çok sever.

İşte marifetullah işte iman budur. İman dediğimiz sözlerin tekrarı değildir. Çünkü Allah'ı sevmek dilinde daha çok söylemekle olacak bir şey değildir. Allah'ı sevmek için bu şekilde bir sistematik sıralama icap etmektedir. Sahabelerin birçoğu bizim konuştuğumuz kadar konuşmamış belki bildiğimiz kadar bilmiyorlar bile. Buna rağmen Allah'tan neden bu kadar haşyet duyuyorlar? Çünkü onlardaki esma tohumları ağaç olmuşken, bizdeki esma tohumları dilimizden kalbimize bir türlü inmiyor, sürekli tohum halinde kalıyor. Demek ki bizim de sahabeler gibi olmamız için Allah'ın tohum halinde ruhumuza ektiği çekirdekleri uyandırıp ağaç yapmamız gerekiyor. Zira bu çekirdekler ne zaman çatlayıp meyve verirse biz de o zaman insan olacağız. Çünkü insanlık bu demektir. Yoksa bizlerin yediği şeyleri affedersiniz bir hayvan da yiyor. Yani bizim onları yememiz için insan olmamıza gerek yok. Nimetin kimden geldiğini bilip O'na hamd ettiğimiz an insanlığın farkı çıkıyor ortaya ve bunun olması için de imanın gelişmesi gerekiyor. Peki Allah'ın esma tohumları ne ile sulanıyor?

İnsan, tohumu iki farklı şekilde sular. Ya "heva" ile ya da "Hüda" ile.

Bir gün Efendimiz(asm) dua ederken diyor ki: "Ya Rab bana iki Ömer'den birini ver."

> İslam öyle bir dindir ki bir köleyi Bilal Habeşi(ra) yaparken, peygamber amcasını Ebu Leheb yapar.

O iki Ömer'den birisi Ömer Bin Hattap diğeri Amr Bin Hişam yani Efendimiz'in(sav) Bedir'de; 'ümmetin firavunu' dediği Ebu Cehil. Allah Resulü'nün bu şekilde dua etmesinin çok hikmetleri var ama biz birini konuşalım. Efendimiz'in dua ettiği iki isimde de aynı tohumlar var ve Ömer Bin Hattap o tohumu Hüda ile sulamış Hazreti Ömer olmuş. Amr Bin Hişam yani Ebu Cehil o tohumu heva ile sulamış ümmetin firavunu olmuş. Allah Furkan suresinde: "Kendi nefsinin arzusunu kendisine ilah edineni gördün mü?" (Furkan / 43) buyuruyor. İşte sen içindeki tohumları heva ile suladığında kendi nefsinin arzusunu kendine ilah edinenler gibi oluyorsun. Çünkü bu esma tohumlarını Allah -haşa- kulunun bazılarına koydu bazılarına koymadı değil. Hepimizde var bu tohumlar ama ya sulamıyoruz ya da heva ile suluyoruz. Sadece "Allah'ım sana hamd ediyorum" demek yetmez. Tohumları sulamak için iman dersleriyle kendimizi beslememiz, mücadele etmemiz, geceleri Allah için bölmemiz, amel etmemiz gerekir. Siz bir klima alıp duvara taksanız, klimanın duvarda takılı olması yeter mi? Yetmez, o klimanın bir de çalışması gerek. Ya da araba alsanız, garajda dursa yeter mi? Olmaz, arabanın çalışması, sizi istediğiniz yere götürmesi gerek. İşte Allah da bize hangi nimeti verdiyse onun çalışmasını istiyor. Akıl marifetulah yani Allah'ı bilme ile çalışacak. Kalp muhabbetullah yani Allah'ı sevme ile çalışacak. Kalbimizde sadece Allah ile bağlantılı Latife-i Rabbaniye diye bir nokta var o da müşahedetullah yani "Allah'ım sen her an hazır ve nazır, beni görüyorsun" fikriyatı ile çalışacak. Cesaret mi verdi mücadele ile, zeka mı verdi ilim ile ama boş malumat olan ilim ile değil kalbe akan deruni, yakîni ilim ile çalışacak.

Şimdi Üstad hazretlerinin "elhamdülillah" kelimesinden yakaladığı derin mana ile devam edelim.

Birinci Kelime

Elhamdülillah'dır. Bundaki hüccet-i imaniyeye gayet kısa bir işaret:

Evet, Kainatta medar-ı hamd ve şükür olan kasti in'amlar ve nimetler...

Burada iki tane mesele var; biri **medar-ı hamd** diğeri de **kasıt**. Kasıt, nimetlerin verilme sebebi; medar-ı hamd ise hamd etme sebebidir.

Mesela siz birine teşekkür ettirmek isterseniz ona ikramda bulunursunuz. Birine küfür ettirmek isterseniz de onu kızdırırsınız. Peki Allah kainattaki nimetleri sana neden ikram etmiş? Çünkü sende fıtraten teşekkür etme yeteneği var ve Allah o kabiliyeti çalıştırmak istiyor. Kainatta kiraz, üzüm, armut, portakal gibi bunca nimetin dizilme sebebi sendeki şükür fabrikasını çalıştırmak. Yani Allah bu nimetleri kasıt ile gönderiyor. Çünkü tam zamanlama var burada. Mesela adam maçta futbolcunun ayağına kayıyor. Hakem pozisyonu inceliyor ve "adamın gol atmasıyla diğer futbolcunun ayağına kayma zamanlaması tam birbirine uyuyor, o zaman burada kasıt var kırmızı kart" diyor. Demek ki bir şeyin zamanında olması kastın varlığına delildir.

Sizce de dünyaya gözlerini yeni açmış bebeğin geliş ânı ile annenin süt musluklarının açılma anının aynı olmasında kasıt yok mu? İçerde profesör var o mu çalışıyor? Biz bunları sürekli gördüğümüzden artık böyle mucizevi haller bize normal geliyor. Madem normal geliyor gidin yapın evde bakalım yapabilecek misiniz? Yapamazsın. Çünkü burada muazzam bir hadise var. O bebek doğduğu anda süt musluklarını açan anne değildir. Zira anne çok şefkatlidir ama annenin bile elinden gelmez o hadise. O zaman perde arkasında muslukları açan başka biri var. Yani çocuğun geliş anıyla süt musluklarının açılma anının aynı olmasında bir kasıt var. Yoksa başka zamanlarda böyle bir şeyi iki dünya bir araya gelse, hiçbir beşer yapamaz. Mesela bebek dünyaya geldiği anda anne; "aslan oğlum benim, sen bırak süt içmeyi ben sana kebaplar, tantuniler yedireceğim" dese bebeğin hayatına değil vefatına sebep olur. Demek bebek doğduğu anda tam ihtiyacı olan süt annenin süt musluklarından geliyorsa biri tarafından kasten gönderiliyordur. Mesela siz bir gün eve gitseniz masanın üstünde de tantuni görseniz, ev bana tantuni hazırlamış mı dersiniz yoksa belli ki beni tanıyan birisi bana göre bir yemek sunmuş mu dersiniz? Burada bir kasıt vardır ve kasıt varsa birisi sizinle hususi ilgileniyor demektir. Kainata dikkatle bir baksanıza, Allah mevsimine göre vitamin gönderiyor hem de hap olarak değil ona özel ambalajında. Yaz mevsiminde kiraz ye vücudun toksinlerden arınsın, kış mevsiminde mandalina ye bağışıklık sistemin kuvvetlensin diyor.

Çünkü Allah iklimine göre vücuduna uygun şeyleri yaratıyor ve senin vücudun o lazım olanı aldıktan sonra onları hücrelerinin içerisindeki muazzam santrale, mitokondrilere götürüyor. Mitokondriler ise onu enerjiye çeviriyor. Düşünün bazı hücrelerde 2500 tane mitokondri var. Çevrenizde bir jeneratör çalışsa onun sesinden başka sesleri duyamazsınız ama bazı hücrelerde 2500 tane mitokondri çalışmasına rağmen hiç ses yok. Çünkü bizlerin en ince zevkine kadar düşünen bir Rabbimiz var.

O zaman bizim bu hadiseleri, elmayı, şeftaliyi, tavuğu ve nicesini her gördüğümüzde "bütün alemleri elinde tutana elhamdülillah" dememiz lazım. Çünkü bir şeftaliyi kim veriyorsa bütün alemi de o vermek zorunda. Bir elmayı yaratan bütün alemi de yaratmak zorunda. Zira bir elmanın var olabilmesi için bütün kâinatın doğru çalışması lazım. Madem elmayı verenle alemleri veren aynı Allah'tır, o halde senin elmayı ısırdığında 'Elhamdülillahi rabbi'l alemin' demen şarttır. Peki bize verilen nimetler sadece maddi alemle mi sınırlı? Hayır hayır.

Hafızam olmuş ve olacak her şeyin kayıtlı olduğu levh-i mahfuzdan, rüyalarım ise başka bir alem olan alem-i misalden, ruhum ise daha başka bir alem olan alem-i ervahtan. Zira Allah, bütün alemlerden beni bu şekilde toplayacak ki ben o elmayı ısırdığımda lezzet alayım. Sübhanallah nasıl muazzam bir hadise. Böyle mucizevi hadiseler karşısında Allah'tan başka kime hamd edilebilir ki. Vallahi hiç kimseye edilmez. Hamd yalnızca alemlerin Rabbi olan Allah'a mahsustur.

Yeryüzündeki Bütün Nimetlerin Benim İçin Olduğu Nereden Belli?

Yeryüzünde yaşayan milyonlarca canlı var ama bütün nimetler insan için. Mesela karpuzun içini biz yiyoruz dışını hayvanlar. Peki bu karpuz içi için mi yaratıldı dışı için mi? Eğer karpuz içi için yaratılmış ve içine muhatap da biz isek karpuz bizim için yaratılmış demektir. Zira bir sofradan en çok kim istifade ediyorsa sofra onun içindir. Kainata baksanıza, yeryüzü sofrasından insan kadar istifade eden kim var? Biz hem otu yiyoruz hem de o otu yiyen ineği yiyoruz. Uçan kuştan, yüzen balığa, yürüyen keçiye kadar ne varsa hepsini yiyoruz. Yemediğimiz hiçbir şey yok. Kainatta kim rızkının peşinden koşuyorsa hepsi bizim rızkımız. Demek ki yeryüzü sofrası bizim için ve bu nimetler bize "elhamdülillah" dedirten kasti in'amlar. İşte tüm bunlara rağmen bizler yeryüzü sofrasından istifade etsek, bu nimetlerin bizim için özel olarak kasti gönderildiğini görsek lakin "elhamdülillah" demesek o zaman bizim bu yemeği yememiz için insan olmamıza gerek yok. Bizim yediğimiz şekilde affedersiniz bir hayvan da yiyebiliyor.

İnsan bir fabrikadır ve bu fabrikanın hammaddesi nimet, mamülü ise şükürdür. Peki bu insan fabrikası nasıl çalışmalıdır? Fabrikada önden numune girecek ki arkadan mamul çıkacak. İnsan olarak ben yesem içsem, besinler numune olarak bedenime girse ve mamul olarak da benden sadece kazurat çıksa o zaman ben bomboş bir pislik fabrikası olurum. Ama ağzımdan bir numune girdiğinde mamul olarak da benden "elhamdülillah ya Rabb" çıkarsa bu sefer fabrikamı doğru çalıştırmış olurum. Çünkü yeryüzü sofrasındaki bu kadar nimetin amacı Allah'ın bizdeki şükür fabrikasını çalıştırmak istemesidir.

Kan ve Fışkı Arasından Sütün Çıkması

Fışkı pislik demektir ve bize süt veren hayvanın hem pisliği, hem kanı ve hem de sütü aynı yerden gelir. Yani Allah bize temiz, safi, gıdalı sütü kan ve fışkının içinden verir. Bizler fışkının içinden altın çıksa almayız belki ama Allah süt çıkarmış lıkır lıkır içiyoruz. Peki Allah bize neden sütü fışkıyla kan arasından gönderiyor? Bu zıtlık ne için yaratılmış? Bu kadar pis bir şeyin içinden bu kadar temiz bir ürün neden çıkmış?

El cevap; öğretmen siyah tahtaya yazıyı öğrenci daha net görsün diye beyaz tebeşirle yazar. Çünkü beyaz, siyahın içindeyken en güzel şekilde görünür. Allah da bu zıtlığı bize gösteriyor ki kulunun imtihanı kolay olsun. Zira camdan odaya girdiğinde aynı camdan geri çıkamayıp kafasını sürekli cama vuran arı bize bal veremez. Saatlerce yerdeki otu çiğneyen bir inek bize süt veremez. Allah akılsız, şuursuz bir hayvanın en pis bölümünün içerisinden tertemiz, saf, gıdalı süt çıkarıyor ki, onu çıkaran birinin varlığını anlayalım diye. Çünkü öyle bir pislikten böyle güzel bir sütü o hayvan çıkaramaz, onu çıkaracak ilim ve kudrette biri mutlaka olmak zorunda.

Edimsel Koşullanma – Ülfet

Psikolojide "edimsel koşullanma" diye bir olay var. Bir gün fareye deney yapıyorlar. Deneyde önce zil çalıp sonra peynir veriyorlar ve bunu bir süre tekrar ediyorlar. Aynı şeyin sürekli devam etmesinin neticesinde artık fare peyniri zilden bilmeye başlıyor, "bana peyniri zil veriyor" diyor. Halbuki ne alakası var. İşte aynı alışkanlık (ülfet) hali bizde de oluyor ve bizde bir müddet sonra meyveyi ağaçtan, sütü inekten, yumurtayı tavuktan bilmeye başlıyor, edimsel koşullanıyoruz. Halbuki odunla meyvenin, ilaçla şifanın, inekle sütün ne alakası var. Eğer sütü inek verseydi o ineğin şu an bir üniversitenin fakültesinde ordinaryüs olması lazımdı. Çünkü birçok profesör o sütün tezini yazarak profesör olmuş. O halde o inek; "sen benim sütümü yazıyorsun profesör oluyorsun, senin laboratuvarda yapamadığın sütü ben üretiyorum, o zaman benim baş profesör olmam lazım" der mi demez mi? Halbuki inek o sütü ürettiğinin farkında bile değil. Bizler ineği alıyoruz, sağıyoruz sağıyoruz işimiz bitince "hadi sen git" diyoruz. Hatta canımız sıkılınca bir de kesip yiyoruz. Böyle bir varlık eğer sütü gerçekten kendi veriyor olsa, sana bir gram süt verir mi? Demek ki bu süt bize, kan ve fışkı içinden kasıtlı bir şekilde, kimin verdiğini görelim, alışkanlık perdesini yırtıp hamd edelim diye veriliyor. İşte bizler bunu Fatiha'nın içindeki derin manalardan anlıyoruz. Zira Fatiha'ya sadece lafız olarak bakıp ondaki derin manayı anlamadıktan sonra baktığımız lafızda işe yaramaz. Bizler; Rabbimizle buluşmayı, hamdın, senanın kapısının nasıl açıldığını, Allah'a nasıl teşekkür etmemiz gerektiğini hepsini Fatiha'dan öğreniyoruz.

Yeryüzündeki maddelerin hepsi dört elementten teşekkül eder; azot, karbon, hidrojen, oksijen. Atomlar, Allah'ın mürekkebidir ve bu dört elementin birleşimi ile Allah kader kalemini mürekkebe bandırır süt yaratır. Bandırır ağaç yaratır, bandırır insan yaratır. Lakin bu yaratma faaliyetinde bir şeye çok dikkat etmeniz lazım. Mesela siz bir çelikçi olsanız ben de elimin kalıbı için size çelik döktürmek istesem. Benim elim yerinde sabit kalmıyor. Sürekli büyüyor, gelişiyor, tırnağım uzuyor, şişmanlıyor, zayıflıyor. O zaman benim elimin her anına uydurmam için size kaç tane çelik kalıbı döktürmem gerek? Bunun bir adedi yok, anlık gerekiyor, demiriniz yetmez. Çünkü kalıp iki şekildedir. Ya siz bu ele maddi kalıp dökeceksiniz, her an bu atomlar o maddi kalıpta buluşacaklar ya da bu el için bir manevi kalıp gerekli. Manevi kalıp, Allah'ın emri demektir ve Allah atomları kader kalemiyle yazıp sonra da "bu kalıpta kalacaksın" diye emretmiştir. Madem elime, şeftaliye, sürekli büyüyüp rengi değişen muza, maddi kalıp yetmez o zaman bunların manevi kalıbı Allah'ın emridir.

Demek bizler hem Allah'ın emriyle yaşıyoruz hem de Allah'ın emrine uymakta tereddüt yaşıyoruz. Allah'ın emir evinde oturan bir ruh, Allah'a isyan ederse ev başına yıkılır yani azabı cehennem olur. Bizler Fatiha'daki bu derin manalara neden bu kadar muhtacız daha iyi anlıyor muyuz? Bütün kainata yeten emir bizim kalbimize söz geçiremiyor da ondan. Peki bu emrin bütün kainata söz geçirdiği nereden belli? Koyunlara, kuşlara, tavuklara, kirazlara, patateslere bak. Hepsi tek bir fabrikadan çıkmış gibi ortak hareket ediyor.

Bütün muzlar kainatın her yerinde aynı. Dünyanın bir milyon üç yüz bin kat büyüklüğündeki Güneş tüm kainatı ısıtıyor. Demek hepsi aynı emri dinlemişler. İşte bu emir kalıbında bize sahip olduğumuz bedeni, hayatı, kâinatı sunan Zat(cc) verdiği nimetlerin karşılığında bizden bir şey bekliyor. Şükür fabrikamızı çalıştırıp,

O'nu(cc) bulmamızı, O'nu(cc) bilmemizi, O'nu(cc) tanımamızı, O'na(cc) hakkıyla kulluk etmemizi istiyor. İnsan bu manaları bilince kulluk ne kadar basit oluyor ama bu manaları bilmeyince on dakikalık bir namaz bile ona çok zahmetli geliyor.

Onların fiyatı dahi, başta Bismillah, ahirde Elhamdülillah, ortada nimette in'amı hissetmek ve Rabbini onun ile tanımaktır.

Peki Allah'ın bize bunca nimet vermesindeki amaç nedir? İn'am, nimetlerin verildiğini hissetmek demektir. Vücudumuza envai çeşit nimet girişi oluyor ve eğer insan fabrikamız Rabbini, nimetleri vereni tanımazsa adeta bir çöp fabrikasına dönüyor. Allah ise kulunun bir pislik fabrikasına dönmesini istemediği için "bismillah de" yani "o nimetlerin benden olduğunu bil yeter" diyor. Mesela biz bir tavuk beslesek ve o tavuk hem yemini bizden yese hem de gidip komşunun bahçesine yumurtlasa o tavuğu keseriz. Allah da nimetleri bize kendi verse ama biz o nimetleri Allah'tan bilmesek bu tavrımızın sonu sıkıntılı olur işte. Çünkü bizler nimetleri Allah'tan bilmeyince başka sahte ifadeler kullanmaya başlıyoruz. Mesela; "ben rızkımın peşindeyim" diyoruz. İyi de bir insanın rızkının peşinde olması yeter mi? Elbette yetmez çünkü çok affedersiniz bir hayvan da rızkının peşinde koşuyor. O zaman bizim "rızkımın peşindeyim" ifadesini değiştirmemiz "ben o rızkın peşine Allah için düşüyorum, ben o rızkın peşinden Allah'ı tanımak için koşturuyorum" dememiz lazım.

Bizlerin ağzından böyle cümleler dökülmesinin ya da hamd etmekte bu kadar eksik olmamızın en büyük sebebi vefamızın eksik olmasıdır. Vefa insanın sözüne sadık kalması, Kalû Bela'da Allah'a verdiği sözü tutmasıdır. Maalesef bizler daha birbirimize verdiğimiz sözleri tutmadığımızdan Allah'a verdiğimiz sözü de tutmuyoruz. Zira Allah bir insanın diğer insanlara gösterdiği vefayı da kendisine gösterilmiş gibi sayıyor. Çünkü insan herkese vefasızlığa alışınca Allah'a vefasız oluyor.

Madde Mana İçin Vardır

Allah vefa duygusu gelişen insanlar için kendi isimlerini kainatta "elma, armut, portakal, anne, baba, evlat, iş, para" gibi cisimlerin kalıbına dökmüş.

Manayı bize madde olarak göndermiş. Elmada bir mana var ve burada bize düşen maddeyi soyduktan sonra manayı yakalamak. Mesela sultan sizi huzuruna çağırsa ve bir elma verse, siz de elmayı onun karşısında hatır hutur yeseniz, elmadan alacağınız lezzet en fazla otuz saniyelik bir lezzettir. Ama siz o elmayı hatır hatur yemek yerine sultanın iltifatı olarak bilseniz, o zaman elmanın içerisinde saklı bin kat fazla lezzeti bulursunuz. İşte siz elmadaki iltifatı keşfedip, madde olarak gelen elmanın kıyafetini soyarak, tekrar manaya muhatap oldunuz ya kainattaki her şeyde vazifeniz tam olarak budur. Yeryüzündeki cisimlerin her biri Allah'ın esmasıdır. Bizlerin eşimizden gül aldığımızda, annemize sarıldığımızda, ev sahibi olduğumuzda, çok para kazandığımızda aynen elmadaki gibi maddeyi soyup manaya ermemiz gerek. Çünkü ancak o manaya erdiğimiz an verilenleri Allah'tan ikram ve hediye olarak görür, yeryüzündeki bütün hamdleri alemlerin Rabbine(cc) yaparız. Mesela bizler ekmeği geleneğimizden dolayı kutsal sayarız. Ekmeğin diğer nimetlerden ne farkı var ki kutsal olsun. Demek ki kutsal olan ekmek değil, ekmeği gönderen, bizlere ikram eden Zat(cc). İşte insan hem verilen nimetleri hem de nimeti vereni fark etse fıtraten onda teşekkür etme, kulluk arzusu uyanır. Böylece teşekkürün en güzel ifadesi olan namazı kılar.

Teşekkür yani şükretmek, konuşmak, yemek, içmek gibi fıtri bir özelliktir. İlla ki bir yere sarf edilir. Eğer bizler teşekkürü doğru yerde yapmayı bilmezsek, bu hal bizi yanlış yerlere teşekkür etmeye götürür "şirke" düşürür.

Bazı insanlar teşekkür etmenin insanın içinden gelmesi gerektiğini savunur ama bu çok yanlış bir düşüncedir. Mesela düşünün elinize bir şeftali tohumu koydunuz. Ağaç olmak o tohumun içinden gelir mi? Elbette gelmez. Eğer siz şeftali ağacına sahip olmak istiyorsanız, tohumun içinden ağaç olmayı istemesinin gelmesini beklemek yerine o tohumu toprağa ekip su ile buluşturmanız gerekir. Aynen öyle de bizler eğer içimizdeki esma tohumlarının ağaç olmasını istiyorsak, o tohumları kulluk toprağına ekmeli, nübüvvet mesajlarıyla, iman dersleriyle sulamalıyız. Çünkü ancak bunu yaptığımızda ortaya namaz çıkar. Demek burada bize düşen bir şeyler var. Biz irade kullanacağız, iman derslerini hayatımızın en önemli gayesi yapacağız, kulluk şuuru ile yürüyeceğiz ki bu manalar bizde inkişaf etsin.

Sen kendi nefsine, midene, duygularına bak. Ne kadar şeylere, nimetlere muhtaçtırlar. Ve ne derece hamd ve şükür fiyatıyla rızıkları, lezzetleri isterler gör; her zihayatı (hayat sahibi) kendine kıyas eyle. İşte bu umumi in'amlar mukabilinde hal ve kâl dilleriyle edilen hadsiz hamdler, pek kati bir surette bir Mabud-u Mahmud (hamd edilen) bir Mün'im-i Rahim'in mevcudiyetini ve umumi rububiyetini güneş gibi gösterir.

Bir yerde selam duran bir asker varsa karşısında muhakkak komutan vardır. Ya da telefonla konuşan biri varsa konuştuğu biri kesin vardır. O halde insana verilen nimetler teşekkür etmesini tetikliyorsa; teşekkür edilecek bir zat mutlaka vardır. Yeryüzündeki bunca ikram teşekkür edilecek bir zata delil olduğu gibi içimizde var olan şükretme isteği de Mahmud (hamd edilen) olan Allah'a delildir ve Fatiha bizlere tevhidin dahi dersini verir.

Fatiha suresinin diğer ayetlerine de kısaca değinelim.

Errahmânir'rahim

Allah Rahman'dır...

Allah Rahim'dir...

Bu iki isim de Allah'ın esması olup mübalağa sigasındandır ve "çok çok" demektir. Lakin Rahman, Rahim'den daha mübalağalıdır. Yani Allah'ın Rahman özelliği Rahim özelliğinden daha fazladır. Bu ifadeden murat ise şudur; Rahman hem dünyada hem ahirette rahmetli demektir. Rahim ise özellikle ahirette müminlere rahmetli demektir. O yüzden ulema "Rahmanud dünya, Rahimül ahıra" yani "Rahman ismi daha çok dünyada iken Rahim ismi ahirettedir" demişler.

Mesela Allah yeryüzündeki rızık verme faaliyetini bir gün bizim elimize verse biz o bir günde ne kadar sevmediğimiz insan varsa hepsini aç susuz bırakırız. Ama Allah şirk içinde olana bile rızık veriyor, yağmur gönderiyor. İşte Rahman budur. Bu kadar geniş bir kapsayıcılığı vardır.

Mâliki yevmiddin
(Hesap ve ceza gününün maliki Allah'tır.)

Bir gün Efendimiz(asm) ahireti anlatıyor ve Ayşe(ra) annemiz ağlamaya başlıyor. "Benim hanemde cennet ehli olmayan bir hanım yoktur." denen rivayete mazhar olan, cennetle müjdeli Ayşe annemiz kalbinde o haşyeti duyuyor, korkuyor ve onun ağlamasıyla Allah resulü soruyor: "Neden ağlıyorsun ya Ayşe?"

"Ya Resulullah sen ahirette beni de mi tanımazsın?"

"Kimsenin kimseye fayda veremeyeceği o gün seni bile kurtaramam ya Ayşe..."

Efendimiz(asm) bu yoğun merhametiyle ahirette Ayşe annemizi bile tanıyamıyorsa biz o güvendiğimiz amelleri alıp başımıza çalalım. Çünkü orada tek sığınak var. Allah Azze ve Celle. Bizler oraya nasıl gidiyorsak öyle muamele göreceğiz. Zaten Allah'ın iskat ettiği, kötü gördüğü, şirk üzere yaşayan bir kula sizce O'nun(cc) en sevgili kulu Habib-i Zişan Efendimiz(asm): "Ya Rab bu kuluna şefaat ederim." der mi? Mümkün değil. O dehşetli günde sığınılabilecek tek yerin hesap gününün sahibi olan Allah olduğunu bize bu ayet hatırlatıyor.

İyyâke na'budu ve iyyâke neste'în
(Yalnız Sana ibadet ederiz ve yalnız Senden yardım dileriz.)

Normalde bir insan yazı dili olarak bir şey yazsa "yalnız ona kulluk ederiz" demesi lazım ama ayette "yalnız Sana kulluk ederiz" diye geçiyor. Burada bir incelik var. Aradaki perdeler kalkıyor ve kul Rabbine muhatap olup "yalnız Sana" diyor. Ayetin devamında "yalnız Sana kulluk ederim" değil de "ederiz" denmesini ise bu derin manaları anlayanlar; "Allah'ın kullarını cemiyet olarak, ferdi kulluktan ziyade, kalpleri birbirine perçinlenmiş müminler topluluğu halinde" görmek istediği şeklinde yorumluyorlar.

Zira bizlerin "ben" demesi yetmez, Fatiha suresinin bilincine ererek "biz" demesi gerekir. Benlikten sıyrılmanın ve cemaat ruhuna kavuşmanın yolu da yine Fatiha suresinde anlamlanıyor...

Allah aşkına söylesenize hangi meal Fatiha'daki bu derin manaları bizlere verebilir?

İhdinessirâtal mustakîm
(Bizi doğru yola ilet.)

Burada geçen "ihdine" hidayet ver demektir. Birisinin hidayeti yoksa kendisine hidayet verilmesi için bu ayet okunabilir. Bunu anlarız ama birisinde hidayet varsa o kişi neden sürekli bu duayı okur? Çünkü Allah hidayeti verdiği gibi alabilir de. Onun için kişi sürekli bu duayı okur ki; "beni hidayette sabit kıl" manası çıksın.

Sirâtallezine en'amte aleyhim
(Kendilerine nimet verdiklerinin yoluna.)

En'amte; nimet sahibi kılmak demektir. Demek kendisine nimet verilenler var ve insan bunu söyleyerek; "bana nimet ver, bir yola gönder" demiyor. "Senin kendisine nimet verdiğin kulların var, beni o kullarının yoluna gönder." diyor. Müfessirlerin pişdarı Abdullah ibni Abbas[(r.a)] o nimet verilenleri Nisa suresi 69. ayetle tefsir ediyor ve: "Nimet verilenler; Nebiler, Sıddıklar, Şehitler ve Salih kimselerdir." diyor. O zaman, Allah'ın nimet verdiği insanlar bunlarsa bize de düşen onların ayak izlerine basmaktır. Zira bir insanın eline geçen şeyler, o insanı Allah'tan uzaklaştırıyorsa o insan istediği kadar: "Elhamdülillah Allah bana nimet veriyor." desin o nimet değil, nikmettir. İnsanı sadece ve sadece Allah'a yaklaştıran şeyler nimettir uzaklaştırıyor ise nikmettir. Bu ayrımı da iyi yapmak gerekir.

Ğayrilmağdûbi aleyhim veleddâllîn
(Gazab edilenlerden ve hak yoldan sapanlardan eyleme.)

Dalalet, geri dönüşü zor olan dönmenin, sapmanın adıdır.

Tuz ile şeker birbirine karışsa bu dalle'dir, geri dönüşü, artık onların ayrılması zordur. Yani bir insan hak yoldan saparsa ve önüne çıkan şartlar ile kendisine yeni bir yol çizmeye çalışırsa işte bu dalalet olur. Bu yüzden cemiyet halinde Allah'ın yolundan sapanlara fırka-i dalle derler.

Yine bu ayette "Gazab verdiklerinin, kötü yola düşürdüklerinin" ifadesi yerine "gazaba düşenlerin, kötü yola düşenlerin" ifadesi vardır. Çünkü bunlar insanın cüzi iradesi ile kendi tercihi olduğundan olumsuz fiillerin Allah'a nisbeti edep dışıdır.

Bu hakikatleri kalplerinde yaşayanlar içindeki derin manaları bizlere bu şekilde aktarmışlar ve inşallah bizler de bu manaları yaşayan ve amel edenlerden oluruz. Yoksa sabahtan akşama kadar sure ezberleyelim, konuşalım, daha güzel okuyalım bir kıymeti olmayacaktır. Biz ses sanatçısı değiliz hangimiz daha güzel okuyacak yarışmasına çıkmıyoruz. Elbette onun da yerine göre bir kıymeti vardır. Onu asla silmiyoruz ama bunları yaşayamadıktan sonra amaç sadece güzel okumak ya da ezberden okumak olabilir mi? Bir hakikat anlatılacaksa eğer bizler "dur hangimiz daha güzel anlatacak" diye bir düşünceye giremeyiz. Zira biz tiyatrocu da değiliz ki daha güzel anlatmaya uğraşalım. Biz bu hakikatleri konuşup yaşamadıktan sonra inanın bizi de kimse din gününün sahibinden kurtaramaz.

Namazda Nasıl Miraca Çıkarım?

Bir insanın bedenini ameliyat ederken uyutmak, ruhunu ameliyat ederken ise uyandırmak gerekir. Sizin de her an gözünüzün önünde olan bir mesele için artık uyanma vaktiniz gelmedi mi?

Kainatın Zikri Meselesi

Her mangal sever insan gibi bizler de ormanları, bağları, bahçeleri gezip oradaki hayvanların sesini duyuyor ve kainat zikrediyor diyoruz. Ama karganın zikrini "gak gak" arının zikrini "vız vız" kuşların zikrini "cik cik" zannediyoruz. Halbuki onlar zikrini öyle yapmıyor. Her bir varlığın zikri kendi lisanı halinde gizli. Mesela protein deposu olan tavuk çıkardığı yumurta ile bize: "Benim gibi akılsız bir mahlukun böyle bir yumurtayı kendi kendine yapabilmesi mümkün mü? Ben daha yumurtanın faydalarını bile bilmem ki sizin için yumurta yapayım. Elbette bunu yapan benim gibi yaptığından habersiz olan bir tavuk değil, yumurtadaki faydayı gözeten Allah'tır." der.

Bir arı ise yaptığı bal ile: "Ben ki arabaya girsem, girdiği yerden tekrar çıkamayacak kadar şuursuz bir varlığım. Sürekli kafamı arabanın camına çarpar dururum. Benim gibi şuursuz bir mahluktan, böyle şuurlu bir balı nasıl beklersin?" der ve Rabbine dayandığını lisanı haliyle ilan eder.

Yani mevcudatın zikri zannettiğimiz gibi sadece guk guk, cik cik değildir. Her bir mahluk ortaya koyduğu şuurlu işle, kendi şuursuzluğunu aynı anda sergiler ki bizler bu işlerin ancak Allah'a dayanarak yapıldığını anlayalım. Çünkü eğer bunu anlamazsak hala yağmuru buluttan, sütü inekten, oksijeni ağaçtan, sıcağı güneşten, şefkati annemizden, sevmeyi eşimizden, muhabbeti dostumuzdan, rızkı patronumuzdan, şifayı doktordan bilmeye devam edeceğiz. Bütün sebepleri ve sebeplerin neticesini yaratan Allah'ı bir türlü bilip, tanıyamayacağız. İnsanın Allah'ın emirlerini yapması ibadet olduğu gibi diğer varlıkların da Allah'ın emirlerini yapmaları ibadettir. Nasıl kıldığımız namaz, tuttuğumuz oruç bizim ibadetimizse, yumurta tavuğun, süt de ineğin ibadetidir ve her varlık lisanı haliyle bu ibadetleri ancak Allah'a dayanarak yaptığını ilan eder.

"Başarmam ancak Allah'ın yardımı iledir. Yalnız O'na dayandım ve yalnız O'na döneceğim.[7]"

Peki mevcudat böyle ayan beyan ilanda bulunurken biz neden bunu göremiyoruz? Çünkü insan alemi kendisi gibi bilir. Mevcudatı kendi aynasından görür. Ümitsiz insan bülbülün şakıdığını duysa "ötme bülbül ötme, derdime dert katma" der. Kendisi dertli olduğundan bülbülün de dertten öttüğünü zanneder. Onun kendine özel; "bu güzel sesin esas sahibi ben değilim. Allah yaratmasa ben böyle güzel ötmeyi nasıl becerebilirim" zikrini işitemez.

"Hiçbir şey yoktur ki O'nu hamd ile tesbih etmesin (O'nu şükran ve minnetle anıp şânına layık ifadelerle anmasın ve noksan sıfatlardan tenzih etmesin).[8]"

---

7 Hûd suresi/ 88.

8 İsrâ suresi/ 17:44.

Ayetinde beyan ettiği gibi bütün mevcudat Allah'ı tesbih eder ve bizim bu tesbihi görebilmemiz için "tevhid melekesi maliki" olmamız gerekir. Bu da ancak her meseleyi Allah'a bağlamakla elde edilebilir.

Kainattaki her şeyde tevhid mührünü okumanın iki yolu vardır. Tevhid mührüne kırmızı dediğimizi varsayarsak her şeyin renginin kırmızı olması için ya elimize kırmızı boya alıp her şeyi kırmızıya boyarız. Bu birinci yoldur lakin çok zordur çünkü her şeyi tek tek boyamamız gerekir. İkinci yol ise gözümüze kırmızı gözlük takarak her şeyi kırmızı görürüz. Kainattaki tevhid mührünü okumak isteyenin evvela gözüne tevhid gözlüğünü takması gerekiyorsa gelin biz de o gözlüğü takalım ve kâinata birlikte bakalım.

Allah kuşları okuyalım diye süslemiş önümüze bırakmış. İnsan ormana girip sesleri duyunca bu orkestrayı kim yönetiyor diye hayret ediyor. Süslemek beğendirme arzusunun neticesidir ve bir işte süsleme varsa kasıt vardır. Madem öyle çiçeklerle kapını süsleyen bilerek süsler, seni seviyorum demek ister de; çiçekleri süsleyen Müzeyyin(cc) bilmeden mi süsler, seni sevdiğini söylemez mi? Yedi göğü birbiriyle tam bir uygunluk içinde yaratan Allah'ın, mahlukatın süslenmiş hallerinde bize söylemek istediği çok şey var. O halde bunlardan birkaçını birlikte okuyup tevhidi yakalamaya çalışalım.

Belgesellerde sıkça rast geldiğimiz bir kuş var, sümsük kuşu. Avlanırken suya 120 km hız ile dalıp çıkıyor ve ilginçtir suya dalmasına rağmen kanatları kupkuru kalıyor. İşte bu nano teknolojinin ta kendisidir.

Dalmak için yüzgeç, uçmak için kanat gerekir ve Allah öyle bir kuş yaratmış ki hem suyun içerisinde hem havada hareket edebiliyor. Sizce şuursuz bir kuş böyle muazzam eylemleri kendi aklıyla yapabilir mi? Elbette yapamaz. O zaman ona bunu yaptıran biri olmak zorunda.

İşte kuş hem havada hem suda sergilediği hareketlerle bize zikrini gösteriyor ve kendisine bunu yaptıranı ilan ediyor. "Ben de izleyip hayran kaldığınız hareketler bana ait değil. Benim şuursuz aklım ne havada uçmaya ne de suya dalmaya yeter. Ben Allah'a dayandım. Allah da bu eylemi yarattı." diyor. Başka kuşlara bakıyoruz. Her biri rengarenk elbiseler giymiş. Sanki biri eline boya almış ve hepsini tek tek boyayıp geri bırakmış gibi. Böylesine hoş bir renk cümbüşünün içinde ilginçtir o kuşlar, ne kendi renklerindeki güzelliği ne de arkadaşlarının renklerindeki güzellikleri görüyor. Farkında bile değiller. O zaman kimin için süslenmiş, kime giyinmiş onlar? Kuşun boyanması onun bir zikir çeşididir ve kuş: "Benim üzerimde hayran kaldığınız bu güzel renklerin hiçbiri bana ait değil. Bu boyaların her biri, bir Sani-i Zülcelal'e dayandığım için üzerimde." diyerek lisan-ı hal ile kendini süsleyeni zikrediyor. İşte tüm bunlar insanı hayrete çağırmak için bir kuvvet mucizesidir. Allah hepsini gözümüzün önünde yaratıyor ki hayret edelim.

Yumurtanın içinde embriyo denen sarı kısım ve civcivin yumurtadan çıkacağı zamana kadar ki rızkı olan beyaz kısım var. İki renkten ibaret olan yumurtanın içinden, üzerinde bin renk barındıran bir tavus kuşu çıkıyor ve insanın buna inanası gelmiyor. İşte sanat harikası olan o kuş lisan-ı hali ile bizlere: "Üzerimde taşıdığım bin çeşit rengin hiçbiri bana ait değil. Onların hiçbirini ben yerleştirmedim. Ben Allah'a dayandım ve Allah da bu güzel renkleri üzerime nakış nakış işledi. Ben bu renklerle sizin için, her şeyi eşsiz sanatıyla süsleyen, güzelleştiren Allah'ı zikrediyorum." diyor.

Normalde insanın bu zikirleri gördükçe hayretinden çatlaması gerekir ama bizler öyle boş şeylere hayretimizi sarf etmişiz ki, asıl hayret edilecek şeylere merakımız kalmamış. Allah kartala teki üç metre uzunluğunda bir kanat vermiş. Kemiklerinin iliklerini hava kesecikli yaratmış. Kartal bu üstün teçhizatı sayesinde üç kilometre yüksekten bile yerdeki hayvanı görüyor ve kilometrelerce hızla uçup onu avlıyor. Eğer kartaldaki kemikler hava keseciğinden değil de dana kemiğinden oluşsaydı yerinden dahi kalkamazdı. Peki sayısız kemik ihtimali içerisinde kartal için bu kadar ergonomik ve uygun bir tasarımı kim seçti? İşte o tasarım bize lisan-ı haliyle; "benim gibi şuursuz bir varlığın tüm bunları planlamaya gücü yetmez, ben sahip olduğum bu özelliklerle bir Allah tarafından yaratıldığımı zikrediyorum" diyor.

Yarasaya bakıyorsun gözü yok ama termal sistemi var. Sinyal gönderip ortamı analiz ediyor. Böylece insanların gözünün önünü görmediği gece vaktinde bile o avlanıyor. Akbabalar leş ile besleniyor. Belki kokusu ona o leşi yedirmez diye Allah yarattığı bu mahluka burun vermiyor. Ardıç ağaçlarının tohumlarını, ismini bu ağaçtan alan ardıç kuşları ekiyor. Bu kuşun midesinde taş bile erimesine rağmen ardıç tohumunun kabuğu erimiyor. Ardıç kuşu o tohumu gübre ile beraber toprağa dikiyor ve ardıç ağacı bu şekilde neşvünema buluyor. Sizce şuursuz bu hayvanlar lisan-ı halleri ile bize hangi zikirleri ilan ediyor? Sadece çıkardıkları; "cik cik, gak gak" seslerini mi? Hayır hayır! Her biri bizlere adeta; "üstümdeki yazıları iyi oku zira bu yazılar Rabbimin sen okuyasın diye bana verdiği bir armağandır" diye sesleniyor.

Ama bizler Allah'ı tanımak dururken hayretimizi, futbol maçlarına, araba markalarına, yumruk kadar midemiz için rızık endişesine sarf edince Allah da bu kadar masraf ettiği mevcudata hayreti bizden alıyor. Hak etmediğimiz için vermiyor. Bizler mevcudata yanlış baktığımız gibi etrafımıza da çoğu zaman o nazarla bakıyoruz. Kur'an dinlerken manasından haberimiz olmadığı için; "maşallah hafızın da ne güzel sesi varmış" diyoruz. Burada konu sadece ses ise aynı hafıza şarkı söyletsek o da hoşuna gidecek demek ki senin. O zaman Kur'an'ın vermek istediği mesajı nereye koyacaksın? Bizler hakiki manada verilmek istenen zikri anlayamıyoruz bir türlü. Adama bakıyorum, kanaryayı sesi hoşuna gittiği için besliyor. Sizce o kanaryanın bize anlatmaya çalıştığı zikir sadece sesi olabilir mi? Bizler kanaryanın taşıdığı zikirlerle neyi ilan ettiğini bir anlasak hakiki manaya da ereceğiz ama sadece sesinin güzelliğine aldandığımızdan başka hiçbir mesajı alamıyoruz. Tahtada yazılanların manasını bilmeyen öğrenci tahtaya alık alık bakar durur. Elimize kırmızı bir kitap verseler ve biz kitabın içinde ne yazıyor, lisanı nedir bilmesek tek söyleyeceğimiz şey; "kitabın kapağının kırmızısı da çok güzelmiş" olur. Tıpkı kâinata bakınca kuşlar ne hoş ötüyor dediğimiz gibi. Halbuki kitap kapağının altında nice manalar var ama bizler o derin, ince mesajları bir türlü okuyamıyoruz.

Tahtada yazanları okumayı bilmeyen talebenin alık alık baktığı gibi Allah'ın esmasıyla yazdığı kâinat tahtasına, kuşlara, dağlara, ırmaklara, Allah'ın cisimleşmiş ayetlerine bakıyoruz. Yemekte önümüze gelen tavuk, sadece dişlerimizle öğütüp mide kabristanına defnetmemiz için yaratılmadı. Ama tavuğu midemize gönderdiğimiz anda bizde her şey bitiyor. Eğer tavuğun bizdeki tek eylemi yemek olsaydı bizim insan olarak yaratılmamıza gerek olmazdı çünkü bir hayvan da tavuğu o şekilde yiyebilir. Demek burada bize başka bir mesaj var ama biz o mesajı okuyamıyoruz. Adama: "En sevdiğin hayvan ne?" diyorum. "Kızarmış piliç!" diyor. İnsan dünyaya mide deliğinden bakarsa böyle olur işte.

Bütün mahlukat tıpkı bir saat gibi. Nasıl saate sorsanız ne iş yaptığından haberi yoktur. Aynen öyle de mahlukatın da kendisinin ne için yaratıldığından, hangi isimlere ayna olduğundan haberi yok, bilmiyor. O halde mevcudatın şuursuzca yaptığı bu şuurlu fiilleri birilerinin okuması lazım. İşte o okuyucular biz insanlarız. Nereden mi belli? Çünkü mevcudatı okuma cihazatı olan akıl sadece bizlere verilmiş. Eğer mevcudat kendisini zikir halinde ilan ediyor ve insanlar da bunu görebiliyorsa tüm mahlukatın namına bu zikirleri Allah'a takdim ve hediye edecek bir elçi şarttır. İşte sivrisinekten tutun akarsulara kadar, dağlardan tutun gezegenlerin zikirlerine kadar mevcudatın tamamının zikrini okuyup Allah'a sunabilecek tek bir elçi vardır o da Muhammed Mustafa'dır(asm).

> "Başımızı alıp gitmeye değil, namazdan sonra uzun uzun DUA etmeye ihtiyacımız var."

Mevcudatın ilan ettiği tüm zikirleri, mahlukat namına Efendimiz'in Allah'a sunduğu geceye miraç gecesi denir. Zaman bizim içindir ve Efendimiz miraçla zaman üstü beka alemine gitmiştir. Orada Allah-u Teala Efendimiz'e(sav), yaratılanları, yaratılacakları, yaratılmışları, cenneti, cehennemi ve bütün alemleri temaşa ettirerek: "Gördüklerinin her biri Senin(sav) nurundan yaratıldı." diye ilan etmiştir.

Zira Efendimiz(sav) en önce yaratılan şey için şöyle buyuruyor; "Evvela ma halakallahü nuri (Allah önce nurumu yarattı.)[9]"

Bir devlet, öğrencileri yetiştirmek için önce öğretmen yetiştirir. İnsanların içerisinden birisini alıp, ilkokuldan üniversiteye kadar eğiterek ilimler verir. Sonra onu tekrar içimize gönderir ve onun vesilesi ile bizleri de eğitir. Aynen bunun gibi Allah Azze ve Celle de insanların içinden birini aldı. Ona tüm kainat sarayını gezdirip, isimlerinin tecellilerini gösterdi. Kendi büyüklüğünü bildirdikten

9 bk. Acluni, Keşfu'l-Hafa, 1/ 265-266.

sonra da onu tekrar insanların içine rehber ve muallim olarak gönderdi. İşte biz buna miraç diyoruz. Askeri törenlerde, askerlerin tamamı öğrendiklerini sergiledikten sonra en son ordunun başındaki komutan askerlerin önüne gelir. Onlara öğrettiği kabiliyetlerin hepsini sultana sunar ve: "Ordunun zikirlerinin tamamını sana takdim ettim. Bunların hepsini sana hediye ediyorum." der. İşte Efendimiz de bunu miraçta yapar ve: "Ya Rab! Ben elçin olarak, mahlukatın yaptığı bütün zikirleri Sana(cc) hediye ediyorum." diyerek bizlerin namazda okuduğu tahiyyatı okur. Bizler bu manayı namazlarımızda sürekli uyguladığımızdan, her namaz müminin bir miracıdır. Bizler şuursuzca faaliyette bulunan mahlukatın şuurlu faaliyetlerini Allah'a her namazda takdim ettiğimizden, böyle bir ehli iman vefat etse tüm mahlukat üzülür. Çünkü onların zikrini anlayan ve Allah'a takdim eden birisi gitmiştir. Lakin insan bütün mevcudat kendisine hizmet ederken, hayatında çok değil sadece bir saat gafil olsa, bu sefer de o kadar zikir israf oldu diye bütün mevcudat ona hüzünlenir, sinirlenir ve ahirette ondan davacı olur. Zira bir insanın hayatında yapabileceği en büyük israf bir dakika bile olsa tevhidden taviz vermektir. Çünkü eğer sen ömrünün bir dakikasını bile Allah'tan kopuk yaşarsan senin için hizmet eden tüm mahlukatı israf etmiş olursun. Sonra istediğin kadar sofradan ekmek kırıntısı topla bir anlam ifade eder mi?

Düşünün Lamborghini fabrikanız var. Fabrikada lavaboya astığınız peçeteyi israf etmiyorsunuz ama üretilen arabaların her birisini çöpe atıyorsunuz. Hiç akıl kârı mı? İşte tevhiddeki israf da aynen böyle bir israf. Asıl israf etmememiz, hayatımızı asıl yönlendirmemiz gereken mana tam burası. Bu yüzden ehl-i imandan birisi vefat ettiğinde mevcudat hüzünlenirken, o zikri okumayıp hayatını israf eden birisini gördüklerinde de aynı şekilde gadaplanıyor ve ahirette davacı olacaklarını bildiriyorlar. Bizler Efendimiz'in(sav) miraçta yaşadığı hadiseyi her namazdaki teşehhüdde yaşıyoruz ama yaptıklarımızın manasını bilmediğimizden ezbere bir namaz kılıyoruz. Sanki namazda Allah'ın huzurunda değilmişiz gibi bir tavır sergiliyoruz. Onun için de namaz kılıyoruz ama hayatımız iyiye gitmiyor.

Daha Allah'a ne dediğimizi bile bilmediğimiz ruhsuz bir namaz, bizim ruhumuzu nasıl iyileştirebilir ki... Dünyalık bir iş görüşmesine, menfaatimize olan bir dost görüşmesine giderken bile bir hafta önceden hazırlanan bizler, namazı hadisin ifadesiyle, tavuğun yem yediği gibi kılıyoruz. Peki böyle yapınca bütün mevcudatı israf etmiş oluyor muyuz olmuyor muyuz? Elbette oluyoruz. O halde bu hatamızın önüne geçmek, ömrümüzün geri kalanını tevhidi israf etmeden yaşamak için her namazda okuduğumuz tahiyyat duasının nasıl bir manaya geldiğini daha detaylı öğrenelim.

Altıncı Şuâ

Birinci Sual: Teşehhüdün mübarek kelimâtı, Mirac gecesinde Cenâb-ı Hak ile Resulünün bir mükâlemeleri olduğu halde, namazda okunmasının hikmeti nedir?

Teşehhüd şahit olmak demektir ve bizler miraçta, Allah ve Resulünün karşılıklı konuşmalarına, bu konuşmaya en son katılan Cibril'e(as) şahitlik ederiz.

Elcevap: Her mü'minin namazı, onun bir nevi miracı hükmündedir. Ve o huzura lâyık olan kelimeler ise Mirac-ı Ekber-i Muhammed aleyhissalâtü vesselâmda söylenen sözlerdir. Onları zikretmekle o kudsî sohbet tahattur edilir. O tahatturla o mübarek kelimelerin mânâları cüz'iyetten külliyete çıkar ve o kudsî ve ihâtalı mânâlar tasavvur edilir veya edilebilir. Ve o tasavvur ile kıymeti ve nuru teâlî edip genişlenir. Meselâ: Resul-i Ekrem aleyhissalâtü vesselâm, o gecede Cenâb-ı Hakk'a karşı selâm yerinde اَلتَّحِيَّاتُ لِلّٰهِ (ettehiyyatulillahi) demiş.

Efendimiz'in[sav], miraçta Allah'ın huzurunda okuduğu kelimeleri, biz de namazda oturduğumuzda okuruz ve o kelimeler bir insanın dar düşünceleri ile söylediği kelimeler değildir. Tüm kainat namına, kainatın sultanının sözleridir. İnsan bu manayı anladığı an namazında derinleşir. Ama anlamadığı zaman ortaya ezbere kılınıp geçiştirilen, canına okunmuş bir namaz çıkar.

"Ettehiyyatü" tahiyye kelimesinin çoğuludur ve selamlama demektir. Allah Resulü[sav] miraçta akrebinden gergedanına, bakterisinden böceğine, insanından ağacına kadar bütün zihayatların selamını Allah'a takdim eder ve bu selamlamanın tekiline tahiyye denir. Tahiyye, hayat kelimesinden türemiştir.

O yüzden hayat hediyesi, varlık sebebi manalarına da gelmektedir.

"Et-Tahiyyatü lillahi" ise: "Ya Rab! Mevcudatta hayat sahibi ne varsa her birisinin hayat hediyesini, lisan-ı halleriyle yaptıkları zikirlerini, Sana[cc] hediye ediyorum ve Seni[cc] bu şekilde selamlıyorum." demektir. Bu ifadenin içinde, "her türlü tazim, saygı gösterme, yüceltme ve temenna Allah'ın hakkıdır" manası barınmaktadır.

Çamaşır makinası zikrini çamaşır yıkayarak yaptığı gibi kainattaki mahlûkat da zikrini Allah'ın esmasına ayinedarlık ederek yapar. Güneş Nur ismine, çiçekler Cemil ismine, rızıklar Rezzak ismine, yağmur Rahim ismine ayinedarlık eder ve zikrini bu şekilde ilan eder. Fakat burada bir farkındalık söz konusu değildir. Yani mevcudat ilan ettiği bu zikri bilmeden, şuursuz yapar. Burada ise vazife insana düşer. Şuursuz mahlukatın, şuurlu ibadetlerini Allah'a takdim etmek insanın vazifesidir.

Üstad Bediüzzaman'ın da dediği gibi "sinek seyretmez asumanı." Yani bizim hiçbirimizin mevcudatın tamamının zikrini duymaya ilmi yetmez. Biri hariç, Allah Resulü[sav]. Bu makamın zirvesinde

Efendimiz(sav) olduğundan, kainat namına olan tüm zikirleri Allah'a Efendimiz(sav) takdim eder.

Allah'a bizim bildiğimiz şekilde selam vermek caiz değildir çünkü Allah'ın bir ismi Es-Selam'dır. Biz birisine "Esselamünaleyke (Allah'ın selamı üzerine olsun)" manasında selam verebiliriz ama bu Allah'a söylenmez. Peki o zaman Efendimiz(sav) miraçta Allah'a nasıl selam vermiş? İlginçtir ki her gün sayısız insana aynı şekilde selam veren Efendimiz(sav), miraç gecesi Alemlerin Rabbi ile buluşuyor ama O'na(cc) dili şaşıp aynı selamı vermiyor. Orada söylenmesi gereken en güzel cümleyi ifade edip,

"Et-Tahiyyatü lillahi - ezelden ebede, maddi manevi, küçük büyük ne kadar mahluk varsa her birisinin lisan-ı haliyle yaptıkları zikrin tamamını Sana takdim ediyorum. Onların tamamıyla Seni selamlıyorum ya Rab." diyor. Nasıl ince bir anlayış, nasıl ince bir düşünce...

Yani: "Bütün zîhayatların, hayatlarıyla gösterdikleri tesbihat-ı hayatiye ve Sânilerine takdim ettikleri fıtrî hediyeler, ey Rabbim, Sana mahsustur. Ben dahi bütün onları tasavvurumla ve imanımla Sana takdim ediyorum."

Çoğu insan namazda okuduğu ettehiyyatünün ne anlama geldiğini bilmiyor. İyi de bizlerin bunu bilmesi gerekmez mi? Namazda okunan tahiyyat namazın vaciplerindendir.

Evet, nasıl ki, Resul-i Ekrem aleyhissalâtü vesselâm اَلتَّحِيَّاتُ (ettehiyyatü) kelimesiyle bütün zîhayatın ibâdât-ı fıtrîyelerini niyet edip takdim ediyor.

Öyle de, tahiyyatın hülâsası olan اَلْمُبَارَكَاتُ (el müberaketü) kelimesiyle de...

"El müberaketü" Şafiilerin namazda okuduğu bir kelimedir.

Şafiilerde selamı üstüne kata kata ziyadesiyle almak müstehaptır ve "el müberaketü" kelimesi kadar selamın üstüne katılabilecek başka güzel bir kelime yoktur. Bu kelimede tohumlar, çekirdekler ve yumurtaların şuursuz tesbihleri vekil olarak Allah'a ikram edilir.

Ve mübarekâtın hülâsası olan اَلصَّلَوَاتُ (es salevetü) kelimesiyle de, zîhayatın hülâsası olan bütün zîruhun ibâdât-ı mahsusalarını tasavvur edip dergâh-ı İlâhîye o ihâtalı mânasıyla arzediyor.

Ruh öyle ince bir emr-i ilahi ki, gören de, duyan da, hisseden de odur. Zaman ve mekan ile kayıt altına alınamıyor ama vücutta yüz trilyon hücreyi aynı anda hissedebiliyor. İşte Efendimiz(sav) miraçta, tüm ruh sahiplerinin yaptığı takdir ve tebriği bu kelime ile Allah'a hediye ediyor.

Ve اَلطَّيِّبَاتُ kelimesiyle de, zîruhun hülâsaları olan kâmil insanların ve melâike-i mukarrebînin, salâvatın hülâsası olan tayyibat ile nuranî ve yüksek ibadetlerini irade ederek Mâbuduna tahsis ve takdim eder.

Efendimiz(sav) miraçta Allah'a; "124 bin enbiya, 124 milyon evliya, sahabenin tamamı, mukarrebin, müşeyyih ve tüm müminlerin ibadetlerini ben yapmışım gibi kabul eyle" diyerek sunuyor ve Allah bunu kabul ediyor. İşte miraçta böyle muazzam hadiseler gerçekleşiyor ve biz bunu her namazda yaşıyoruz.

Hem nasıl ki o gecede Cenâb-ı Hak tarafından اَلسَّلَامُ عَلَيْكَ يَا اَيُّهَا النَّبِىُّ (esselamü aleyke yâ eyyühen nebiyyü) demesi, istikbâlde yüzer milyon insanların her biri, her gün, hiç olmazsa on defa demelerini âmirâne iş'ar eder ve o selâm-ı İlâhî, o kelimeye geniş bir nur ve yüksek bir mânâ verir.

Allah miraçta Efendimiz'i(sav) böyle selamlıyor ve verdiği selamı herkesin vermesini amirane istiyor. Bizler diğer peygamberlere sadece "aleyhisselam" diye selam ediyoruz ama Efendimiz'de(sav) bir hususiyet var. O'na(sav) hem salat hem selam ediyoruz. Çünkü emir böyle. Allah, Ahzâb suresinde: "Allah ve melekler peygambere salât ediyorlar; ey iman edenler, siz de ona salât ve selâm okuyun." buyuruyor.

Öyle de, Resul-i Ekrem aleyhissalâtü vesselâmın, o selâma mukabil اَلسَّلاَمُ عَلَيْنَا وَعَلٰى عِبَادِ اللّٰهِ الصَّالِحِينَ (esselamü aleyna ve ala ibadillahissalihin) demesi...

Efendimiz(sav) miraçta Allah'tan selamı aldıktan sonra "selamı aldım" diyerek bırakmıyor. O selama bizi de hissedar ediyor ve: "Salih kullarına da selam olsun." diyor. Miraçta dahi ümmetini unutmayan bir peygamber. Ömrünün her anında hep "ümmetim ümmetim" demiş.

İşte bizler böyle yüce bir gönlün ümmeti olma şerefine ermişiz ama Süleyman Çelebi'nin dediği gibi:

"Tıfl (çocuk) iken ol dilerdi ümmetin Sen kocaldın (yaşlandın) terk edersin sünnetin."

O'nun(sav) bizi miraçta dahi unutmamasına karşılık bizim sünnetine daha çok sarılmamız gerekirken git gide terk edersek nasıl olacak? Tüm hayatını vakfettiği, ila-yı kelimetullah, Allah'ın adını yüceltmek, İslam'ı ve Kur'an'ı yayma sünnetinden geri durursak bu manalar bizlerin kalbine nasıl akacak?

Ve o sohbette hissedâr olan Hazret-i Cebrail aleyhisselâm, emr-i İlâhî ile o gece اَشْهَدُ اَنْ لاَ اِلٰهَ اِلاَّ اللّٰهُ وَاَشْهَدُ اَنَّ مُحَمَّدًا رَسُولُ اللّٰهِ (Eşhedü en la ilahe illallah ve eşhedü enne Muhammeden resulullah) demesi, bütün ümmet kıyamete kadar böyle şehadet edeceğini ve böyle diyeceklerini mübeşşirâne haber verir. Ve bu mükâleme-i kudsiyeyi tahattur ile kelimelerin mânâları parlar, genişlenir.

Aynen öyle de oldu değil mi? Bizler inşallah "Allah'tan başka ilah olmadığına ve Efendimiz Muhammed Mustafa'nın da O'nun(cc) kulu ve elçisi olduğuna ölene kadar şahitlik edeceğiz. İnsanın namazdan önce hazırlık yapması şarttır ve o hazırlığın çok önemli bir parçası da teşehhüdde okuduğumuz bu duadır. Zira bu duadaki hazırlığımız ölçüsünde namazlarımız parlayacaktır.

Namazımı Nasıl Manalandırabilirim?

Allah Azze ve Celle kulunun kalbine talip. Kainatı insan için yaratan Allah insanı kendi Zatı için yaratmış. Onun için bizim hayatta yaptığımız her şey, eğer kulluğun fihristesi olan namazın manasına kuvvet veriyorsa kıymetlidir. Vermiyorsa inanın tüm yapılanlar, okunan kitaplar, konuşulan kelamlar boştur. Zira namazın altını doldurmak böyle imana medar bahisleri sık sık okuyup yaşama çabasıyla olacaktır. Yoksa bir geminin okyanusta çok yol yapması limana yanaştığı manasına gelmez. Çok fazla kitap okumak, çok fazla insanla görüşmek senin limana yanaşmana yani namazdaki o keyfiyeti, kaliteyi yakalamana garanti olamaz. Şu derslerin, şu kelimelerin inceliğine lütfen dikkat edin. Bizler bu satırlarda anladık ki Efendimiz'e(asm) bir salat ve selam getirmek bile çok ehemmiyetlidir. Peki bizler Efendimiz'e(sav) günde kaç defa salat ve selam yollasak kafi gelir? O'na(sav) layıkıyla nasıl salat ve selam edebiliriz? Bir de bunların cevabını verelim mi?

Mesela Risale-i Nur talebelerinin mevcudatın zikrini Allah'a sunabilmek ve Muhammed Mustafa'ya selamlarını iletebilmek için her namazın ardından yaptıkları tesbihatlar var. Bu tesbihatın içinde geçen bazı ibareler şu şekildedir.

"Elfü elfi salâtin ve elfü elfi selâmin aleyke yâ Resûlallah."

Burada geçen elf kelimesi bin demektir. Yani elfü elfi bin kere bin demektir. Aleyke kelimesi ise "senin üstüne" demektir.

"Elfü elfi salâtin ve elfü elfi selâmin aleyke yâ Habîballah.

Elfü elfi salâtin ve elfü elfi selâmin aleyke yâ Emînevahyillah.

Allahümme salli ve sellim ve bârik 'alâ seyyidinâ Muhammedin ve 'alâ âlihî ve ashâbihî..."

"Selam senin, neslinin üstüne olsun ey Nebi..."

> Huzurundan başka yerde gözyaşı döktürme Allah'ım...

Ama kaç kere?

Bi 'adedi evrâkıl eşcâr (Ağaçların yaprakları kadar... İlk ağaçtan kıyamete kadar...)

Ve emvâcil bihâr (Denizlerin dalgaları kadar...)

Ve katarâtil emtâr (Yağmurların taneleri kadar...)

İşte insanın bazen içi coşuyor, Allah Resulü'ne salat ve selamı sonsuz yollamak istiyor ya. İşte o salat ve selamların toplu bir zikir halinde en güzel şekilde sunulduğu yer bu tesbihatlardır. Onun için bu tesbihatları yapmayı ihmal etmeyelim. Zira hayat gelip geçiyor. Bir bakıyoruz akşam olmuş bir bakıyoruz sabah. Günlerin hızına yetişemez olduk. Madem böyle hızla akıp giden bir ömrümüz var. Bu ömrü zayi etmeden kıymettar ve manalı geçirmenin bir yolu da namazların ardından yaptığımız bu tesbihatları daimî zikretmek, yad etmektir.

Allah Katındaki Makamımı Nasıl Anlarım?

Çocukken arkadaşlarımızla buluşunca oturup masada yemek yerdik. Şimdi aynı arkadaşlarla oturuyoruz da masa dertten alev alıyor. Hani kedi yün yumağıyla oynarken canı sıkılıp bırakmak istediği zaman, bakar ki düğüm olmuş bırakamaz ya. Dünya da birbirine düğümlenmiş yumak misali, hiçbirimiz onu çözemiyoruz. Oyun ve oyalanmadan ibaret olan bir dünya ile boğuşuyoruz. Bazılarımız dünyayı biraz oynayayım diye eline alıyor, daha sonra canı sıkılıp bırakmak istiyor ama artık çok geç, dünyadaki işlerle baş edemediğinden bırakamıyor. Sorumluluklardan, mesuliyetlerden çıkamaz hale geliyor. Çünkü yün iyice düğüm olmuş.

Hiçbirimizin hayatı beklenilen gibi değil. İnsan çocukken zannediyor ki büyüyünce sınırsız cips alabilirim, arabayla istediğim saatte evime dönebilirim, birine hesap vermek zorunda değilim. Halbuki kafada o kadar dert var ki, ne eve kaçta döndüğünün farkında ne de kabir gibi yatakta uyuduğunun. Bir gün birisi: "Çocukken ilerideki yaşlarımı çok merak ediyordum. Şu hale bak, bunu mu merak ediyor muşum?" demişti de ne kadar haklıymış.

Başka bir şey var demek ki dünyada... O halde bizlere yeme, içme, gezmeden çok farklı bir hal lazım. İşte o hal kulluk halidir.

Yalnız her noktada olduğu gibi kulluk noktasında da bizler biraz şekilci bir asırda yaşıyoruz. Amellerimizi ve kulluğumuzu birileri bize bir şey desin diye yaşadığımızdan dolayı kulluğun manasını da yanlış anlıyoruz. Özü olmadan bir kulluk yaşamaya çalışıyoruz. Bu da ruhumuz olmadan cesedimizin ayakta durmaya çalışması gibi komik bir hal alıyor. Çünkü ortaya ihlassız hiçbir anlamı olmayan bir kulluk çıkıyor ve bizler kupon biriktirir gibi bol amel biriktiriyoruz. Ama amelin özü var mı diye düşünmüyoruz.

Bizler bu satırlarda şu kısmı net bir şekilde anlamak zorundayız. Allah için amelin çokluğu değil, kalitesi önemlidir. Amelin kalitesi ise ihlas ve samimiyet ile ortaya çıkar. Üstad Bediüzzaman bu konu için: "İhlaslı bir dirhem amel, ihlassız yüz batman amele müreccahtır (tercih edilir)." buyurur. O zaman bizler şunu diyebilir miyiz? "Allah için önemli olan amelin çokluğudur." Hayır, asla diyemeyiz. Çünkü Üstad Said Nursi'nin cümlesi bu tezi çürüttü.

Peki: "Allah için önemli olan ameldir." diyebilir miyiz? Hayır, onu da diyemeyiz. Çünkü Allah için önemli olan ne ameldir ne de amelin çokluğu. Onun için önemli olan yalnızca ve yalnızca amelin içindeki samimiyetin, cehdin ve mücadelendir. Peki Allah için amelim ya da bütün mal varlığımı vermem niye önemli değil? Çünkü amelleri de tüm malını da yaratan Allah. O zaman Allah katında malın nasıl önemi olabilir ki? Zaten Allah için büyük bir şeyi yaratmakla, küçük bir şeyi yaratmak arasında bir fark yoktur. İkisi de "kün (ol)" emrine bakar. Madem öyle, Allah için önemli olan amelin çokluğu değil, içinden çıkan "ya Rab yalnız senin için" samimiyetidir.

Mesela bize: "Yüz tane bisiklet mi yoksa bir tane Bugatti mi?" deseler sayısı az olsa da kalitesi çok olduğundan Bugatti'yi tercih ederiz. O halde bizler amelin sayısına çalıştığımız kadar kalitesine de çalışmalıyız. Peki bizler kulluğun kalitesini neden yakalayamıyoruz? Çünkü yaptıklarımızı Allah için samimi şekilde yapmıyoruz. Etraftaki insanlar için yapıyoruz ve bu Allah'ın hiç hoşuna gitmiyor. Mesela birisi sizinle iki saat güzelce ilgilenip, dostluk kursa ama o kişinin amacı sizi bir şekilde kandırıp kolunuzdaki saati almak olsa ve siz bunu iki saat sonra fark etseniz ne düşünürsünüz? "Yanıma oturup bana çay, poğaça ikram etti. Kalkacak vakit sen yorulma eve ben arabayla bırakayım dedi. Meğer hepsi saatimi almak içinmiş." der darılırsınız. Çünkü o kişi yaptıklarında samimi, içten değilmiş.

Peki siz namaz kılsanız, oruç tutsanız, zekat verseniz, her şeyi yapmaya çalışsanız ama Osman size güzel Müslüman desin, Ersoy ilerde belediyedeki işinizi çözsün, Onur dostluk etsin yani Allah desin diye değil de etraf desin diye yapmış olsanız Allah hiç böyle bir şeyden memnun olur mu? Elbette olmaz. Sen saatini almak isteyen kişiden neden memnun olmuyorsan; Allah da bu halinden o yüzden memnun olmuyor işte. Zira insanın hedefinde Allah'a yaranmak varsa, o insan başkalarını nazarından silmek zorunda. Mesela benim ders anlatırken sizin kalabalığınızda şevkim artsa, azlığınızda da şevkim sönse, dayandığım yer insanların çokluğu olur. Demek ki benim şevkimi, gayretimi, mutluluğumu, azaltıp çoğaltan şey, insanların kalabalığı ve beni övmesiymiş. İyi de her insan hakikat duyunca karşısındakini övüyor mu?

Hayır, bazen öyle bir hakikat oluyor ki insanlar seni dinlemek bile istemiyor. Kimileri namaz hakikatinden rahatsız oluyor, namaz kılan insanların seccadelerini saklıyor. Kimileri tesettür hakikatinden rahatsız oluyor, tesettürlü kardeşlerimizin örtüsünü çekiyor. Kimileri de okunan ezandan rahatsız oluyor, sesini kıstırıyor. Demek ki, her insan hakikati duyduğunda sürekli övmüyor. O zaman kişi sadece övüldüğünde mutlu olsa ama sert bir kayaya denk geldiğinde şevki sönse bu, o kişide zayıflık alameti bulunduğuna delil olur. Günümüzde birçok insan altının yükselmesi ile sevinirken borsanın düşmesi ile üzülüyor. Keder ve sevinçlerini bu endekslere bağladıklarından; onların artıp azalışına göre de ruhsal halleri değişiyor. İşte insanın elinden gidene üzülmemesi, eline gelene de gönül bağlamaması için ona öyle bir dayanak lazım ki asla değişmesin. O dayanak ise Allah'ın rızasıdır. Demek bizler dayanak olarak halkların, yani yaratılmışların teveccühünü değil, Allah'ın rızasını kendimize dayanak edinsek, insanların sayısının artıp artmaması bizim şevkimizde bir şey değiştirmez. Resulullah Aleyhisselatü vesselam binlere, on binlere, yüz binlere hutbe verdiğinde de aynı şevkle vermiş; Taif'te taşlandığında da aynı şevkle yürümeye devam etmiş. O'nun(sav) şevkini bir taş veyahut bir hutbe değiştirememiş. Çünkü şevkinin endeksi oraya bağlı değil, rıza-yı ilahiye bağlıdır.

Resulullah'ın(sav) yolundan giden Üstad Bediüzzaman'ın Tarihçe-i Hayat'ında kendisi için şöyle bir ifade geçiyor.

"Kar kış demez, irkilmez, üzülmez, acı duymaz;

Mevsim bütün ömrünce ılık gölgeli bir yaz."

Ilık gölgeli bir yaz güneşi havanın en güzel halidir ve bir insanın başına ne gelirse gelsin kalp ritmi değişmemelidir. İnsan ancak dayandığı yer değişmez ise bu sözleri edebilir. İşte bizler kulluğun özünü, samimiyetini kaçırınca, yaptığımız amellerde "Allah'ım senin için" demeyince Allah'a dayanamıyoruz. Mesela siz karşınızdaki kişiye bir şeyler yaparken sürekli çıkar ilişkisi gözetseniz, onu nasıl aldatırım diye düşünseniz, ondan bir şeyler kaçırma mücadelesine girseniz, bir gün başınız sıkışıp o kişiyi yardıma çağırdığınızda gelir mi? Asla gelmez ve size dayanak noktası olmaz. Çünkü siz yaptığınız işlerde samimiyeti kaybettiniz. Aynen öyle de bizler ihlâsı yitirdiğimizde kâinata meydan okuyacak gücü yitiriyoruz.

Birilerine yaranalım diye Allah'ın rızasını bir kenara bırakarak o kişinin kulu oluyoruz.

Bu da bizi Allah'ın vereceği karşılıksız kuvvetten men ediyor. Bir insanın kulluğun özünü anlamayıp, riyakâr bir şekilde halkların teveccühünü kazanma çabası ahmaklıktan başka bir şey değildir. Çünkü Allah'tan başka kimi razı etmek için çabalasak bu durum bizi Allah'ın rızasını kazanmaktan uzaklaştırır. Tabi bir de o kişi bize sürekli her istediğini yaptırır ve bizler gece gündüz o kişinin memnuniyetini, bize küsüp küsmediğini düşünerek çok yorucu bir sürece girmiş oluruz.

Halbuki bir gün dağda yürürken köpekler size hırlasa onlar sizin halinizden anlamayacağından sizin o köpeklerin sahibine yani çobana müracaat etmeniz gerekir. Aynen öyle de siz dünyaya müracaat ettiğinizde dünya ve içindekiler sizi ısırıp ısırıp bırakır. Onun için sizin dünyaya değil dünyanın sahibi, her şeyin anahtarını yanında hazır ve nazır bulunduran Allah'a müracaat etmeniz lazım ki bu da ancak samimi amelle olur. Ama maalesef bize kulluk denildiğinde aklımıza sadece namaz geliyor. Halbuki ubudiyet, abd kökünden gelir namazla aynı kök bile değildir. Namaz günde beş vakit farz olup nafile olarak da kılınan bir ibadettir ve kulluğun tamamı demek değildir. Zira ubudiyet dediğimiz şey Allah'ın 24 saat bizi görüyor olduğunu bilmemizdir. 24 saat boyunca kalbimizde Rabbimizi hissetmemizin ve: "Allah'ım bu yaptıklarımdan razı oldun mu?" diye üzülmemizin, dertlenmemizin adıdır kulluk.

Mesela siz sultan olsanız ben de sizin huzurunuza çıksam ama derdimi sizinle değil askerinizle halletmeye çalışsam ne derdiniz? "Yahu ben memleketin sahibiyim. Bu adam gelmiş işini askerimle çözmeye çalışıyor. Bu ne hadsizlik, bu ne garip bir tavır böyle. Çıkarın bunu huzurumdan." der misiniz demez misiniz? İşte sultanın huzurunda başkasından medet istemek nasıl edepsizlikse kainatın sultanı Allah Azze ve Celle'nin daima huzurunda başka insanlara müracaat etmemiz de aynı edepsizlik oluyor. Çünkü sultanın huzurunda, başkalarına bakmak onlardan yardım istemek riyadır ve insanı samimiyetsiz, ihlassız amellere sevk eder. Silah kullanan insanlar hedefe doğru ateş ederken, sıkça kullandıkları bir tabir vardır: "Hedef net, geriye kalan her yer flu..." İşte kulun Allah'ın rızasını kazanmak için yaptığı amellerde de durum aynı bu şekilde olmalıdır. Allah net, kalan her şey flu. Çünkü hedefin netliği kişiyi ihlasa götürür ve insan bu hali sürekli yaşarsa başkalarının yanındaki haliyle odada yalnız başına kaldığı hali birbirinden farklı olmaz. Yani insan her yerde her şeyi gören Allah'ın varlığını anladığı an riyakar hallerinden kurtulur.

İnsanın zaten her an içini dışını gören Allah karşısında içini ve dışını bir yapmaktan başka çaresi de yoktur. Mesela bir bebeği kucağıma ben de alsam, Genelkurmay Başkanı da alsa tepkisi aynıdır. Çünkü bebeğin teveccüh ettiği tek yer annesidir. İşte biz de güneşi bulanın diğer ışıklara itibar etmediği gibi sadece Allah'a odaklansak makamlar bizi aldatmayacak. Nerede menfaatimiz varsa oraya meyleden bir tavır sergilememiz gerekmeyecek. Zaten her yere başka tavır sergileyenlerin Allah'a sergileyecek hiçbir tavrı kalmıyor. Doktor şifa verecek, patron maaş verecek diye imanımızdan tüketip duruyoruz. Bizlerin şuuru sürekli başka yerlere kayarsa kulluğun özü olan ihlastan nasıl bahis açacağız? Nasıl güneşle aramıza ay girdiğinde güneş tutuluyorsa, Allah ile aramıza dünya girince de biz tutuluyoruz, huzurdan uzaklaşıyoruz işte...

17. Lema -13. Nota - 3. mesele

"Ne mutlu o adama ki, kendini bilip haddinden tecavüz etmez.[10]"

Efendimiz(sav) bir hadisi şerifinde: "Kendini bilen Rabbini bilir." buyurmuştur.[11] Bir insanın kendini bilmeden Rabbini bilmesi söz konusu değildir. Zira kendini bilen Rabbini bildiği gibi Rabbini bilen de haddini bilir. Marifetün nefs dediğimiz kendini bilme meselesi çok ayrıntılı bir meseledir ama biz burada sadece acizlik noktasına değineceğiz.

Çünkü eğer insan aciz olduğunu, yaptığı iyiliklerin kendisinden olmadığını, Allah'ın inayet ve keremi olmasa akciğerine oksijeni bile çekemeyeceğini; gülmesinin, ağlamasının, yere düşen bir yaprağın, her şeyin ama her şeyin Allah'tan olduğunu bilirse ancak o zaman haddini bilebilir ve ancak o zaman marifetullah yani Allah'ı tanıma ve bilme sırrına erebilir.

Nasıl bir zerre camdan, bir katre sudan, bir havuzdan, denizden, kamerden, seyyarelere kadar güneşin cilveleri var.

Güneş küçücük bir aynaya da vursa koca bir okyanusa da vursa fark etmez. Bizler her ikisinde de güneşin yansımasını görürüz ama güneşin enerjisini birebir aynı göremeyiz. Çünkü güneşin ısı ve enerjisinin bizde algılanması vurduğu şeyin kabiliyetine göre değişir.

Her birisi kabiliyetine göre güneşin aksini, misalini tutuyor ve haddini biliyor.

Mesela elimde bir ayna olsa, o ayna büyüklüğüne ve alabilme kabiliyetine göre güneşin hem ısısını hem ışığını hem de misalini

---

10 Buhârî, et-Tarihu'l-Kebîr 3:338; Taberânî, el-Mu'cemü'l-Kebîr 5:71; Beyhâkî, es-Sünenü'l-Kübrâ 4:182.

11 Mâverdî, Edebü'd-dünya ve'd-dîn.

alır. Bizler o aynada güneşi görebiliriz ama ayna haddini bildiğinden ne "ben güneşim" der, ne de "bende güneşin bütün enerjisi var" der. Zaten dese bile buna kimse inanmaz. Çünkü güneş battığı anda aynadaki ısı ve ışık dahi kaybolacaktır. Bunu kainatta ancak insan der.

İnsan da bir ayna gibidir. Allah'ın esmalarını üzerinde taşır. Zira bizim kendimizde, diğer insanlarda, mahlukatta, kainatta gördüğümüz ne kadar kabiliyet, güzellik varsa bunların hepsi Allah'ın esmalarının yansımasıdır. Merhameti olan hangi insan sokakta aç bir hayvan görse, ona yemek alır ve o doymadan onun da içi rahat etmez. İşte bizlerdeki bu merhametin asıl kaynağı bizler değiliz, Allah. Şüphesiz ki Allah Rahman'dır, Rahim'dir, çok merhamet sahibidir ve bizlerde bulunan merhamet Allah'ın bu isimlerinin yansımasıdır.

O zaman bir insan bilse ki tüm güzelliklerin sahibi Allah'tır, hiç haddini aşabilir mi?

Bir katre su kendi kabiliyetine göre: 'Güneş'in bir aksi bende vardır.' der. Fakat: 'Ben de deniz gibi bir ayineyim.' diyemez.

Aynanın kabiliyetine göre aldığı güneş değişir. Bir damla su haddini aşıp ben denizim diyemez çünkü aldıkları enerji aynı değildir. Aynen öyle de biz de kendi haddimizi bildiğimiz an bütün güzelliklerin Allah'tan, bütün kötülüklerin de nefsimizden olduğunu biliriz.

Allah Nisa suresi 79. Ayette: "Sana gelen iyilik Allah'tandır. Başına gelen kötülük ise nefsindendir." buyurmaktadır. Ama bize hiç öyle gelmiyor maalesef. İki kere art arda cumaya gidelim, yol kenarında Allah için değil içimizi rahatlatmak için birisine sadaka verelim hemen yaptığımız amelle övünmeye başlıyoruz. Halbuki bizim ortada övünebileceğimiz bir ibadet bile yok.

Mesela sen bir tarlanın sahibi olsan, ben de senin bahçıvanın olsam. Bana verdiğin tek vazife suyu açıp kapatmak olsun. Tarlada benim haricimde çalışan 100 kişi daha var ve sen iş bitince bir milyon hasılat toplayacaksın. Ben sana bir gün gelip: "Efendi, efendi! Ben suyu açıp kapatmasaydım tarla kuruyacaktı. E madem öyle, tarlanın bir milyon hasılatının hepsi bana ait." desem ne dersin?

"Sen ne diyorsun be adam? Tarlanın sahibi başka, toprağı eken başka, tohumu getiren başka, güneşin sahibi başka. Madem öyle senin tarladaki işten hissen olsa olsa %1'dir." dersin. Çünkü sadece musluğu açıp kapadım. Peki ben o musluğu açmayı unutsam ve bütün tarla kurusa. Benim bu hatamdan dolayı da sen bir milyon zarara uğrasan, benden maaşım kadarını mı yoksa bütün tarlanın parasını mı kessen adalet olur?

Elbette bütün tarlanın parasını kessen adalet olur. Çünkü tarlanın iyi hali bire bir bana bakmıyordu benim orada ancak %1 hissem vardı. Ama kötü hali tamamen bana bakıyor. Zira herkes vazifesini tamamen doğru yapmasına rağmen ben bana düşen vazifeyi yanlış yaptım ve böylece tüm zararın sebebi ben oldum. İşte ayet bize aynen bunu diyor. Yapılan iyilikler Allah'tan iken, kötülükler yalnız nefsimizdendir. Bir insan bu manayı anladığı an haddini bilir. Allah'ın esmasına ayine olduğunu bilen bir damla olduğunu anlar ve ibadette gurura girmez.

İnanın bana, insan şu manayı anlasa namaz kıldım bile diyemez. Çünkü yüzlerce şart Allah'ın elindeyken, sen sadece meyletmişsin. Bir namaz için kainatı, seni, vücudunu, her bir zerreyi yaratan Allah ve senin oradaki tek hükmün cüz-i iraden, yani namaza meylin. İşte tüm bunlardan dolayı bizler namaz kıldım diyemeyiz ama ben namaz kılmadım diyebiliriz. Çünkü namazın kılınmaması bire bir kişinin kendisi ile alakalıdır. Bir insanın namaz kılması ise tamamen Allah'ın yaratmasıdır ve Allah enerji ve kalori olarak namaz kadar basit bir olayı bir kulda yaratmıyorsa onda samimiyeti görmüyor demektir.

Öyle de esmâ-i İlâhiyenin cilvesinin tenevvüüne göre makamât-ı evliyada öyle merâtip var. Esmâ-i İlâhiyenin her birisinin, bir güneş gibi kalbden Arşa kadar cilveleri var. Kalb de bir arştır. Fakat "Ben de Arş gibiyim" diyemez. İşte ubudiyetin esası olan acz ve fakr ve kusur ve naksını bilmek ve niyaz ile dergâh-ı Uluhiyete karşı secde etmeye bedel naz ve fahir suretinde gidenler...

Arş, Allah'ın tecelligahı, esmasını boyadığı her yerdir. Aynı bir ressamın tuvali gibi düşünebiliriz. Kalbimiz de bir arştır ve bizlerin aciz olduğumuzu bilip Allah'ın kapısında: "Ya Rab! Ben geldim, ne olur kapıyı aç." diye niyaz etmemiz, dua dua yalvarmamız, yakarmamız gerekir. Çünkü bizim hakkımız olan naz değil niyazdır. Bazı Allah dostlarının ise Allah katında naz makamı da vardır.

Mesela başkası yapsa çok sinirleneceğimiz bir şeyi bir dostumuz yaptığında sinirlenmeyiz. Çünkü onun bizde naz makamı vardır. Aynen öyle de Allah'ın da böyle naz makamı olan dostları vardır. Allah Azze ve Celle o makamın gereği onlar ne talepte bulunursa bulunsun nazlarını bile geri çevirmez. Ama bu öyle yüksek bir makamdır ki birisi o makamda olmadığı halde kendini orada zannedip nazlansa dibin dibine çakılır. Ben zamanında duymuştum; birisi kendini bu makamda zannettiğinden: "Ya rab şu talebimi kabul etmezsen vallahi senin namazını da bırakacağım." demiş ve devamında çok büyük yanlışlara düşmüştü. O yüzden Üstad Bediüzzaman bizlere burada senin hakkın naz değil niyazdır ve senin: "Ya Rab! Sana muhtacım, gücüm yetmiyor, garibanım, perişanım." demeye ihtiyacın vardır diyor. Çünkü insan bunu bilmeyince: "Eskiden işler yolunda giderken, Hak yoluna girdim işler hep aksi gitmeye başladı." gibi çok yanlış laflar edebiliyor. Madem bu halden memnun değilsin, seni meyhaneye koyalım da işler yolunda olsun. Oradaki bir adamı da sohbete getirelim, dünyalık işleri aksasın ama Allah razı olsun. İster miyiz böyle bir şey? Maalesef insanlar ağır kirlerin bir suyla yıkanınca geçmeyeceğinin farkında değil. Hafif kirleri suya tutarsın akar gider ama ağır kirlerin çıkması için kazınması şarttır. Allah da bizim ne hallerden geldiğimizi bildiğinden dolayı günah kirlerimizi kazımaya başlıyor. Bu biraz can acıtıyor ama sendeki sadakat ancak böyle açığa çıkıyor. Mevlana Hazretleri: "Sopayla kilime vuranın gayesi, kilimi dövmek değil, tozunu almaktır. Allah sana sıkıntı vermekle tozunu, kirini alır. Niye kederlenirsin?" diyor. İşte burada insan kendi eksikliğini, acizliğini, kusurunu bilmez de naz makamına geçerse ağzından böyle cümleler dökülüyor.

Ama bilmeliyiz ki iman nuru ile çatlayan çekirdekler elbette biraz acı çekecek. Madem cennete talibiz, dert çekmeden olur mu? Sen cennete talipsin ama sıkıntı görmek istemiyorsun. Sahabenin baş koyduğu yola bir taş dahi koymayacaksın ama onlarla aynı cennete talip olacaksın. Böyle bir şey mümkün mü? İmkanı yok! İşte bizlerin bu denklemde, bu kullukta yerimizi alabilmemiz için ilk yapmamız gereken çokça amel etmemiz değil, aciz olduğumuzu bilip samimiyetle amel etmemizdir. Zira okuduğumuz bu hakikatlerin, yaptığımız şu derslerin, kıldığımız namazların kabul edildiğinin garantisi yok. Yaptığımız amellerin altı imanla dolu mu? Samimiyet var mı? Seccademiz geceleri gözyaşı ile ıslanmış mı? Önemli olan bunlar. Çünkü bu işlerin çiçeği gece gözyaşıyla, hüzünle sulanır. Onlar olmadan insan bir de bunlarla gurura, ucuba, fahre girerse kulluğun hiçbir anlamı kalmaz. Çünkü Allah için önemli olan kulluğun sayısal çokluğu ya da amelin fazlalığı değil içerisinde samimiyet olup olmadığıdır.

Zerrecik kalbini arşa denk tutan kaybetmeye mahkumdur. Ama maalesef bugün toplum bu kaybedenlerle doludur. Çünkü o kadar çok insan var ki ameline güvenen...

Naz makamı ancak kazanılmış bir hak elden alındığı zaman doğar. Ben burnumu, gözümü, ailemi, sağlığımı, evladımı önceden mi kazandım? Allah alsa bile ne diyebilirim? İşin aslı ne biliyor musunuz? İnsanın en içteki niyeti bu tür tavırlarla ortaya çıkar ve maalesef hadsiz olan insan bu tür zamanlarda kendisini Allah'ın yanında söz söyleyebilecek bir gururda görür.

> Gerçek secde, "Allah'tan başkasının önünde eğilmekten alıkoyan secdedir."
> Muhammed İkbal

Halbuki insan cennete yalnızca Allah rahmet ederse girebilir. Çünkü hiçbir amelimiz bize cenneti kazandırabilecek bir kıymette değildir ama cehenneme girmemizin asıl sebebi bizim kendi günahlarımızdır. Yani *cennet fazl-ı ilahi, cehennem adl-ı ilahidir*. Bizler böylesine hadsizlik etmemize rağmen Allah, yine bize merhamet ediyor ve: "Ey kendilerinin aleyhine aşırı giden kullarım! Allah'ın rahmetinden ümidinizi kesmeyin. Şüphesiz Allah, bütün günahları affeder. Çünkü O, çok bağışlayandır, çok merhamet edendir.[12]" buyuruyor.

Katre gibi makamını, deniz gibi evliyanın makamâtıyla iltibas eder. Kendini o büyük makamâta yakıştırmak ve o makamda kendini muhafaza etmek için, tasannuâta, tekellüfâta, mânâsız hodfuruşluğa ve birçok müşkilâta düşer.

Allah niyetlerin başındaki kastımızı, kalbimizin en derinliklerinde olanı bilendir. Biz buna el kastül kalb yani kalbin ilk kastı deriz. Mesela dışardaki insanlar belki bizi tam bir kul olarak görüyor olabilir. Ama Allah kalbin kastını bildiğinden biz yaptıklarımızda gerçekten samimi miyiz yoksa dışarıya hoş görünmek, başkalarına yaranmak için mi yapmışız hepsini biliyor. Onun

12 Zümer suresi/ 53.

için yaptığımız her şeyde en derindeki niyetimiz çok önemlidir. Eğer biz samimiyetle: "Ben bu yaptığımı gerçekten Allah için mi yaptım, yoksa etraftakiler beni biraz alkışladı, teveccühte bulundu bunun için mi yaptım?" diye kulluğumuzu ölçemezsek dünyada mü'min gibi yaşar; ahirette kâfir gibi muamele görebiliriz. Çünkü boş ibadet kişiyi Allah'tan uzaklaştırır. Yani samimiyetsizlik, namazsızlıktan çok daha büyük bir hastalıktır. Çünkü Allah ayette bize samimiyetsiz kılınan namazların yüze vurulacağını söyler. "Fe veylun lil musallîn – yazıklar olsun o namaz kılanlara).[13]

Sahabelerimizin hayatlarına baktığımızda aslında hepsinin sabahlara kadar namazı ve ibadetleri olmadığını görürüz. Ama onlar bir kez kıldıkları namazlarını bile öyle samimi kılıyorlar ki o kıldıkları namaz dünyanın tamamına bedel oluyor. Kaliteyi o denli yakalıyorlar. Üstad Said Nursi Hazretleri bununla ilgili diyor ki: "Bir gün namazda Sübhane rabbiyel a'la dedim, aynı onlar gibi namazın içeriğini hissettim ve dedim ki, demek Sahabelerimiz böyle namaz kılıyorlar."

İşte bizler de o namazdan bir kez de olsa kılsak dünyadaki bütün ibadetlerin yerine geçer. Onun için bizim hedef ve kilit noktamızın samimiyet, kalite olması lazım. Bir ayet-i kerimede namaz için "namazı kılın" demiyor "namazı ikame edin" diyor. İkame, ayağa kaldırmak, bina etmek demektir. Eğer sen binanın temeline beton dökmüş ama temel kolonları, kirişleri atmamışsan bu binayı nasıl yükseltebileceksin? Zira bu binanın temeli ihlastır. İhlas dediğimiz ise imanın ta kendisidir. Yani bir insanın imanı yüksek olmadı mı namazı da bomboş olabilir. Çünkü temel olmadan namazın örülmesi imkansızdır.

13 Ma'un suresi 4.ayet.

Elhasıl, hadiste vardır ki: "İnsanlar helâk oldu -âlimler müstesna. Âlimler de helâk oldu -ilmiyle amel edenler müstesna. Amel edenler de helâk oldu -ihlâs sahipleri müstesna. İhlâs sahiplerine gelince, onlar da pek büyük bir tehlike ile karşı karşıyadırlar."[14]

Bu hadis bizleri ihlas olmadan amellerimize güvenmememiz noktasında çok ciddi uyarıyor. Çünkü bu asırda çok ince bir sır var. Yeri geliyor ne ilim ne amel ne de amelin çokluğu kurtaramıyor bizleri ama amelimizdeki ihlas, samimiyet kesin kurtarıyor. Çünkü ihlas imanın neticesidir ve bizler amellerimizden sadece ihlası Allah'a ikram edebiliriz. Hani bazen insanı bir düşünce sarıyor, bazı dönemler oluyor ve "bir zamanlar bir namaz kılıyordum tadından yenmez, şimdi ise ayaklarım namaza zor gidiyor, sanki beni zincirle bağlamışlar, Allah'ın huzuruna zorla çıkıyorum, hiçbir lezzeti kalmadı" diyoruz ya.

İşte bizim lezzetli kıldığımız namaz mumsa, zorla gittiğimiz namaz güneş oluyor. Çünkü bizim lezzet alarak gittiğimiz namazda teşvik edici pirimler var. Lezzet var, huzur var. Ama zorla kıldığımız namazda hiçbir lezzet, hiçbir beklenti yok. Bizi zincirlerle bağlamışlar adeta ama biz hala o namaza gidiyorsak belli ki, buradaki tek amaç Allah'ın rızasıdır. İşte samimiyet dediğimiz şey tam olarak budur.

Yani, medar-ı necat ve halâs, yalnız ihlâstır. İhlâsı kazanmak çok mühimdir. Bir zerre ihlâslı amel, batmanlarla hâlis olmayana müreccahtır. İhlâsı kazandıran, harekâtındaki sebebi sırf bir emr-i İlâhî ve neticesi rıza-yı İlâhî olduğunu düşünmeli ve vazife-i İlâhiyeye karışmamalı.

Allah için bir iş yaparken bize düşen yalnızca samimi bir şekilde cehd etmek, çabalamaktır, yaptığımız işin olması ya da olmaması Allah'ın vazifesidir. Onun için bizler kendi vazifemizi yapmalı

14 (bk. Aclûnî, Keşfü'l-Hafâ 2:415; Gazâlî, İhyâu Ulûmi'd-Dîn 3:414,4:179, 362.).

Allah'ın vazifesine karışmamalı, yaptığımız işlerden sonuç beklememeliyiz. Mesela bir topluluğa ders anlatacaksan: "Birileri geldi mi, sana övgüde bulundu mu, anlattığın dersi anladılar mı?" gibi meseleleri düşünmek senin vazifen değildir.

Çünkü neticeyi yaratan Allah'tır ve Allah için yapılan bir işte sonuç beklenmez. Bize düşen sonuç beklemek değil, gayretle ve samimiyetle amel etmektir. Kişinin yaptığı amelin neticesi kendisine yazılmaz. Kişiye yazılan sadece ameldeki gayret ve samimiyettir. Onun için Allah bizlerin neticeyi kendimizden bilip bilmediğimizi anlamak istiyor ve ara ara elimizdekileri alıp ihlasımızı ölçüyor.

Bazen kapın çalmayacak, dostların hançer vuracak ki yaptıkların kim için açığa çıksın. "Acaba Allah için mi yapıyorsun yoksa insanlar teveccüh etsin diye mi?"

Bizlerin şevki değişen bir maddeye bağlı ise onun değişmesi ile hal ve tavırlarımızda değişir. Ve eğer şevkimiz şartlara göre değişiyorsa bu imanımızın zayıflığından ve doğru yere dayanmadığımızdandır.

Her şeyde bir ihlâs var. Hattâ muhabbetin de ihlâsla bir zerresi, batmanlarla resmî ve ücretli muhabbete tereccuh eder.

Bizlerin resmî ve ücretli muhabbet meselesini iyi anlaması gerekir. Mesela insanın iş yerinde amirini amir olduğu için sevmesi resmî bir muhabbetken, amirini amiri olduğu için değil de abisi gibi gördüğü için sevmesi hakiki muhabbet oluyor. Çünkü ilk şekil sevmede sevme zorunluluğu varken; ikinci şekil sevmede sevme zorunluluğu yoktur. Aynen öyle de bizlerin bizi yaratan ve cennet, cehennem elinde olan Allah'ı bu sebeplerden dolayı sevmemiz resmi ve ücretli bir sevme olurken, Allah'ı korkudan kaynaklı değil de sevdiğimiz birinin sevgisini, rızasını kaybetmekten korkar gibi seversek bu da hakiki muhabbet oluyor. Allah resmi ve ücretli muhabbetten hiç hoşnut değildir. O halde bizlerin O'nu(cc) severken çıkar ilişkisi gütmememiz gerekir. Tıpkı Hz. Ebubekir(ra) Efendimiz gibi...

Hz. Ebubekir(ra), Allah'ı öyle sevmiş ki gözünde ne cennet sevdası var ne cehennem azabı... Dilinden dökülen ise sadece şu cümle: "Ya Rab vücudumu öyle büyüt, öyle büyüt ki, cehennemde ehli imana yer kalmasın."[15] Zaten böyle bir duayı da ancak Allah'ı hakkıyla sevebilen birisi edebilirdi. Bu cümle Hz. Ebubekir'in gönlünden Allah'a olan sevgisi için çıkıyor, biz ise edebiyat için kullanıyoruz. Üç kuruş dünya için ölüp ölüp dirilen "cennetten vazgeçtim" dese yalan olmaz mı?

Zira insan Kur'an'dan ne kadar alabilirse, o kadar verebilir. Bu bir çap meselesidir. Bizler çoğu zaman Allah'ı, Allah olduğu için değil de çıkarlarımız için seviyoruz. Girdiğimiz duygusal bunalımlardan çıkabilmek karşılığında ya da sınavdan başarılı olabilmek, istediğimiz kişiyle evlenebilmek, istediğimiz işe sahip olabilmek, çok istediğimiz arabayı alabilmek için seviyoruz. Yani ortada bir kulluk şuuru değil, çıkar meselesi var. Bu: "İstediğimin gerçekleşmesi için ne yapayım, sevdiğime kavuşmak için hangi duayı edeyim, sınavı kazanmak için ne okuyayım..." sorularımızdan bile o kadar belli ki. Halbuki bir insanın dua etmesinin temel sebebi, dua edebilmek, Allah'ı razı edebilmektir, duanın neticesi değildir.

15 Şemseddin Sivasi, Cihar-ı Yar-ı Güzin, s.25.

İşte bir zat bu ihlâslı muhabbeti böyle tabir etmiş: Yani, "Ben muhabbet üzerine bir rüşvet, bir ücret, bir mukabele, bir mükâfat istemiyorum. Çünkü, mukabilinde bir mükâfat, bir sevap istenilen muhabbet zayıftır, devamsızdır."

Burada muhabbet ücretsiz olur diyor ama rivayetlerde "şu duayı edersen şu kadar sevabı var" diye geçiyor onu nereye koyacağız? Kadir gecesi için bin aydan daha hayırlıdır deniyor. O geceyi yakalarsan seksen sene ibadet yapmış gibi sevap alırsın deniliyor. Madem bunları sevap için yapmak doğru değilse bunlar neden ibadet?

Sevap dediğimiz şey gazete kuponu biriktirmek demek değildir. Sevap Allah'ın bizden ne kadar razı olduğunun derecesini gösterir. O yüzden rivayetlerde geçen: "Bu ibadeti yaparsan bin sevap alırsın." ifadesi; normal koşullar altında samimi yaptığında o bin sevabı alabilirsin demektir. Mesela birisi size bu arabayla yolda 300 km/saat hızla gidebilirsin dese ama sen onunla köy yolunda mucura girsen, adamın dediği 300 km/saati yapamazsın. Çünkü adam onu derken yollarda en uygun şartları kast etti. Kullukta da en uygun şartlar sağlandığında o rivayetler kabul edilebilir. Yoksa sadece sayıları konuşmakla kalırız.

Bir gün derviş tesbih çekerken sevdiğine elma götüren bir adam gördü ve:

"Kaç tane elma topladın?" diye sordu.

Adam: "Hiç seven sevdiğine götürürken sayar mı?" deyince...

Derviş: "O sevdiğine elma götürürken saymıyor da ben Allah'ı zikrederken nasıl sayarım?" deyip tesbihi kopardı.

Şimdi bu manayla baktığımızda bizler yağmur yağmayınca yağmur duası ediyoruz ama o duadan bir de yağmurun yağmasını yani neticeyi bekliyoruz. Halbuki yağmur duasının neticesi o

> Allah başkasına kul olanı kendi huzuruna kabul etmez.

duanın kendisidir. Yağmurun kesilmesi bize yağmur duasının vaktinin geldiğini bildirir. Biz orada yağmur için dua edersek, duanın samimiyeti iptal olur. Ama vakti girdiği için dua edersek ve Allah dilerse rahmet hazinesinden bize yağmuru da verir. Bizim namazı, duayı, ibadeti ne için yaptığımızı anlamamız lazım. Şu an dışarda Allah'a kulluk ve ibadet deyince ne düşünüyorsunuz desek inanın üç beş aynı cevaptan başka cevap çıkmaz.

Mesela haram deyince kaç kişinin aklına ırkçılığın haram olduğu geliyor? Ya da ümit kesmenin haram olduğunu kaç kişi biliyor? Sizce ibadet deyince şefkat etmenin de bir ibadet olduğunu kaç kişi söyleyebilir? Allah yolunda hizmet etmenin deruni bir ibadet olup, Efendimiz'in(sav) en büyük sünnetlerinden biri olduğunun kaç kişi farkında? Efendimiz(sav) her kapıya gidip insanların kalbine girmemiş mi? Gönüllere Muhammedî bir tohum ekme vazifesi de ibadet değil mi?

Sırası yok mu bu ibadetlerin? Sizce bu sıranın kaç kişi bilincinde? İçimizi boşaltmışlar uyutuyorlar bizi. Cevizi çalmışlar, kabuk veriyorlar. Dünyada iki milyar Müslümanız ama doğru düzgün yapabildiğimiz hiçbir şey yok. Birbirimize düşmüşüz. Kalpte iman, ihlas, samimiyet, kardeşlik, Allah için dayanma, geceleri Allah için bölme isteği olmadıkça oyalamaya devam edecekler bizi. Sokaklara bakarsanız, Allah ile, İslam ile, hocalar ile dalga geçen gençlerle dolu olduğunu görürsünüz. Çünkü cevizi çaldılar, kabuğu da elimize tutuşturdular. Yaptığımız hiçbir şeyin özü yok, ihlâsı yok, samimiyeti yok. Neyi, kim için yaptığımız bile belli değil. Daha ağzımızdan çıkanla, yaptığımız birbiriyle örtüşmüyor. Nasıl olacak böyle? Kim öğretecek bunları bize? Kim anlatacak? Yanan onca imana kim yetişecek? Bizler hala bu hakikatleri öğrenmek için video izlemeye, bir kitap okumaya bile üşeniyoruz. Halbuki insanın evi barkı yansa, yine de tek ahiretim yanmasın diyerek bu hakikatleri öğrenmesi gerekir. Bazıları daha bir kez bile kırmadığı için kabuğun içinde ceviz olduğunun dahi farkına değildir. Eğer sen de onlardansan ve bu satırları okuyorsan cevizi kırıp, kabuğu değil içini görelim ki nasıl kazıklandığımızı anlayalım.

Hattâ hâlis muhabbet, fıtrat-ı insaniyede ve umum validelerde derc edilmiştir.

Kalp herkesin sevgisinden şüphelense de annenin sevgisinden asla şüphelenmez. Mesela ben sana gelip desem ki: "Akşam annen sana suikast düzenleyecekmiş." Buna asla inanmaz ve annene değil bana kötü gözle bakarsın. Çünkü annenin şefkatinden şüphe edilmez. Zira şefkat karşılıksız sevmek demektir. Bize sorsalar ki kimi karşılıksız seversin? Annemizi, babamızı, evladımızı der ve saydığımız kişi sayısı bir elin beş parmağını geçmez. Ama Efendimiz(sav) tüm ümmetini böyle karşılıksız sevmiştir. Çünkü karşısındakine tesir bırakmak isteyen ihlas ile sevmek zorundadır. Eğer siz birini "benim sevdiğimi görsün" diye severseniz; o kişi kendisini yalandan sevdiğinizi anlar. Ama şefkatle karşılıksız severseniz bu sefer de onu Allah için sevdiğinizi anlar ve kendisi de öyle yapmaya çalışır. Çünkü ihlaslı insanın bir iş bilmese de duruşu, oturuşu bile insana ders verir.

Samimiyetin ölçüsü fedakarlıktır. Orman yangınında kuş bakıyor ki kendisi kaçabilir ama yavrularının kaçırması imkansız. Kaçmıyor, yanacağını bile bile yavrularını kanatlarının içini alıp onlarla birlikte yanıyor. İşte şefkat bu demek. İhlas bu demek. Zira yanmayı göze alamayan yangını söndüremez. Eğer sen alemi böyle sevebilirsen; alem biz böyle sevgi görmedik der ve bu sevgiden asla şüphelenmez. Çünkü o an sadece rızayı İlahiyeye göre şekillenmişsin. Sana bakan rızayı İlahiyeyi görüyor, demek Allah böyle razı olur diyor. Çünkü vicdan samimiyeti hisseder ve samimi insan samimiyetini karşısındakine ifade etme gayretine girmez. "Bütün samimiyetimle söylüyorum ki..." demez.

Boyu kısa olan uzanmaya çalışır, uzun olan ise eğilir. Bizler öyle seveceğiz ki gören, "bize sevgi bırakmamış" diyecek. Bunu yapmak zor, biliyorum ama bu bizim vazifemiz. Resulullah(sav) öyle yapmış, biz de öyle yapacağız.

Biz de aynı Üstad Bediüzzaman gibi: "İslâm cemiyetinin imanı namına bir Said değil, bin Said feda olsun. Kur'ân'ımız yeryüzünde cemaatsiz kalırsa, Cenneti de istemem; orası da bana zindan olur. Milletimizin imanını selâmette görürsem, Cehennemin alevleri içinde yanmaya razıyım. Çünkü vücudum yanarken, gönlüm gülgülistan olur."[16] diyeceğiz.

İşte bu hâlis muhabbete tam mânâsıyla validelerin şefkatleri mazhardır. Valideler, o sırr-ı şefkatle, evlâtlarına karşı muhabbetlerine bir mükâfat, bir rüşvet istemediklerine ve talep etmediklerine delil; ruhunu, belki saadet-i uhreviyesini de onlar için feda etmeleridir. Tavuğun bütün sermayesi kendi hayatı iken, yavrusunu itin ağzından kurtarmak için -Hüsrev'in müşahedesiyle-kafasını ite kaptırır.

Bir tavuk yavrusuna kobra saldırdığını görse, yavrusu için kobraya saldırır. Bir anneye deseler ki, 'evladının yerine mezara gir' hiç tereddüt etmez girer. Çünkü şefkat karşılık beklenmeyen sevgidir. Aşk ise karşılık beklenen sevgidir. Siz bir insanı anne gibi şefkatle, karşılıksız severseniz onun için alevlerde bile yanmaya razı olursunuz. Ama birçokları gibi aşk ile ücretli, karşılıklı severseniz; ücreti alamayınca sevdiğim dediğiniz kişiyi doğrar, bıçaklar, öldürebilir-

16 Risale-i Nur / Tarihçe-i Hayat.

siniz. Çünkü aşk bu kadar tehlikelidir. O yüzden bu yol aşk yolu değil, şefkat yolu olmak zorundadır.

Efendimiz'den(sav) bize kalan sadece "yatakta şöyle yatılır, su şu şekilde içilir" sünnetleri değildir. Şefkat de bir sünnettir. Taif'te taşlanırken şefkatinden beddua etmemek de bir sünnettir. Bu meselenin özünde Efendimiz'in(sav) çok farklı muamelatları var ve O'nun(sav) o muamelatını anlamış bir zat olan Üstad Bediüzzaman hazretleri şöyle diyor: "Bana: 'Sen şuna buna niçin sataştın?' diyorlar. Farkında değilim. Karşımda müthiş bir yangın var. Alevleri göklere yükseliyor. İçinde evlâdım yanıyor, imanım tutuşmuş yanıyor. O yangını söndürmeye, imanımı kurtarmaya koşuyorum. Yolda biri beni kösteklemek istemiş de ayağım ona çarpmış; ne ehemmiyeti var? O müthiş yangın karşısında bu küçük hâdise bir kıymet ifade eder mi? Dar düşünceler, dar görüşler!"[17]

Bir insanı davaya koşturan ancak içindeki şefkattir. Üstad Bediüzzaman "... evladımı, imanımı kurtarmaya koşuyorum." diyor. İnanın bana koşan adam etrafını görmez. Eviniz yanıyor deseler ayakkabınızı bile unutursunuz. Allah Azze ve Celle, hikmet-i lisan ile Musa Aleyhisselamla konuşurken: "Terliklerini çıkar da gel."[18] diyor.

Burada müfessirler, terlikten bir muradın, dünya olduğunu söylüyor. Evi yanan insan nasıl terliklerini düşünmez, almadan gider. Yanan imanlara koşmak isteyen de dünyasını düşünmez, almadan gider.

17 Tarihçe-i Hayat, Eşref Edip'in mülakatından, s.644.

18 Taha suresi, 12 ayet.

Seni Mutluluğa Götürecek Üç Sabır Şekli

Ne kadar çok olmazsa olmazlarımız var bu hayatta değil mi?

"Çocuklarım olmadan asla...

Ben annemsiz yaşayamam...

Kariyerim benim her şeyim...

Babam arkamda dağ gibi durmasa şimdiye çoktan yıkılmıştım..."

Herkesin kendine göre bir olmazsa olmazı var. Üzücü olan şu ki, kime olmazsa olmazlar listesini sorsak namaz o listede ilk ona bile girmiyor. Hatta kimilerinin aklına bile gelmiyor.

Halbuki insan varlığı için su ne ise namaz da odur. Bir insan nasıl susuz yaşayamazsa, dinsiz de yaşayamaz ve İslam dininin ayakta durmasını sağlayan kolon namazdır. Efendimiz(asm) bunun için: "Namaz dinin direğidir, kim onu terk ederse dinini yıkmıştır."[19] buyurmuştur.

19 Acluni, Keşfu'l-Hafa, II / 31.

Peki bir insanın dinini ayakta tutabilmesi için namazı sadece kılması yeterli midir? Elbette değildir. Çünkü namazın zahiri (dışa bakan) farzları olduğu gibi bir de batıni (içe bakan) farzları vardır ve bu batıni farzların en başında namazın mahiyetini, ne manaya geldiğini bilmek gelir. Bizler bu manayı bilmediğinden namaz, "boynumuzun borcu, sabrımız yettiği ölçüde kılıyoruz" diyoruz. Ne yazık ki kişi namaz kılınca borcunu ödedim zannediyor. İyi de sen kimin verdiğiyle kime borç ödüyorsun demezler mi insana? İmandan sonra gelen en önemli ameliye, kulluğun fihristesi olan namaza "aman boynumuzun borcu" denmesi sizce de çok abes değil mi? Elbette abes. Çünkü kendisi nimet olan bir namaz bizim için boynumuzun borcu değil olsa olsa fıtratımızın borcu, yaratılışımızın karşılığı olur.

Zaten bir insan yaradılışının gayesi olan namaza bile güç yetiremiyorsa, bu hayata gelişinin öz manası kopmuş demektir.

Sobanın fıtratının borcu ısıtmaktır. Klimanın fıtratının borcu ise soğutmak. Bizler, ne soba bizi ısıttı diye teşekkür ederiz ne de klima yazın sıcağında bizi soğuttu diye. Çünkü bunlar zaten onların var oluş sebebidir. Aynen öyle de insanın var oluş sebebi namazdır. Soba bizden ısıttım diye nasıl bir karşılık beklemiyorsa, bizim de kıldığımız namazlarla Allah'tan karşılık beklememememiz gerekir. Zira bir insanın zaten ikram olan namazın karşılığında cenneti hak etmesi imkansızdır. Çünkü cennet lütf-u İlahi yani Allah'ın kullarına bir lütfu iken, cehennem ise adl-i İlahi yani Allah'ın adaletinin bir sonucudur. Bizler cenneti ancak Allah'ın bize rahmet etmesi, bizi affetmesi sonucu elde edebiliriz. Yoksa Allah'ın bize verdikleri ile amellerimizi kıyaslarsak hak ettiğimiz yer cehennem olur. O yüzden namaz kılan bir insanın kendisini "cennet garantili" gibi görmesi çok büyük bir yanlıştır.

Peki bir insanın bu manaları hayatına geçirebilmesinin, düştüğü hatalardan kurtularak bir daha aynı hatalara düşmemesinin formülü nedir? İnsanın dinini ayakta tutabilmesi için evvela neyi bilmesi gerekir? Şimdi de bunu Risale-i Nurlardan öğrenelim mi?

Yirmi Birinci Söz / Birinci Makam / ÜÇÜNCÜ İKAZ

Ey sabırsız nefsim!

Yüce Allah hak kitabımız Kur'an-ı Kerim'de şöyle buyurmuştur;

"Muhakkak ki Allah sabredenleri sever."[20]

Peki insan başına gelen şeylere nasıl sabreder? Diş sıkarak mı? Zorluklara güç yetirmeye çalışarak mı? Bazı şeylere katlanarak mı? Hayır hayır! Sabır bu saydıklarımızın hiçbiri değildir. Zira sabır eğer diş sıkmak olsaydı buna ne diş dayanırdı ne baş...

Sabır bir olayın hikmetini anlamak demektir. İnsan ancak bir hadisenin hikmetini anladığı zaman "başıma gelen bu musibete bu hikmet için katlanılır" diyebilir. Zaten çoğumuz maddi yaşantımızda da öyle yapmıyor muyuz? Elektrik faturası, ev kirası, erzak parası... ödeyebilmek için çalışıyoruz. Meslek sahibi olana kadar zor sınavlara katlanıyoruz. İş yerinde sabahtan akşama kadar yoruluyor, canımızı sıkan hadiselere eyvallah deyip geçiyoruz. Peki neden katlanıyoruz tüm bunlara? Çünkü hikmetini biliyoruz. Evde bekleyen çocuklar, alınacak ihtiyaçlar, ödenmesi gereken borçlar var.

Sabır dediğimiz mesele hayatımızın maddi alanında olduğu gibi manevi alanında da çok büyük rol oynuyor. Zira insan sabrı çözdüğü anda ne namazında ne orucunda ne de diğer ibadetlerinde bir sorun kalıyor. Biz de ilerleyen satırlarda sabrın hikmet

---

20 Âl-i İmrân / 146.

penceresini biraz daha aralayacağız ki sorunlarımız çözüme kavuşsun.

"Acaba geçmiş günlerdeki ibadet külfetini ve namazın meşakkatini ve musibet zahmetini bugün düşünüp muzdarip olmak; hem gelecek günlerdeki ibadet vazifesini ve namaz hizmetini ve musibet elemini bugün tasavvur edip sabırsızlık göstermek hiç kâr-ı akıl mıdır?"

Namaz sabır ile çok ilişkili bir ameldir ve şeytan size ahir zamanın debdebesi içerisinde "ey kardeşim namaz kılma" demez. İçinizdeki ajanı olan nefis yoluyla sabır kuvvetinizi dağıtır ve nefse, sen ona; "geleceğin endişelerini ve geçmişin elemlerini düşündür" der. Sizlerin elinde ne zaman biteceği belli olmayan bir ömür var ama nefsiniz geleceğe baktırıp; "yıllarca namaz mı kılınır" dedirirken geçmişe de baktırarak "yıllardır namaz kılıyorsun her kıldığın namazda rahat değildi, bazılarını nice zorluklarla kıldın, bu zahmet sana yeter" der. Ömrünüzü uzun emellere çevirip sizleri yıldırır. Bu şekilde sabır kuvvetini dağıtıp sizi namazdan alıkoyar.

Benzer bir vesvese zamanında bana da gelmişti. Üniversite okuduğum dönemler fakültemizde İslam'a çok muarız bir hoca vardı. O hoca başörtüsü ibadetinde bazı hanım kardeşlerimize de çok zulmetmişti. Biz birkaç arkadaş namazlarımızı fakültenin eksi birinci katında kılardık. Hatta okulda abdest alabilecek bir yer olmadığından ben evden çıkarken tüm hazırlığımı yapar öyle okula giderdim. İkinci öğretim olduğumdan ta akşam namazına kadarki namazları okulda kılmam gerekirdi. O yüzden okulda hiç sıvı tüketmez, sanki oruçluymuş gibi vakit geçirir, dersten çıkıp namazımı kılar tekrar derse girerdim. En son akşam namazını kıldıktan sonra su içerdim. Günler böyle geçerken, bir gün muarız dediğim o hoca, cep seccadesiyle, köhne, pis bir yer olan eksi birinci katta kıldığımız namaza da müdahale etti. Sırf namaz kılmayalım diye orayı site girişlerindeki gibi çelikle kapattı. Dilinde yara olan insan nasıl baklavaya tahammül edemezse kalbinde adavet, yara olan o hoca da İslam'a, namaza tahammül edemedi. Hal böyle olunca bizler dışarıya gittik ve çakıllarla kaplı çimlerin üstünde namaz kılmaya başladık. Tabi zemin öyle olduğundan her eğildiğimizde dizimize çakıl battı, dizlerimiz yaralandı, canımız yandı. Bazı zamanlar kışın ortasında caminin dışındaki şadırvanda buz gibi suyla abdest alıp namaz kılmamız gerekti ve şeytan çektiğim tüm bu zorlukları hatırlatarak; "otuz yıl daha mı böyle namaz kılacaksın" dedi.

Önce geçmişi hatırlatıp sonra onu bir de geleceğe vurdu ki maziyi düşündürüp moralimi bozarken geleceği de düşündürüp güç yetiremeyeceğime dair vesvese verdi.

Halbuki durum hiç de onun kulağımıza fısıldadığı gibi değil. Zaten geçmiş gün gitmiş, tekrar gelmez ve bir şey geçmişse insana lezzet verir. Çünkü elemin zevali lezzettir. Acı bir gün biterse insan lezzet bulur. Mesela ben bacak ameliyatı oldum ve bir buçuk ay koltuk değnekleri ile gezdim. Bir buçuk ayın sonunda değnekleri bıraktığımda hala topallasam da desteksiz yürüyebiliyordum ve bu bana çok lezzet veriyordu. Ameliyat geçirmemiş, hasta olmamış bir insana bu düşünceyi anlatmak zor elbet ama bir şeyin kıymeti zıddıyla biliniyor demek ki...

İşte aynı bu misal gibi şeytanın sizi boğmaya çalıştığı geçmiş günlerin elemlerinin de size lezzet katması gerekir. Ama siz bunun hikmetini anlamadığınız zaman şeytan sizi "otuz yıl daha böyle sıkıntılı mı geçecek" diye kandırabiliyor. Allah aşkına siz hiç "geçmişte otuz yıl namaz kıldım, çok pişmanım" diyen bir insan duydunuz mu? Duyamazsınız çünkü bunların hepsi şeytanın sözleri ve hepsi yalan. Bizim kulağımıza fısıldanan bu yalanlara kanmamamız için sabrın hikmetini öğrenmemiz şart.

"Şu sabırsızlıkta misalin şöyle bir sersem kumandana benzer ki: Düşmanın sağ cenah kuvveti onun sağındaki kuvvetine iltihak etmiş ve ona taze bir kuvvet olduğu halde, o tutar, mühim bir kuvvetini sağ cenaha gönderir, merkezi zayıflaştırır. Hem sol cenahta düşmanın askeri yokken ve daha gelmeden, büyük bir kuvvet gönderir, "ateş et" emrini verir.

Başrolümüzde sersem bir kumandan var ve bu kumandanın muhakemesi yok. Bir mesele hakkında akıl yürütemiyor. İşte sizin de başınıza gelen hadiselerde misaliniz aynı bu kumandana benziyor.

Bir savaştasınız ve sizin otuz, karşı tarafın ise yirmi tane askeri var. Aynı yaşadığınız hayat gibi. Allah dayanamayacağınız hiçbir imtihanı size göndermiyor. Aslında var olan gücünüz, gelen imtihana yetebilecek ölçüde. Ama siz sersem bir kumandansınız ve aklınız bu işlere çalışmıyor. Elinizdeki otuz askerin on tanesini ilerde sağdan saldırı olur diye sağ tarafa gönderiyorsunuz. Halbuki sizin saldırı olursa diye gönderdiğiniz bu sağ cenah gelecek zamandır. Yani daha gelmemiş, gelip geleceği de belli olmayan bir musibettir ve siz sabrınızın üçte birini olmamış belki de hiç olmayacak bir olaya harcadınız. Buna rağmen hala karşı tarafla aynı asker sayısındasınız. İkinizde de yirmiye yirmi asker var. Belki bir şeylere sabrınız yetebilir ama siz şu askerlerin on tanesini de sol tarafa göndereyim diyorsunuz. Bir hata da orada ediyorsunuz.

Zira soldan asker bile gelmeyecek. Çünkü sol taraf geçmiş zaman demek. Geçmişteki hiçbir şey sizi yaralayamaz. Geçmişteki hiçbir şeyin size vurmaya kuvveti yetemez. Ama siz sabrınızın üçte birini de oraya gönderdiniz. Hal böyle olunca karşıdaki yirmi kişilik kuvvet sizde var olan kuvvetin on kişi kaldığını görüyor ve ondan sonra merkezi bütün bütün kuvvetten düşürerek sizi tarumar ediyor.

İnanın hiçbirimizin şu anki yaşantısı bu misalden farklı değil. Bizler önce sağ tarafa yani geleceğe bakarak daha dayak yemeden ağlıyoruz.

> "Depresyonda değilsin; ruhun namaza, Kur'an'a, duaya aç."

"Üniversite sınavını kazanamazsam, vizelerden geçemezsem, iş bulamazsam, dükkanım batarsa, ya param biterse, evlenemez de evde kalırsam, ilerde çocuğuma iyi bir anne baba olamazsam, ailemin ihtiyaçlarına güç yetiremezsem, kariyer sahibi olamazsam, ya çocuğumun başına orada bir şey gelirse..."

O musibet daha gelmemiş ama biz gelmeyen musibetlere bile sabrımızdan harcıyoruz. İyi de sizin hiç "ya yarın aç kalırsam" diye yarının yemeğini de bugünden yediğiniz oluyor mu? Olmuyor değil mi? O zaman neden yarının yemediğiniz dayağı için bugünden dövünüyorsunuz.

Tabi yaptıklarımız bununla da kalmıyor, bir de mazideki dertler var. Mazinin insana kuvvet vermesi gerekirken bizde tam tersi oluyor. Kuvvetimizi elimizden alıyor. Hal böyle olunca da bizler bugün sabredebileceğimiz bir olaya dahi sabır yetiremiyoruz. Sabrımızı boş yerlere tükettiğimizden de şeytan içinde bulunduğumuz andan bizi vurup şikayete, şekvaya götürüyor. Halbuki maddi musibetten daha büyük bir şey varsa o da insanın Allah'ın icraatına isyanı, kaderi tenkitidir. Zira kaderi tenkit eden başını örse vurur kırar. Rahmeti ittiham eden rahmetten mahrum kalır.[21]

Televizyonlarda, gazetelerde sıkça duyduğumuz intihar vakaları, eşini öldürdü haberleri neyin sonucu oluyor zannediyoruz.

---

21 Risale-i Nur/ Mektubat/ 22. Mektup.

"İflas ettiği gün kendini asarak intihar etti...

Boşandığı eşini, yeni eşiyle görünce ona zarar vereyim diye kendinden olan çocuklarını eşinin gözleri önünde öldürdü...

Ayrılmak isteyen nişanlısını on yerinden bıçakladı..."

Bir insan böyle bir cinnet haline nasıl geliyor?

Kendisine sabır yetirebileceği bir an bırakmadığı zaman...

Demek bizler normalde önümüze gelen sınavları geçebilirdik ama geçemedik. Çünkü nasıl geçeceğimizi bilemedik. Velhasıl burada suç ne soruya ait ne de sorana. Olaylara Kur'an'ın bakış açısıyla bakmayan bizlere ait. Bizler bilseydik ki: "Allah bir kimseyi ancak gücünün yettiği şeyle yükümlü kılar. Onun kazandığı iyilik kendi yararına, kötülük de kendi zararınadır." tüm bunları yapar mıydık?

Hani bazı zamanlar oluyor, tüm sıkıntılar üst üste geliyor, dünyamız kararıyor ve dayanacak gücümüz kalmıyor gibi hissediyoruz ya. İşte o zamanlarda bize, yaşadığımız şeylerin hikmetini düşünmek, İlahi pencereden bakmak, tüm bunların bize kazandırdığı sevabı görmek ve bu sevabın sonsuz cennet olduğunu tefekkür etmek düşüyor. Çünkü insan musibet karşısında ancak: "Allah benden razı olup bana sonsuz bir saadet verecek." derse o musibete karşı durabilir. Zira sabır demek bir işin getirisinin götürüsünden çok daha fazla olduğunu idrak edebilmek demektir. Zaten insan musibetin altında aslında bir nimet olduğunu anlasa ortada sabredecek bir şey de kalmıyor ve "ya Rab gönder ben de sana daha yakın bir kul olayım" demeye başlıyor. Sabreden insan gün ve gün "ḥamdolsun bu imtihanı da imanlı bir kalple geçtim ya bu bana yeter" derken sabırsız insan olayları Allah ile bağlayamadığından anlayamıyor ve paranoyak oluyor.

Korkular, belirsizlikler, karanlıklar hayatı ona zehir ediyor. İdamı bekleyen mahkumun ziyafet sofrasına oturması tüm sofrayı ona zehir ettiği gibi, imansız bakışla ölümü bekleyen, hadiselerin arkasındaki eli göremeyen insanın da dakikaları acı ve ızdırap ile geçiyor.

Tüm bunları neden anlattım biliyor musunuz? Bizler insanlarla şu anki namazı niye kılmadığını konuşmaya çalışıyoruz ama konular sürekli geleceğin endişeleri, geçmişin elemlerine gidiyor. Toplumun çoğunda geleceğin iş, eş, geçim, evlat, ev, araba, rahat yaşam endişeleri; geçmişin de "çocukken camide hoca bana tokat atmıştı ben de namazdan soğudum" meseleleri var ve biz bu meselelerden o insanın neden şu an namaz kılmadığına bir türlü gelemiyoruz.

Namazda geleceğin derdi geçmişin elemi dışında çok önemli bir mesele daha var ki o da Allah ile buluşmadır. Normalde: "Yakınlık hürmeti kırar." derler. Mesela çok sevdiğiniz biri sürekli sizin yanınıza gelse. Günde on kez, elli kez, yüz kez gelse bir yerden sonra artık aranızdaki hürmet kırılır. Bu en sevdiğiniz biri bile olsa böyle olur ama biri için müstesna. Allah Azze ve Celle!

Normalde bir insana velev ki bu en yakınınız bile olsa günde en az beş sefer gidemezsin ama Allah seni kapısına sürekli çağırıyor ve bu hususi buluşmanın adına da namaz diyor.

"Madem hakikat böyledir. Âkıl isen, ibadet cihetinde yalnız bugünü düşün. Ve "Onun bir saatini, ücreti pek büyük, külfeti pek az, hoş ve güzel ve ulvî bir hizmete sarf ediyorum" de. O vakit senin acı bir füturun, tatlı bir gayrete inkılâb eder. İşte, ey sabırsız nefsim! Sen üç sabırla mükellefsin. Birisi, taat üstünde sabırdır."

Bizler geçmiş satırlarda sabrı içinde bulunduğumuz an için kullanmamız gerektiğini anladık. Şimdi de bu sabrı hangi üç şeyde kullanacağız onu anlayalım.

Sabrımızı kullanacağımız üç şeyden birincisi taattir.

Taat: Allah'ın emirlerine uyma noktasında sabretmektir. Bütün salih ameller bu sabrın meyveleridir. Bir insanın, namazına günlük devam etmesinden, orucunu her sene tutmasına, zekatını zamanında vermesinden, güzel ahlakı, adaleti, merhameti hayatının her alanında yaşamaya çalışmasına kadar her türlü güzel amellerde sebat göstermesi bu gruba girer. Zira taat üstüne sabır, insanın bu amelleri yaparken usanç duymaması, nefsinin bütün itirazlarına, şeytanın bütün hilelerine karşı taviz vermeden devam etmesi demektir.

Taat üzerinde sabır gösteren kişi, namazı külfet olarak gördüğü vakit: "Namaz kılmadığımda aslında kendi geleceğimdeki huzurundan çalıyorum ve gelecekteki bu huzursuzluğum şimdiki namaz kılma külfetinden çok daha zor." deyip ibadetini yerine getirebilir.

"Birisi, mâsiyetten sabırdır."

Sabrımızı kullanacağımız ikinci yer ise burasıdır.

Masiyet: Günahlara karşı sabretmek demektir. İnsan günah işlemesi için onu durmadan zorlayan nefsiyle mücadele ederse bu sabır onu takva mertebesine çıkarır. Eğer bir insan, "bunlara bakmayacak, bu haramlara girmeyeceksin" diye kendine emredemiyorsa sabır kuvvetini dağıtmış demektir. Aslında kişi günahlara sabretmenin içindeki lezzetin o günaha girmekteki lezzetten daha büyük olduğunu bir kere deneyip görse, sabır kuvvetini dağıtmadan o günahtan uzak kalabilir.

"Diğeri, musibete karşı sabırdır."

Sabrımızı kullanacağımız üçüncü yer ise burasıdır. Musibete karşı sabır, insanın kendisini bir imtihan sorusu olarak yoklayan ve onun manevi terakkisinde çok ciddi rol oynayan hastalıklara, kıtlıklara, belalara, yokluklara, ayrılıklara, ölüme karşı sabretmesidir. Bu

> Namaz acıyı hafifletir...

sabırla insan, Allah'a tevekkülü, ondan yardım dilemeyi, onun takdirine razı olmayı öğrenir. Kendisinin ve tüm sevdiklerinin, merhameti sonsuz Allah'ın kulları olduğunu bilen, ona tevekkül eden bir insan "mülk sahibi mülkünde dilediği gibi tasarruf eder" hakikatinin sırrını anlar ve musibetlere karşı sabır kuvvetine sarılır. Zira sabır, bela ve musibetlere karşı "nar'ın da hoş nur'un da hoş" demektir. İnsan eğer bunu başarır: "Senden ne gelse şu kuluna hoştur ya Rab" derse, "Sabreden zafere erer.[22]" hadisi şerifindeki müjdeye nail olur.

"Aklın varsa, şu Üçüncü İkaz'daki temsilde görünen hakikati rehber tut, merdâne "Yâ Sabûr" de, üç sabrı omuzuna al. Cenâb-ı Hakk'ın sana verdiği sabır kuvvetini eğer yanlış yolda dağıtmazsan, her meşakkate ve her musibete kâfi gelebilir; ve o kuvvetle dayan."

Enes bin Malik(ra) nakledіyor.

Bir gün Medine de ensardan bir hanımın çocuğu vefat etti. Allah Resul'ü(sav) benimle birlikte ona başsağlığına, taziyeye gitti. O esnada kadın sırtı dönük feryat figan ağlıyordu. Allah Resulü(sav) kadına: "Ey filan Allah'tan kork ve başına gelene sabret." deyince kadın: "Çek git başımdan, bu acı başına gelse sen de böyle davranacaktın." dedi. Efendimiz(sav) oradan bir şey söylemeden dönüp gitti.

Kadına: "Sen ne yaptın? Bu sözleri Allah'ın Peygamberine(sav) nasıl söyledin?" denince kadın: "Eyvah ben ne ettim?" deyip acısını unutup hemen Allah Resulü'nün peşinden gitti.

---

22 Deylemi, Firdevs, III,415.

"Ya Resulullah(sav) acım büyüktü, seni görmeden böyle söyledim, affet." dedi. Efendimiz(sav) ona: "İnne me es sabru indel sadmetül üla; sabır, ilk vurduğu andadır.[23]" diye karşılık verdi.

Günümüzde bakıyoruz gül yüzlü, melek gibi gördüğümüz insanlar trafikte birbirlerinin anasına, bacısına küfrediyor. Canım ciğerim diyen dostlar elli lira için birbirlerine etmedik eziyet bırakmıyor. İyi de sabır bu mu, işin hikmetini anlamak bu mu?

Bizler bir musibet bize vurduğu anda sabredebiliyorsak eğer bizde iman vardır. Yok sabredemiyorsak o imanın varlığından da bahsetmek pek mümkün değildir. Bir evlat kaybetmek kolay değil, çok zor bir şey ama Allah aşkına hangimiz altı evladını üst üste kaybetti Allah Resulü(asm) gibi. Hangimizin hanımına bir ay boyunca iftira atıldı, İfk Vakası'nda Ayşe annemize atıldığı gibi. Uhud Savaşı'na giden bin kişiden üç yüz tanesi geri dönüyor biz bir kişiden ters cümle duysak yolumuza devam edemiyoruz...

Efendimiz nelere sabretmiş bir baksanıza. Eğer bizler Resulullah'tan o sabrın örneğini de alamayacaksak bu hakikatleri boşuna mı okuyoruz?

Hayır hayır, benim yazdığım bunca kelam, senin okumak için sarf ettiğin onca vakit boşa değil. Bu kitap inşallah bizlere sabır ve namazın evliliğini sağlatacak ve biz namazın canına okuyanlardan değil, namazın hakikatini anlayarak kılanlardan olacağız.

İnşallah...

---

23 (Buhârî, Cenâiz, 31).

Böyle Namaz Kılıyorsan Yazıklar Olsun/Suhre

Namaz kılmayan bir Müslüman...

Çok garip bir durum değil mi?

Ben dünyanın en iyi pastacısıyım diyorsun ama hiç pasta yaptığını görmemişiz. Ben dünyanın en iyi şoförüyüm diyorsun ama hiç araba kullandığını görmemişiz. Ben Müslümanım diyorsun ama namaz kıldığını da görmemişiz. İyi de namaz kılmamak için sebebin ne?

İnsanların bir kısmı namaz kılmamalarına gerekçe olarak şunu sunuyor: "Kıldın mı dört dörtlük kılacaksın öyle değil mi hocam?"

Hayır, öyle değil. Çünkü namazı emreden Allah bu şekilde emretmiyor. "Beş vaktin hepsini kılmayan, gücünün yettiği kadarını kılmayı da bıraksın" demiyor. "Bir şey bütün bütün elde edilmezse bütün bütün terkedilmez." kaidesince beş vakit kılamıyorsak, gücümüz kaç vakit kılmaya yetiyorsa o kadarını kılmamız gerekir. Bu, zamanla bizi beş vaktin tamamını kılmaya götürecektir.

Ama biz buna rağmen egomuzdan cümleler üretip: "Ya arkadaş yapacaksan bu işi tam yapacaksın. Hakkını vereceksin. Yoksa o namazı kılmayacaksın." diyoruz. Böylece namazın önüne dağ gibi engeller koyuyor, hiçbir zaman başlayamıyoruz.

Bir gün sporcu bir arkadaşla namaz hakkında konuşurken ona: "Sapasağlam adamsın. 120-130 kilo bench press basıyorsun. Dağları kaldırıyorsun ama namaz için yorganı kaldıramıyorsun. Bu kadar mantıksız bir hayat yaşanır mı? Sen nasıl olur da namaz kılmazsın." dedim.

O da bana aynı yukarıdaki cümleyi söyledi: "Ya hocam bir şeyi yapacaksan tamı tamına yapacaksın. Yoksa yapmayacaksın."

Ona sordum:

- Senin bana borcun olsa. Borcunun beş bin lira olmasını mı isterdin yoksa üç bin lira olmasını mı?

- Tabi ki üç bin lira olmasını isterim, beş bini niye isteyim?

- E madem burada böyle düşünüyorsun. Namazda da aynı şekilde düşün. 5 vakit borcum olacağına 3 vakit borcum olsun de. Her namazı ayrı ve müstakil değerlendir. Şu an hangisini kılabiliyorsan önce onu kıl. Yani bir vakit, iki vakit kaçtı diye diğerlerinin de peşini bırakma. Aradan biraz süre geçince baktık ki kardeşimiz beş vakit namaza başlamış. Çünkü fıtrata kolay geliyor.

Namaza başlayanların belki birçoğunda böyle bir durum yaşanmıştır. Günün belli saatinde belki bir belki iki vakit kılarak namaza başlamış. Biraz zaman sonra üstüne bir vakit daha ekleye ekleye en nihayetinde beş vakti de kılmaya bünyesini alıştırmıştır. Tabi bu noktalarda çözüm çok olduğu gibi kılmak istemeyene de bahane çok. Kimileri de diyor ki: "Ben hem yalan söylüyorum hem namaz kılıyorum. O yüzden namazı bıraktım."

Madem sende hem namaz hem yalan var. Namazı bırakma o zaman, yalanı bırak. Çünkü bir insan hem yalan söyleyip hem namaz kılmaya devam ederse önünde iki ihtimal var. Namaza devam eden "yalan ile namaz beraber gitmez" diye yalanı bırakır, yalana devam eden namazı bırakır. Sen neden birinci ihtimali değil de ikinci ihtimali tercih ediyorsun? Nefsine daha kolay daha mı hoş geliyor?

Burada bize düşen, günahlardan dolayı namazı terk etmek değil namazdan dolayı günahları terk etmektir.

21. Söz- 1. makam- 4. İkaz

Ey sersem nefsim!

Bir dişçiye dişimizi çektirmeye gittiğimiz zaman dişçi, çekim yapmadan önce dişimize iğne yapar ve ağzımızı sersemletir. Çünkü bu onun işini kolaylaştırır. Ağzımız sersemledikten sonra dişçi, sadece hasta olan dişi değil sağlıklıları da çekse hiçbirimizin ruhu duymaz.

Aynı hal insanla şeytan arasında da vardır işte. Şeytan önce insanı sersemletip işini kolaylaştırır. Çünkü sersem insan düzgün düşünemez, kafası karışır. O an nefsin mümeyyiz hali gider, doğruyla yanlışı birbirinden ayırt edemez. Böylece şeytan o insandan istediği her şeyi yavaş yavaş çekip alır ve kişi hasta koltuğundan kalktıktan sonra, hala hayata gülmeye devam eder.

O yüzden Üstad Bediüzzaman anlatmaya "Ey sersem nefsim!" diye başlıyor.

Tabi onun bu hitapla başlamasının tek sebebi bu değil. Nefsim demesinde ince bir mana daha var. Gönül sarayına girmenin yolu, insanın kendisinden başlamasıdır. Çünkü insanların bu zamanda artık kulakları bilgiye doydu, gözleri amele aç. Çoğu insan artık abdesti güzel anlatandan değil, kışın soğuğunda karda abdest alandan etkileniyor. Üstad Bediüzzaman da bu manayı yakaladığından önce kendi nefsine hitap ediyor.

Suya taşı ne kadar şiddetli vurursanız dalgalar da öyle kuvvetli gider. Bizler de biraz sonra okuyacağımız iman dersini kendi nefsimize ne kadar kuvvetli vurursak inanın başkasına imana dair ekstra bir cümle sarf etmemize bile gerek kalmayacak. Dalgalarımız etrafa aynı hızla yayılacak. Zira yanmayan yakamaz. Böyle imanî bahisler "önce ben öğreneyim sonra da gidip birisine anlatayım" diye ya da başka bir amaçla öğrenilmez. Bizlerin evvela kendi nefsimizi muhatap alarak bu dersi öğrenmesi şarttır. Çünkü biz bu hakikatleri kendi nefsimize ne kadar kuvvetli vurursak etrafımıza da o kadar yayılacaktır.

Bediüzzaman Said Nursi'nin Namazı Nasıldı?

Üstad Bediüzzaman bize namazın derin sırlarını anlatıyor ama acaba onun namaza hassasiyeti nasıldı? Kendisi gerçekten de anlattığı gibi mi namaz kılıyordu? Bir de ona bakalım mı?

Üstad Bediüzzaman'ın namazını bir hatırasını anlatarak anlamaya çalışalım. Ama onun öncesinde iki kavramın altını doldurmamız gerek.

Birim zamandaki titreşim sayılarına frekans denir. Mesela sesin frekansı çok kuvvetli olduğundan siz bir odada konuşsanız herkes sizi aynı anda duyabilir. Hatta hastanelerde çekilen ultrason da böyle çekilir.

Belli frekansta bir şeyin, aynı frekanstaki dış titreşimin tesirinde kalarak yüksek genlikle titreşmesine ise rezonans denir. Mesela masada duran suyun kuarklarında tabiî bir titreşim sayısı vardır ve suyun tabiî titreşim sayısı, dışardan gelen bir titreşim sayısı ile denk gelirse o titreşim sayısında bir büyüklük yaşanır. Daha büyük bir genlikte titremeye başlar ve biz buna rezonans deriz.

Rezonans dediğimiz bu haller dünya üzerinde de birçok defa görülmüştür. Mesela, 1940'ta ABD'de "Tacoma" diye bir köprü varmış. Köprünün tabiî frekansı ile esen rüzgarın frekansı eşit olduğundan köprü yıkılmış. Bir başka vakada da Kuruson isminde tenör (opera sanatçısı) adamın ses frekansı, bardağın tabiî frekansı ile rezonans bulduğundan bardak kırılmış. Tabi bunların yanında ciddiyet boyutu daha yüksek meseleler de var. Mesela bazı kavimler bu şekilde helak olmuş.

> "Bizim namaza olan ilgisizliğimiz, Allah'ın bize olan ilgisini bilmemektendir."

Kur'an-ı Azimüşşan Medyen kavmi için Hud suresinde: "Zulmedenleri ise o korkunç ses bastırıverdi de diyarlarında çökekaldılar." buyururken; Semud kavmi için ise A'raf suresinde: "Bunun üzerine onları o gürültü yakaladı da yurtlarında diz üstü donakaldılar." buyuruyor.

Bu iki kavmin de ses ile helak olduğunu bizlere bildiriyor.

Gelelim esas meselemiz olan Üstad Bediüzzaman'ın namazına.

Bir gün Said Nursi kaldığı evde namaz kılacak. İftitah tekbirini getirmeden önce çok ciddi konsantre oluyor. Sonra öyle bir "Allahuekber" diyor ki; ağzından çıkan "Allahuekber"in frekansı evde zikreden diğer mahlukların ve meleklerin tabiî frekansı ile rezonans buluyor ve ev titremeye başlıyor. İşte Üstad Bediüzzaman böyle bir halet-i ruhiyede namaz kıldığından başkalarına da o namazı nasihat ediyor. Normalde kendisi öyle olmadığı halde sırf bizler incinmeyelim diye ilk hitabına: "Ey sersem nefsim!" diye başlıyor.

Ey sersem nefsim! Acaba şu vazife-i ubûdiyet neticesiz midir? Ücreti az mıdır ki sana usanç veriyor?

Her sektörde işini sıkıla sıkıla yapan insanlar vardır. Bu insanlara bankaya para çekmeye gittiğinizde de belediyeye su borcu ödemeye gittiğinizde de rastlayabilirsiniz. Sektörler farklıdır ama o insanların sıkılma sebepleri hep aynıdır. Ücretleri az gelir. Bir iş ancak maaşını beğenmeyene usanç verir. Mesela siz usanarak çalışan o insanlara, "bu hafta sonu çalış, saatlik yevmiyeni iki kat arttırayım" deseniz ne sıkılmaları kalır ne de hareketsizlikleri.

Toplumda namaz kılmayan çoğu insanın durumu da buna benzer. Namazın esas ücretinin farkında olmayanlar, yapacakları kulluğu neticesiz görüp, ücretini az buluyorlar. Halbuki bırakın ahireti, namazın içinde, ruhun dahi aldığı öyle bir lezzet var ki bunu bilen insan sırf onun için bile secdeden kalkmaz.

Mesela bazı insanlar vardır, yaptıkları işi zevkine yaparlar. Kimisi sahaf açar çok kazancı olmamasına rağmen sabahtan akşama kadar orada insanlara kitapları tanıtır. Kimisi de çok zengindir. Hiç ihtiyacı olmamasına rağmen bir şirket daha açar ve gece yarılarına kadar işi büyütmeye çalışır. Bu insanlara neden bunu yaptıkları sorulduğunda ise hepsinin verdiği cevap aynıdır: "Ben bunu zevkine yapıyorum." İşte namazda aynı bu hesap. İnanın bana namazdaki lezzeti bilen insan, dünya lezzetlerine sarıldığına utanır. İnsan bilse ki dünyada mücadele edip alacağı ufacık lezzetin âlâsı namazın içerisinde saklı. Hatta ahiret için değil, dünya için saklı. Başka hiçbir şeye dönüp bakmaz.

Dünya, ruhları karışık, kimisi manik, kimisi depresif, kimisi bipolar olmuş insanlarla dolu. İnsanlara bakıyorsun bir gülüyorlar, bir ağlıyorlar. Öyle psikolojik problemler içerisindeler ve bunun temelinde bekâ hammaddesiyle yaratılmış ruha, fani gıdaları sürekli doldurmaya çalışma hatası yatıyor. Ruhun hammaddesi bekâ yani sonsuzluktan. Bizim ruha sunduğumuz şeyler ise fani, geçici şeyler.

Hal böyle olunca ruh; "ben bunları istemiyorum, rahatsız oluyorum" diyor ve isyana başlıyor. Daha sonra ortada ne evlilik huzuru, ne iş huzuru kalıyor. Perişanlık perişanlık üstüne...

Peki bu durumun namaz ile alakası ne? Namaz; bekâdan yaratılan ruha, sonsuzluk aleminden açılan bir penceredir. Düşün ki, denizin altına dalmış, nefessiz kalmışsın. Tam o esnada bir menfez açılır da sen: "Oh! Çok şükür bir nefes aldım." dersin ya. İşte dünyada o menfez namazdır.

Halbuki bir adam sana birkaç para verse veyahut seni korkutsa, akşama kadar seni çalıştırır; ve fütursuz çalışırsın.

Bir çoğumuz günlük işe gider ve işimizin gereği neyse yerine getiririz. İş için başka bir şehre mi gidilecek, gideriz. Saatlerce dosya mı okunacak, okuruz. Gece boyu nöbet mi tutulacak, tutarız. Verilen vazife neyse harfiyen uygularız. Çünkü tüm bunları yaparsak karşılığında bir ücret, yapmazsak da bir korkutma vardır. Ev kiramızı, faturalarımızı ödeyememe, çok sevdiğimiz kıyafeti alamama, çocuklarımızı istediğimiz okulda okutamama, tatile gidememe, ihtiyaçlarımızı karşılayamama ile korkutma.

İşte tüm bu korkularımızdan ötürü, patron dünyada az bir maaşla bizi fütursuz çalıştırır. Gerekirse şehir şehir, ülke ülke gezdirir. "İşe sabah bu saatte geleceksin." der. Bizler o saatte namaz kılmayız belki ama işe kesin gideriz. Çünkü bize, namazın karşılığında verilen ücret, işin karşılığında verilen ücretten az gelir.

Biz bize verilen ücretlerin farkında değiliz. Farkında olmadığımızdan hem namaz kılmıyor hem de kılınca o namazdan bir karşılık bekliyoruz. Sen alacağın ücretleri bırak, peşin verilen ücretlerin karşılığını verebiliyor musun da alacaklara istinaden "namazı şöyle kılayım da şu karşılığı alayım" diye hitap ediyorsun! Gerçekten bizde bir akıl tutulması yaşanıyor.

Resûlullah (sallallahü aleyhi ve sellem) Efendimiz bir gün buyurdular ki: "Cibril-i Emin bana geldi ve şöyle dedi. Yâ Resulallah! Seni hak olarak gönderen Allah-ü Teala'ya yemin olsun ki, bizler şöyle bir hadiseye şahit olduk. Önceki ümmetler içinde bir kul vardı. Allah-ü Teala'ya bir adada beş yüz sene ibadet etti. Allah-ü Teala o adada onun için tatlı bir su çıkardı, bir de nar ağacı yarattı. Ağaç her gece bir nar veriyordu; o da su ve nar ile gıdalanıyordu. Böylece ibadetine devam ediyordu. Bu kulun eceli yaklaşınca Allah-ü Teala'ya ruhunu secde hâlinde alması için dua etti. Allah-ü Teala duasını kabul buyurdu. Bizler yeryüzüne inince ona uğruyorduk. Ruhu kabzedildikten sonra göğe yükseldiğimizde ilâhî ilimde bu kulun kıyametteki hâlini şöyle bulduk.

O, Aziz ve Celil olan Allah'ın huzuruna çıktı.

Allah-ü Teala meleklerine: "Kulumu rahmetimle cennete koyun!" der.

Kul ise: "Ya Rabbi, beni amelimin karşılığı olarak cennetine koy!" der.

O zaman Allah-ü Teala meleklerine: "Bu kuluma verdiğim nimetlerle yaptığı ibadetleri bir ölçün." diye emreder.

Melekler ölçerler, kulun yaptığı beş yüz senelik ibadet ancak gözünün görme nimetine karşılık gelir. Bunun üzerine Allah-ü Teala, meleklerine: "Verdiğim nimetlere karşı şükretmeyen bu kulu ateşe atın!" diye emreder.

Melekler kulu ateşe doğru götürürken kul hemen: "Ya Rabbi! Beni rahmetinle cennetine koy!" diye yalvarır.

Allah-ü Teala, meleklerine: "Onu geri getirin." emrini verir.

Kul ilâhî huzura getirilir. Allah-ü Teala: "Ey kulum, sen hiçbir şey değilken seni kim yarattı?" diye sorar.

Kul: "Sen yarattın ya Rabbi!" der.

Allah-ü Teala: "Bu senin amelinle mi, yoksa benim rahmetimle mi oldu?" diye sorar.

Kul: "Benden değil, senin rahmetinle oldu!" diye cevap verir.

Allah-ü Teala: "Sana beş yüz sene ibadet etme kuvvetini kim verdi?" diye sorar.

Kul: "Sen verdin ya Rabbi!" der.

Allah-ü Teala, diğer bütün nimetleri kimin verdiğini sorar.

Kul: "Sen verdin ya Rabbi!" der.

Allah-ü Teala: "Nihayet bunu anladın, seni de rahmetimle cennetime koyuyorum. Ey meleklerim! Bunu rahmetimle cennete koyun. Ey kulum sen bundan önce güzel bir kuldun." buyurur ve onu cennetine koyar.

Sonra Cibril aleyhisselam dedi ki: "Yâ Resulallah! Gördüğün gibi her şey ancak Allah-ü Teala'nın rahmetiyle olmaktadır."

Namazın Ücretleri

Acaba bu misafirhane-i dünyada âciz ve fakir kalbine kut ve gınâ...

Bizler aciz miyiz ki Üstad Bediüzzaman böyle söylüyor. Elbette aciziz çünkü gezegenlerin dönmesine, suya, havaya, gelinlik gibi giydirilen atmosfer tabakasına, birbirinden güzel çiçeklere, ağaçlara, güneşe ve her zerreye Allah'ın anbean tecelli etmesine ihtiyacımız var.

İşte bizler bu kadar aciz olduğumuzdan, bizim gibi fakirlere gıda ve gına gerekir. Sonsuz aciz insanın gıda ve zenginlik vermesi için sonsuz kudretli bir zat ile buluşması şarttır ve işte bu buluşmanın adı namazdır.

Bir insanın sinesine namaz güzel bir şekilde işlese, bunu dışarıdan baktığımızda hissedebiliriz. Mesela bazı insanlar vardır günde başına üç musibet gelir ama onun namazda ses tonu yine de değişmez. Acaba o insandaki bu tevekkül, bu özgüven nereden geliyor? Özden değil, Allah'a güvenden geliyor. O kişi namazında Rabbiyle öyle ciddi konuşmalar yapıyor, dualar ediyor ki başına ne gelirse gelsin ses tonu bile değişmiyor.

Parayla imanın kimde olduğu belli olmaz

Toplum içinde kullanılan çok saçma bir cümle var: "Parayla, imanın kimde olduğu belli olmaz."

Yahu hiç olmaz olur mu? Kişi parayı bulunca selam verişi bile farklılaşıyor. Fakirken: "Merhaba, abim!" diyen adam; zenginken? "Merhaba, canım!" diyor. Cebinde parası olan adam yürüyüşünden bile belli ediyor kendisini. Aynen öyle de imanlı bir insanda girdiği mekanlardan, kıldığı namazdan belli oluyor.

Ölmüş eşek kurttan korkmaz derler. Bir insanda maneviyat, namaz yoksa o insan zaten hiçbir şeyden korkmaz. Niye korksun ki, kaybedecek bir şeyi yok. Hal böyle olunca rahat rahat bara da girer, diskoya da gider, haramları da işler, kötü arkadaşla da gezer. Ama iç aleminde kaybetmekten korktuğu manevi mücevherler olan insan tenhalarda gezmez. "Tenhalarda gezersem mücevheratımı çalarlar. Benim layık olduğum bir yer var; o da namazdır, secdedir." der.

"...ve elbette bir menzilin olan kabrinde gıda ve ziya..."

Hakiki ve gerçek manada kılınan namazın bir bünyeye girip o bünyeyi temizlememesi imkansızdır.

Bu satırlara kadar namazın dünyadaki, kalpteki, ruhtaki ücretinden konuştuk. Biraz da kabirdeki ücretinden bahsedelim. İnsana kabirde namaz nasıl bir ücretle gelir anlamak için bir hadis okuyalım.

"Cenaze mezara konduğu zaman;

Kendisini defnedenlerin daha ayak sesleri kesilmemiştir ki melekler gelir ve soru sormaya başladıkları esnada tam o anda nurani bir şey gelir ve onun baş ucuna oturur, bu onun namazıdır. Bir başka nurani şey sağ tarafına oturur, bu onun orucudur. Bir başka nurani şey sol tarafına oturur, bu da onun zekatıdır. Bir başka nurani şey ayak ucuna oturur, bu onun sair hayrat ve hasenatıdır. Bunlar sağdan ve soldan kabrin onun kemiklerini sıkmasına, sıkıntılar vermesine karşı onu korurlar.[24]"

Kabirde nurdan gelecek arkadaşımızın kuvveti bizlerin namazı manalı kılmasına bağlıdır. O yüzden bizler için namazı, ayetin emrettiği gibi ikame etmek, içini imanla doldurmak manası çok önemlidir. Zira sen eğer namazını dünyada kuvvetli bir arkadaş etmişsen, kabirde de cisimleşip senin yanına o şekilde gelecek ve sıkışan kabirde, inen demirliklerin her birisine güç yetirip kıracak biiznillah.

Ama eğer sen tadil-i erkanına uymadan, kimin huzurunda olduğunun manasını bilmeden "aman şu borcu ödeyelim de kalkıp gidelim" diye sanki haşa Allah'a iltifatta bulunuyor gibi namaz kılmışsan, o namaz kabirde öyle bir gelecek ki... Kabir seni sıkacak,

24 (bk. İbn Hanbel, 6/352; Kenzu'l-Ummal, h.no: 42506).

sen: "Ey arkadaş bana yardım et." diyeceksin ama dünyadayken hakikatiyle kuvvetlendirmediğin namazın: "Vallahi etmek istiyorum ama şu kolumun güçsüzlüğüne bak, elim kalkmıyor." diyecek. Sen: "Karşıma gelenleri görmüyor musun? Burada bana yardım etmen gerekmez mi?" diye hitap edeceksin. O: "gerekir de benim ayaklarım çok kuvvetsiz kaldı. Oraya kadar koşup sana yardım etmeye gücüm yetmiyor." diyecek. Çünkü dünyadayken namazı tam hakkını vererek kılmıyoruz. Bütün dikkatimiz dünyanın geçici işlerinde olduğundan kalıcı namazlarımız güçsüz kalıyor.

Belki bu okuduğunuz satılar size hikaye gibi geliyor olabilir ama hikaye değil. Şu okuduğumuz satırların daha âlâsı bir gerçeklik varsa, bir günü bir gününe denk gelmeyen ve elde tutulamayan bu dünyadır. Bir andı, söndü ve gitti. Yarın nerede? Bilmiyorum. Akıbet nerede? Meçhul. Anı tuttun tuttun, tutamadın meçhul. Bir şey hakikatse eğer, o da dünyanın değil ahiretin sonsuz oluşudur.

...ve herhalde mahkemen olan mahşerde sened ve berat; ve ister istemez üstünden geçilecek Sırat köprüsünde nur ve burâk olacak bir namaz neticesiz midir veyahut ücreti az mıdır?

Demek sırat köprüsü herkese kıldan ince kılıçtan keskin değil. Namazını ayetin beyanıyla ikame edebilenlere, ayağa kaldırabilenlere, namazla yaşayabilenlere, ruhunu namaz ile evlendirebilenlere ev yapabileceği güzel ve geniş menziller halinde olacak. Bizler burada nefsi bir ikna yolu görüyoruz. Çünkü iman dersindeki bir amaç da nefsi ikna etmektir. Nefis bir şeyde fayda görürse onu bırakmaz. O halde sen nefsini: "Namaz kılmazsan cehennem var. Niye kılmayıp yanalım ki, kılalım cennete birlikte gidelim." diye bile ikna edebilirsin.

Ama o kadar dünyevileştik ki, tüm planlarımız maddenin içerisinde kaldı. Sadece birkaç rekat namaz, ne kadar çok büyüyor gözümüzde. Halbuki bize rekat başı bin lira verseler teheccüde bile kalkarız. "Bir daha kılsam iki kat verir misin?" deriz. Nereden mi belli? Bin liraya patronun her dediğini yapıyoruz oradan belli...

Namazın karşılığında Allah Azze ve Celle'nin verdiğine sadece iki bin lira da değil. Namaz insana, dünyada huzur, kabirde gıda, mahşer gününde sırattan geçirecek bir buraktır. Sizce böyle bir ücret az mı da patronunun vereceği cüzi bir maaş için her emrine katlanıyor, Allah'ın vereceği ücretler için namaza üşengeçlik gösteriyoruz. Patron verdiği az bir ücretle sabaha kadar ciğerini satın alıyor. Allah Azze ve Celle o namazı kılman lazım dediğinde türlü bahaneler ile kılamam diyorsun. Şimdi sormak lazım. Sen kime tapıyorsun? Patrona mı, sana namazı emreden Allah'a mı? Senin önceliğin kim? Patronun mu, namazın mı?

Sabah vakti namaz saatinde iş için, uçak için, tatil için, sınav için uyanan insanlar nasıl oluyor da aynı saatte Allah'ın rızası için bir türlü uyanamıyorlar. Bebeği için uyanan anneler Allah Azze ve Celle'nin rızası için nasıl uyanamıyor? Bir kul Allah'a saygısızlığı sadece lisanla değil, lisan-ı halle de yapar. Bir insanın namaz davetine icabet etmemesi Allah'a karşı lisanı haliyle: "Cennetin varmış, sonsuz bir saadet verecekmişsin, sevdiklerimle buluşturacakmışsın, artık benim beden elbisem yırtılmayacakmış, artık ağrılarım, sızılarım olmayacakmış. İstemiyorum senin cennetini, dışarda ciğerimi az bir paraya satarım ama sana kulluğa gelmem." demesidir.

Böyle insanlara birisi namazı anlatsa: "Ya hocam biz biliyoruz bunları. Bizim çocukluğumuz Kur'an kurslarında geçti. Şimdi faiz yediğimize, gıybet ettiğimize, barlarda gezdiğimize bakma. Biz de biliyoruz." diyor.

Madem biliyorsun neden namaza ve onun ücretine böyle bir üşengeçlik gösteriyorsun? Sen sadece Allah'ın var olduğunu bilmenin bu işlere yettiğini mi zannediyorsun? Böyle yaparak lisan-ı halinle: "Allah'ı tanıyorum ama yapmıyorum." diyorsun. İyi de şeytan da tanıyor ama o da yapmıyor. Sen kime benziyorsun? Şeytan, Allah'ın uluhiyetini yani Rablığını kabul ediyor ama rububiyetini yani terbiye ediciliğini kabul etmeyip: "Ben senin emir daireni kabul etmiyorum." diyor. Sen de aynı cümleleri sarf ediyor: "Ben Allah'ın uluhiyetini kabul ediyorum ama bana emri patronum verir. Allah emir veremez. O saatte patron beni işe götürür ama Allah beni secdeye götüremez." diyorsun. Ne kadar dehşetli bir durum.

Bir adam sana yüz liralık bir hediye va'd etse, yüz gün seni çalıştırır. Hulfü'l-va'd edebilir o adama itimad edersin, fütursuz işlersin.

Hulfü'l vaad "sözünden dönme" demektir.

Ne çok insan var değil mi, "o kadar çalıştım ama param içerde kaldı, alamıyorum" diyerek ücretini çalıştığı yerden alamayan. Peki o insanlar ücretlerini neden alamıyorlar? Demek patron sözünden döndü, maaşlarını vermiyor. Ama bu insanlar, yaşadıkları onca şeye rağmen patron bir daha çağırsa gidip yine çalışıyorlar. "Patron ay sonu sana şu kadar ücret vereceğim." diyor, sözü de kesin değil ama onları istediği gibi çalıştırıyor.

Buna karşılık sözünden dönmesi imkansız olan Allah, cennet gibi bir karşılık veriyor ama bizler namaza gitmiyoruz. Çünkü Allah'ın vaadine patronun vaadine güvendiğimiz kadar güvenmiyoruz. Adeta lisanı halimizle; "patronum sigorta da yapıyor ama senin sigortan yok vaadine -haşa- güvenmiyorum Allah'ım" diyoruz.

Risalei Nurlarda bu konu ile ilgili şöyle bir cümle geçiyor: "Hulful vaad ya cehilden ya aczden olur. Ya sözünü yapmasını bilmiyordur ya da gücü yetmiyordur.[25]"

25 Risale-i Nur / Sözler.

Peki sen Allah Azze ve Celle'ye haşa cahillik isnat edip: "Allah'ım sen bilmiyorsun yapamazsın ki." diyebilir misin?

Ya da acziyet isnat edip: "Ya Rab senin gücün buna nasıl yetecek?" diyebilir misin? Bizler acizlik ve cehalet, hakkında muhal olan Allah'ın sözüne itimat etmiyoruz ama yarın başına ne geleceği belli olmayan bir iş yerinin sigortası için ömrümüzü veriyoruz. Gerçekten bizde bir akıl tutulması var. Biz önceliklerimizi çok yitirmiş, çok kaybetmişiz.

Acaba hulfü'l-va'd hakkında muhal olan bir Zât, Cennet gibi bir ücreti ve saadet-i ebediye gibi bir hediyeyi sana va'd etse, pek az bir zamanda, pek güzel bir vazifede seni istihdam etse; sen hizmet etmezsen veya isteksiz, suhre gibi veya usançla, yarım yamalak hizmetinle Onu va'dinde itham ve hediyesini istihfaf etsen, pek şiddetli bir tedibe ve dehşetli bir tâzibe müstehak olacağını düşünmüyor musun?

Suhre, bir şeyi zoraki yapmak, angarya iş gibi görmek demektir ve namazdaki ücreti bilmeyen namaza suhre gibi gider. Allah'ın emrini hafife almış gibi bir tavır takınır, maskara olur.

Bu dünyada her insanın bir hedefi vardır. Kimisi çok iyi bir doktor olmak isterken kimisi dünyanın en iyi annesi olmak ister. Kimisi tır şoförü olmak isterken kimisi de gurme olup ülke ülke gezmek ister. Peki sizce doktor olmak isteyen bir insan, "ben hastaneye gitmeyi hiç sevmiyorum" dese ve hastaneye giderken ayakları geri geri gitse olur mu? Ya da dünyanın en iyi annesi olmak isteyen kadın, "bu çocukta hiç doymuyor, bıktım buna yemek hazırlamaktan" dese olur mu? İkisi de olmaz değil mi? Çünkü bir insan kendisine hedef belirlediyse o hedefe ulaşmak için gereğini yapmak zorundadır. Zaten bir insan bir şeyi gerçekten istiyorsa hedefine giden yolda zoraki ve isteksiz değil, ihtiyaç ve iştiyakla yürür. İşte aynen bunlar gibi hedefinde Allah'ın rızası olup, bu rızaya erişmek için namazı yol edinen kimsenin de namaza suhre gibi zoraki ve isteksiz değil, büyük bir arzu ve istekle gitmesi gerekir. Çünkü bizlerin Allah Azze ve Celle'ye sadece ne verdiğimiz değil, nasıl verdiğimizin üslubu da çok önemlidir. Zira üslup namustur.

Suhre gibi namaza duran insanlar lisan-ı halleri ile adeta; "Allah'ım bak ben de namazı kılıyorum ha ona göre" derler ve bunu da eğer Allah'ın vaad ettiği gibi bir cennet gerçekten varsa -haşa- orada kendilerince yerlerini garanti etmek için söylerler. Sizce böyle bir üslup kabul olur mu?

İşte böyleleri için ayet-i kerime diyor ki:

فَوَيْلٌ لِلْمُصَلِّينَۙ

"Yazıklar olsun o namaz kılanlara[26]"

Nefsini bilen Rabbini bilir, kişi önce kendinden bilmeli. Mesela sizin ciddi bir rahatsızlığınız olsa ve ameliyat için para gerekse ben de size deste deste para versem ama verirken de gururunuzu incitip aşağılasam o parayı alır mısınız? Öleceğinizi de bilseniz almazsınız. Çünkü veriş şeklimde sıkıntı var. Ama yanınıza gelip: "Kardeşim, Allah şifa versin. Belki ihtiyacın vardır diye bir miktar para getirdim. Bu parayı kabul edersen beni çok memnun edersin." desem bu ne güzel bir tavır, ne hoş samimiyet der, parayı alır ve onu da bir ömür boyu unutmazsınız.

Peki namazda asıl ihtiyaç sahibi kim? Sen misin Allah mı? Tabi ki de sensin. Allah'ın senin namazına ihtiyacı yok ki. Esas senin o namazın içerisindeki tavrın ve ihlasın Allah'a karşı ihtiyacındır ve Allah'ın baktığı da namaz değil; namazın içindeki ihlas ve samimiyetindir. Onun için bizlerin namaza giderken ve namazı kılarken ki tavrı son derece ehemmiyetlidir.

---

26 Ma'un suresi/ 4.

> Amelsiz ve takvasız ilimde hayır olsaydı, yaratılmışların en hayırlısı iblis olurdu.

Ama bizlerin içi bomboş, iman noktasında hastalığımız var. Ağacın gövdesine kurt girmiş meyve vermiyor bir türlü. Bir valiyle on dakika görüşüp: "Geçen vali ile beraberdim." diye kaç yerde anlatan insan, namazdayken kimin huzuruna çıktığının bile farkında değil. İnsan namazla bırakın valiyi, kainatın tamamını yaratan Allah'ın huzuruna çıkacak ama gitmiyor. İyi de neden?

Normal bir vatandaş valinin huzuruna çıksa lezzet alır. Çünkü vatandaşın makamı ile valinin makamı aynı değildir. Kendinden üst makama çıktı diye lezzet alır. Beş dakika daha fazla kalmak ister. Peki bir bakan, valinin makamına gitse lezzet alır mı? Almaz. "İşimi halledeyim de bir an evvel kendi ofisime gideyim." der. Çünkü bakanın makamı valinin makamından çok üsttedir.

O halde bir düşün: "Sen namazda huzura çıktığında niye lezzet alamıyor, sıkılıyorsun?" Kendini nasıl egolu görüyor, "şu dağları da ben yarattım" diye düşünüyorsan namazda kimin huzurunda olduğunun farkında bile değilsin. Nefsini kral gibi yapmışsın, kendi makamını, huzurun makamından büyük görüyorsun. Bu yüzden Allah'ın huzurundan lezzet alamıyor, sıkılıyorsun. Ama unutma ki Firavun da kraldı, şimdi müzelik eşya oldu. Bizler etrafı önemseye önemseye esas önemsenilmesi gereken makamı bir türlü önemseyemiyoruz. Çok acı durumlardayız çok...

Üstad Bediüzzaman buradaki vecizede bir de korku ve cezadan bahsetmiş ama bu korkuda asıl amaç cennetten uzak kalmak ya da cehenneme atılmak değil. Senin kulluk vazifeni yapmaman.

Hani köyde çobanlar güzel bir ot ile sürüsünü çeker. Eğer otun cazibesi yetmezse değnekle ufak ufak vurur ya işte cennet-cehennem de o misalden. Zira ahiretin yaratılmasında asıl amaç cennet cehennem değil senin kulluk vazifeni yapmandır. Cennet teşvik cehennem ise korkutmak için vardır. Asıl maksat, Allah'ın sana kendini bildirmesi, senin de bildiğini Allah'a bildirmendir. Eğer bilme ve bildirme noktasında otun sürüye yetmediği gibi ücretlerde bizi namaza götürmeye yetmiyorsa o zaman azap gelir.

Dünyada hapsin korkusundan en ağır işlerde fütursuz hizmet ettiğin halde, Cehennem gibi bir haps-i ebedînin havfı, en hafif ve lâtif bir hizmet için sana gayret vermiyor mu?

Bizler yakın bir dostumuzu yolda görsek, seslensek ama o dönüp bakmasa ilk seferde "herhalde işi vardı duymadı" diye iyi niyetli düşünebiliriz. Ama o dostumuz ikinci seslendiğimizde yine bakmasa, üçüncüye evden arasak ama açmasa, dördüncüye haber göndersek ama cevap vermese, beşinciye arasak ama dönmese: "Böyle dost olmaz. Çağırıyoruz çağırıyoruz bir türlü dönmüyor." der ümidi keseriz.

Ama Allah her gün beş kez çağırıp bizim ısrarla dönmememize rağmen bizden hiç ümit kesmiyor. "Bugün gelmedi ama belki yarın gelir." diyor. Hem de O[(cc)] değil biz O'na muhtaçken böyle düşünüyor. Bizi o kadar çok seviyor ki asla vazgeçmiyor. Peki biz o namazdan ne diye vazgeçiyoruz?

Kainatın Sahibinin Gündeminde Sen Varsın... Peki Senin Gündeminde?

Ördek doğar doğmaz hiç görmediği suyu arar. Bulana kadar çayırlara dalar. Daldığı her yer o arayış bitene kadar canını yakar.

İnsan da ördek misali. Doğar doğmaz yaratılışının gereğini arar ve onu bulana kadar dünyada neye dalsa canını yakar. Fıtratının gereğini arayıp bulmadan ne çektiği sıkıntılar biter ne de acıları diner.

Bizler her bulduğumuz şeyde esas aradığımızı bulduk zannedip sevinç çığlıkları atıyoruz.

"Buldumm istediğim evi, parayı, şöhreti, eşi, arabayı buldummm..."

Oysa sen bunları bulmak için mi gönderildin? Tüm bu bulduklarıın ne işine yarayacak? Esas bulman gerekeni bulmadıktan sonra tüm buluşlar seni kaç yıl mutlu edebilecek?

Geçenlerde bir sanatçının kısa videosuna denk geldim. Diyor ki: "Konserlerden çıktıktan sonra otelde yatağıma geçiyorum, yorganı üstüme çekiyorum ve sabahlara kadar ağlıyorum."

Demek insan Allah'ı bulmadıktan sonra neyi bulursa bulsun başına bela buluyor. O halde insanın evvela yaradılışının gayesini ve bu dünya gemisine onu kimin gönderdiğini bulması gerekiyor. Çünkü insan ancak bunu bulursa hayatı, yaşadıkları anlam kazanıyor.

Allah'ı bulmayan ve Allah'ı bilmeyen insanın namazının altı bile öyle boş kalıyor ki. Ondan sonra insan haşa sanki bir boşluğa secde eder gibi namaz kılıyor. Namazın tüm manası eğilmek ve kalkmaktan ibaret kalıyor.

"Kimin huzurunda, neden o huzurda, amacı ne? Bu huzura çıkmanın dünyadaki ve ahiretteki menfaati ne?"

Hepsi manasız kalıyor...

Bu asır bilgi asrı ve insanlar bu asırda artık bilgilerin çoğunu putlaştırdı. Akıl ve kalp işe yaramaz birçok bilgi ile doldu. Bizlerin aklımızı ve kalbimizi putlardan koruması için bu bilgilerin içerisinden sadece bizi takvaya ulaştıracak bilgileri bulup alması gerekiyor. Çünkü geri kalan tüm bilgiler bizi zarara uğratıyor.

Zira amelsiz ve takvasız ilimde hayır olsaydı, yaratılmışların en hayırlısı iblis olurdu. Bir düşünün hangimizde iblisteki kadar ilim var? Demek ki İblis kendinde var olan bilgilerin hiçbirisini menfaatine kullanamamış. Çünkü bir şeyin menfaatimize olması için onu sadece bilmek yetmiyor, bir de onu hakkıyla kullanmak gerekiyor.

Bir ormanda sayısız ağaç vardır. Arı polen toplamaya kestane ağacından başlamışsa, ormandaki bütün kestane ağaçlarını bitirene kadar başka bir ağaca gitmez. Bizim de bilgi toplama noktasında aynen arı gibi sistematik hareket etmemiz gerekir. Yoksa bir o ağaçtan bir diğer ağaçtan polen toplamaya kalkarsak topladığımız polenler ne kadar çok olursa olsun bize yararından çok zararı olur.

Bilginin yanlış kullanımı insanın ibadetlerine de fazlasıyla yansır.

Bir gün bir arkadaş ile konuşuyordum bana dedi ki: "Hocam! Ben de bir zamanlar namaz niyaz işlerine sarmıştım. Günde beş vakit kılıyordum. Ama namaz kılmama rağmen ne dünyadaki işlerim düzeldi ne de işlerimin bereketi arttı. Ben de namazı bıraktım."

Ona dedim: "Sen namaz kılarken ne diye niyet ettin?"

Dedi: "Niyet ettim Allah'ın rızası için vakit namazını kılmaya."

Dedim: "Sen yanlış niyet etmişsin. Eğer senin amacın işlerinin bereketlenmesiyse senin 'niyet ettim Allah'ın rızasına' diye değil 'niyet ettim işlerimin bereketlenmesine' diye niyetlenmen lazımdı."

Dedi: "Ne yaptın hocam? Hiç olur mu öyle şey?"

E madem olmaz. Neden sadece Allah'ın rızasını kazanmayı beklemen gereken namazdan başka şeyler bekliyorsun. Benim bu söylediğim olmuyor da senin yaptığın oluyor mu?

Olmuyor işte. Olmadığından da kalbimiz sürekli huzursuz ve içi boş kalıyor.

Aynı arkadaş devam etti: "Hocam iyi diyorsun, hoş diyorsun da bir de hayatın gerçekleri var. Geçim derdi var. İş gailesi var. Gelecek planları var. Evde ekmek bekleyen birileri var. Var da var..."

Senin söylediklerin hayatın gerçekleri de bizim bu anlattıklarımız düzmece mi?

Sen ekmeği eve götürmeyi dert edindiğinden ekmeği vereni unutmuşsun haberin yok. Senin eve götürdüğün ekmeğin, etin, sebzenin her birisini yaratan Allah ve sen Allah'ın yarattığı şeyleri bir yerlerden toplamak için Allah'a vakit ayıramıyorsun öyle mi? Allah seni bütün ömrünü bunlara sarf et diye göndermedi. Senin gramı gramına belli olan rızkın garanti altında ve Allah dileseydi bir ağaç gibi rızkını ayağına da gönderebilirdi. Ama senin bulmanı istedi. Çünkü eğer Allah rızkımızı bize direk gönderseydi bugün kimse yaptığı işlerin hiçbirisini yapmazdı. Doktor doktorluk mesleğini ne için yapıyor? Onca ameliyata neden giriyor? Öğretmen yüzlerce öğrencinin kahrını neden çekiyor? Terzi eline iğne bata bata her gün neden çalışıyor? Çöpçüler tüm bu zorlukları neden çekiyor? Hepsinin tek derdi geçim değil mi? Eğer Allah bugün tüm rızkımızı ağaçlar gibi ayağımıza gönderseydi herkes: "Zaten rızkım ayağıma kadar geliyor. Bu harekete, bu sıkıntılara ben niye gireyim?" derdi. Dünya yaşanamaz bir hale gelirdi.

Tabi Allah'ın rızkımızı bize direk vermemesinde tek sebep bu da değil. "Dünya hayatı bir oyun ve eğlenceden başka bir şey değildir[27] ve Allah acaba kim dünyanın bu oyunlarına aldanacak? Kim de tüm bu oyun ve oyalanmalardan sıyrılıp O'nun[(cc)] huzurunda namaza duracak görmek istiyor. İnsan diploma almayı, iş bulmayı, yuva kurmayı asıl istikbal zannediyor ama aldanıyor.

Bir insan fakirse zekat vermese olur. Maddi durumu uygun değilse hacca gitmese olur. Sağlığında problem varsa oruç tutmasa olur ama o insan aklını kaybetmediği müddetçe namaz kılmasa olmaz. Yatağa bağımlı bile olsa şuuru yerindeyse, gözüyle ima yoluyla bile namazını kılmak zorunda. Çünkü namaz ibadetlerin pişdarı ve sertacıdır.

Fıkıhta bir kaide vardır. Bir şey onsuz farz olmuyorsa o da farzdır. Mesela abdestsiz namaz olmayacağından namaz gibi abdest de farzdır.

Bir mümin Allah'ı bulma ve bilme hakikatini kalbinde yerleştirmeden hiçbir ibadeti yapamıyorsa ve ibadetler Allah tarafından o mümine farz kılınmışsa, o zaman birazdan bahsedeceğim iman dersleri farz üstü farz, efrazdır.

---

27 En'am suresi/ 32.

Buyurun Risale-i Nur'dan ilgili kısmı birlikte okuyalım.

Yirmi Birinci Söz

Birinci Makam - Beşinci İkaz

Ey dünyaperest nefsim!

"Oysa onların tek gerçek kabul ettikleri bu dünya hayatı hakikatte sadece bir oyun ve eğlenceden ibarettir; ahiret yurduna gelince işte asıl hayat odur; keşke bunu bilselerdi.[28]"

Ayetin de beyanıyla asıl hayat ahiret yurdu olmasına rağmen birçoğumuz sanki tek bu dünya var ve yalnızca ona inanmış gibi bir hayat yaşıyoruz. Bizler bu dünyanın varlığına öyle inanmışız ki adeta ahiret gözümüzden silinmiş gitmiş. Ahirete vakit ayıramayacak kadar boğulmuşuz bu dünyada. Onun için her şeyden vazgeçer olmuşuz. "Dünyanın işlerinden ahirete vakit ayıramıyorum. Ben ahiret diye bir şeyin varlığı ile hareket etmiyorum çünkü benim için önemli olan varsa yoksa bu dünyadır." der hale gelmişiz.

İnsanın nefsinde çok kuvvetli bir hissiyat vardır ve bu cümleleri kuran nefisler azıcık dünya lezzeti için ahiretini yakacak kadar gözü kara nefislerdir. Bizler böyle nefislere çokça rast geliyoruz. İnsan bazen öyle bir cümle kuruyor ki, küfrü işmam ediyor, hissettiriyor. Öyle bir hareket yapıyor ki şaşırıyoruz. İnsan bu hissiyatını ahiret için kullansa evliya olacak ama dünyaya kullandığından sonsuzu kaybediyor.

Acaba ibadetteki fütur ve namazdaki kusurun meşâgıl-i dünyeviyenin kesretinden midir veyahut derd-i maişetin meşgalesiyle vakit bulamadığından mıdır? Acaba sırf dünya için mi yaratılmışsın ki bütün vaktini ona sarf ediyorsun?

"İşler o kadar yoğun ki namaza vakit yok."

28 Ankebût suresi/ 64.

"Bildiğin gibi değil hiç fırsatım yok."

"Ev işleri, çoluk çocuk, misafir derken vaktin nasıl geçtiğini hiç anlamıyorum."

"Dersler çok zorluyor abi sınavlar da yaklaştı, daha çok çalışmam lazım. Şu sınavlar bir bitsin başlayacağım inşallah..."

Sunduğumuz tüm bahaneler tek cümle ile nasıl da nakavt oldu değil mi?

Acaba sen, sırf dünya için mi yaratıldın ki dünyadan ahirete vakit bulamıyorsun?

Mesela sen tıp fakültesini bitirip bir yere doktor atansan. Oturduğun evin karşısında da büyük bir spor salonu olsa ve sen hem biraz vakit geçireyim hem de biraz kas yapayım diye oraya üye olsan. Sonra aradan günler, aylar geçse ve sen "kollarıma biraz daha kas yapayım, bacaklarımı biraz daha geliştireyim, karnıma baklava dilimi yapayım" diye hastaneye gitmesen...

Bir gün hastanenin başhekimi gelse ve: "Doktor Bey sen ne yapıyorsun? Hastanede hastalar seni bekliyor neden gelmiyorsun? Sen devletin vazifeli memuru değil misin neden işini ihmal ediyorsun?" deyince sen de ona: "Vallahi hocam işler bilginiz gibi değil. Ben biraz kas yapayım, vücuduma şekil vereyim diye spor salonuna yazılmıştım ama hedefler aldı başını gitti. O yüzden artık hastaneye gelemiyorum." desen başhekim sana ne der?

"Doktor Bey sen aklını mı yitirdin? Sen buraya doktorluk yapmak için gelmedin mi? Aldığın maaşı da bunun için almıyor musun? Eğer senin illa bir şeylere vaktin yetmeyecekse doktorluğundan dolayı diğer işlerine vaktinin yetmemesi gerekir. Ya bu halinden vazgeçer, esas mesleğine dönersin ya da mesleğinden azledilirsin."

Bizim şu anki halimizin buradaki doktordan ne farkı var? Dünyaya gönderiliş sebebimiz kulluk olmasına rağmen bizler de yaratılış gayemizi unutup eften püften şeylerle oyalanıyor, kulluğun fihristesi namaza vakit bulamıyoruz. Mahşerde bize "neden huzura gelmedin" diye sorulsa çok yoğundum bana gönderdiğin nimetlerle uğraşırken seni unuttum, bu yoğunluktan Sana vakit ayıramadım mı diyeceğiz. Bu gerçekten bir açıklama olabilir mi? Olamaz.

Peki bir insan dünyada hiçbir şey yapmayacak mı? Hayır hayır! Demek istediğimiz şey bu değil. İnsan dünyada elbette işler yapacak ama işlerini asıl vazifesini aksatmamak şartı ile yapacak. Ahiretini unutmadan, dünyada yaptığı şeyleri de ahireti için yapacak. Yoksa nasıl esas vazifesini yapmayan doktorun doktorluk unvanı ondan alınırsa, yaratılış vazifesini yapmayan bizlerin de insanlık unvanı elimizden alınır ve bizler aşağıların da aşağısına düşeriz.

İnsanın Dünya İçin Yaratılmadığı Nereden Belli?

Sen istidat cihetiyle bütün hayvânâtın fevkinde olduğunu ve hayat-ı dünyeviyenin levâzımâtını tedarikte iktidar cihetiyle bir serçe kuşuna yetişemediğini biliyorsun.

Hayat olarak en kıymetli cihazatlar bizde ama rahat olarak bir serçe kuşundan daha zavallıyız. Serçe kuşunda geçmişte yaşadıklarının elemi ve geleceğin kaygısı yok ve biz dünyayı yaşamak noktasında serçe kuşuna yetişemiyoruz. O bizden binlerce kat fazla lezzet alıyor adeta carpe diem dedikleri gibi anın tadını çıkarıyor. Ama bizde böyle bir durum söz konusu değil. Çünkü ne geçmişin elemi ne de geleceğin endişesi peşimizi bırakıyor. O halde Allah bize taktığı bu kıymetli cihazatları hayvanlar gibi anın tadını çıkaralım diye değil başka bir amaç için takmış. Zira eğer Allah bizi dünyalık yaratmak isteseydi, insan olarak değil hayvan olarak yaratırdı.

Madem hayvan değil insan olarak yarattı o halde bize düşen sadece: "Yedim, içtim, yattım. Gezdim, eğlendim, güldüm. Yarın bir gün de ölür giderim." demek değil. Bizden beklenen başka bir şey var.

Askerde komutana rütbe taksalar ama o komutan hâlâ er gibi davransa o rütbenin bir anlamı kalmaz. O rütbe komutana takıldıysa belli ki daha yüksek bir vazifesi var. Allah bizleri dünyaya gönderirken omzumuza insanlık rütbesi taktıysa belli ki hayvan gibi yaşayalım, "yiyip, içip, yatalım" diye değil, başka bir vazifemiz olduğu için taktı. Eğer biz içtimaya katılmaz, günde beş vakit sorguya gelmezsek, rütbeyi veren bizden almasını da bilir. Onun için rütbemizin ve gerekliliğinin farkında olmamız gerekir.

Bundan neden anlamıyorsun ki, vazife-i asliyen hayvan gibi çabalamak değil, belki hakikî bir insan gibi hakikî bir hayat-ı daime için sa'y etmektir?

İnsanın asli vazifesi ahirete çalışmakken yine birçok insan şeytanın oyunlarına kanıyor ve sadece çalışmayı ibadet sanıp "iyi de çalışmak da ibadet" diyor. Eğer dedikleri gibi çalışmak başlı başına ibadet olsaydı o zaman eşekler evliya olurdu.

Bir insanın sadece çalışması ibadet değildir, çalışmak kulluk vazifesini yaptığı takdirde ibadettir. Nasıl bir kaşık yoğurt bir kazan sütü mayalıyorsa, insanın da kıldığı namazlar tüm gününü mayalayacak ve ancak o zaman iki vakit namazı arası yapılan çalışmalar ibadet sayılacak. Yoksa çalışmak ibadet deyip, çalışmak uğruna tüm ibadetleri terk etmek akıl karı değildir.

Bununla beraber, meşâgıl-i dünyeviye dediğin, çoğu sana ait olmayan ve fuzulî bir surette karıştığın ve karıştırdığın mâlâyâni meşgalelerdir.

Bakıyorsun insanlara ihtiyacı olmayan ne varsa peşinde koşturuyor. Maddi durumu değil kendine tüm sülalesine yetecek kadar çok olan insanlar hala şirket açma, başka işlere girme derdine düşüyor. Gençlerin çoğu tüm gençliğini ya bilgisayar başında oyun oynayarak ya da televizyon başında dizi izleyerek tüketiyor. Kendisini kariyer hırsı sarmış birçok insan, elinde mesleği olup diğer bitirdiği meslekleri yapmayacak olmasına rağmen, üniversitenin birini bitiriyor, diğerine başlıyor.

İnsan tüm bunları yaparken, vaktini esas harcaması gereken meselelere harcamadığından zayi ediyor ve biriktirme hırsı dünyada insan olarak alacağın lezzeti bile senden kaçırıyor.

Peki insanlar neden hiç alakaları olmayan işlerle bu kadar ilgileniyor? Neden bu kadar boş şeylerle ömürlerini tüketiyor? Okuduğu kitap, bitirdiği üniversiteler, kazandığı para, edindiği şöhret onu iyi bir kul edip, başını secdeye eğdirmedikten sonra ne işlerine yarayacak?

Her insan bu dünyada bir şekilde huzuru arıyor. Ama bu boş işlerle uğraşanlar bilmiyorlar ki huzur bu dünyada aranmaz. Çünkü dünya huzur yeri değil, imtihan yeridir ve imtihan diyarında stres olur. Huzuru arayanın kabre gitmesi gerekir. Kabirdeki huzur ise dünyadaki meşakkatten geçer. Yani sen bâki bir ruha fani şeyleri yedirerek huzuru sağlayamazsın. Aradığın yer yanlışsa aradığını bulamazsın.

Bir gün hoca odunlukta yüzüğünü kaybetmiş, çıkmış bahçede arıyormuş. Hanımı demiş:

"Ne yapıyorsun hoca?"

"Yüzüğümü kaybettim."

"Nerede kaybettin?"

"Odunlukta."

"Ee bahçede arıyorsun ama."

"Ee odunluk karanlık, ne yapayım?" demiş.

Bizimki de aynı hocanın hesap...

Huzuru arayanın, sonsuzluk alemine açılan namazın derinliklerinde araması gerekir ama alnı secde görmemiş nice insan, huzuru seccade de aramak yerine, diplomada, parada, eşte, işte, başka şeylerde arıyor.

Karanlık zindanda güneşi, yağmuru, gökyüzünü görmen için açılan bir penceredir namaz ve eğer sen onu da kapatırsan dünyadaki karanlıklarda nasıl huzuru elde edebilirsin?

En elzemini bırakıp, güya binler sene ömrün var gibi, en lüzumsuz malûmatla vakit geçiriyorsun. Meselâ "Zuhal'in (Satürn'ün) etrafındaki halkaların keyfiyeti nasıldır?" ve "Amerika tavukları ne kadardır?" gibi kıymetsiz şeylerle, kıymettar vaktini geçiriyorsun. Güya kozmoğrafya (astronomi) ilminden ve istatistikçi fenninden bir kemâl alıyorsun!

Şeytan bir insana; "kitap okumak, belgesel izlemek, bulmaca çözmek kötüdür" demez. Onlara zahiri bir takva elbisesi giydirir ve iki doğru olandan daha az doğruyu seçtirir.

Mesela kitap okumak doğrudan kötü bir şey değildir ama eğer okunan kitap kişiyi Allah'tan uzaklaştırıyorsa dolaylı yoldan kötü olmuş olur. Ya da bulmaca çözmek kötü bir şey değildir ama saatlerce bulmaca çözen insan namaza vakit bulamıyorsa bu kötüdür. Bizler Allah'ı bilmeye dair kitaplar okumamız gerekirken, ya merakımızdan ya da entelektüel görünme çabamızdan dolayı astronomi kitapları okursak burada da kendimizi bir mükemmellik elde etmiş zannedebiliriz.

Ama gerçek böyle değildir.

Allah'ın kıymetli kulu olduğunun göstergesi olan esmaları inkişaf ettiremeyenler, başka yerlerden mükemmellik arıyorlar.

> "Kendisinden yüz çevirene bile rızkını veren Allah, kendisine yönelene neler vermez ki? (İmam Gazali)"

Böyle bir arkadaşla bir gün muhabbet ediyordum da ona dedim ki: "Bak kardeşim! Bizim yaratılışımızın gayesini öğrenmemiz lazım. Bizler burada kullanma kılavuzumuzu okuyoruz. Gel sen de oku, sohbete gel."

Dedi ki: "Ben o tür şeylerle ilgilenmiyorum."

Dedim: "Sen bizim anlattıklarımızla ya da okuduğumuz eserlerle değil, bizzat kendinle ilgilenmiyorsun farkında değilsin. Kainatı yaratan Allah anbean seninle ilgileniyor ama sen onunla ilgilenmiyorsun öyle mi?

Dedi: "Yok hocam! Yanlış anlama, benim bu işleri öğrenmeye vaktim yok."

İyi de senin aslına bakarsan hiç vaktin yoktu ki, olmadı da. Vakti yaratan, ömrü veren, etrafındaki hadiseleri, cereyanları bizzat var eden Allah! Yaratan sen değilsin ki vakit senin olsun. Her şeyin hakiki sahibi sana namazı emrediyorsa, senin vaktin de gücün de kuvvetin de var demektir. Sen vaktin olmadığından değil koskoca kainatın sahibinin gündeminde sen varken senin gündeminde üç kuruşluk meseleler olduğundan namazı kılmıyorsun. Eğer sen temel kulluk vazifelerini bilmezsen, öğrenmezsen, kalbinin derinliklerinde ihlası yaşamazsan yaptığın diğer tüm işler çer çöp olacaktır.

Başını eğemeyen insanın bu baş kaldırışları işin sonunda onu, "şu küçük dağları da ben yarattım" gibi egolu, kibirli bir hale sokacaktır. Allah muhafaza!

Eğer desen, "Beni namazdan ve ibadetten alıkoyan ve fütur veren (usanç veren) öyle lüzumsuz şeyler değil, belki derd-i maişetin zarurî işleridir."

Bir baba oğluna her gün bin lira verse ve bir gün oğlundan kendisine soda almasını istese oğlu da babasının bu isteği karşısında, "para ver de alayım" dese, bu yaptığı nankörlük olur.

İşte evladın babasına, kendi verdiklerinden harcamaya çekinmesi nasıl nankörlükse, bizimde Allah'ın verdiği 24 saatten ona bir saat vermememiz nankörlüktür.

İnsan kendini ne kadar önemli biri zannederse zannetsin, ne kadar yoğun olursa olsun, isterse bir ömür başka hayırlar peşinde koşsun, o insanın zamanı kendisine verene bir saatini ayırmaması nankörlüktür.

İslam hukukunda namaz kılmayanlar için: "Namaz kılmayan haindir. Hainin hükmü merduttur (kovulmuştur)[29]" diye geçiyor, sen ise hala geçim derdinden namaza vakit kalmıyor diyorsun. Peşinden koştukların seni Allah'ın huzurundan kovdurmuş anlamıyorsun.

Ahzâb suresinde Allah insan için: "Kuşkusuz insan çok zalim çok cahildir." diye buyurur ve şüphesiz cehaletin en kötüsü insanın kulluğunu unutmasıdır. Kainatı ihata edecek kadar büyük bir kabiliyete, fıtratça çok geniş ve ulvi bir mahiyete sahip olan insanın; Allah'ın verdiği teçhizatı kendisini namazdan alıkoyacak futbol, eğlence, oyun, iş toplantısı gibi lüzumsuz işlerde kullanması cehalettir. İnsanın ehemmiyetsiz ve basit işlerle meşgul olup; iman, ibadet gibi yaratılışının gereğini terk etmesi, Allah'ı unutması ve O'ndan gafil olması onun cahil olduğunu gösterir. Cenab-ı Hakk'ın Kur'an'da insana zalim ve cahil demesi tam da bu sebeptendir.

---

29 Risale-i Nur.

Öyle ise, ben de sana derim ki:

Eğer yüz kuruş bir gündelikle çalışsan, sonra biri gelse, dese ki: "Gel, on dakika kadar şurayı kaz; yüz lira kıymetinde bir pırlanta ve bir zümrüt bulacaksın." Sen ona "Yok, gelmem. Çünkü on kuruş gündeliğimden kesilecek, nafakam azalacak" desen, ne kadar divanece bir bahane olduğunu elbette bilirsin.

Bir inşaatta günlüğü yüz lira yevmiye ile çalıştığınızı varsayalım.

Biri size gelse dese ki: "Sana gösterdiğim yeri on dakika kaz. Kazdığın her on dakika başına sana bir milyon lira vereceğim."

Her aklı başında insan böyle bir ticareti kabul eder ve adamın dediği yeri kazmak için gider. Çünkü bu ticarette öyle bir kazanç var ki, insan bir ömür çalışsa bile oradan sağlayacağı kazancı kendi başına asla elde edemez.

İşte Allah da bize böyle bir ticaretle geliyor. Yirmi dört saatinin bir saatini bana ver. Sana harcadığın her bir saat için içerisinde zümrütler, pırlantalar, kasırlar, saraylar, istediğin ne varsa hepsinin aynı anda olduğu bir cennet vereyim diyor. Böyle bir teklifi kabul etmeyip, dünyada alacağı yüz lirayı ahirette alacağı bir milyon liraya tercih eden divane değil de nedir? Dünyanın on kuruşu için cennetten vazgeçilir mi?

Aynen onun gibi, sen şu bağında nafakan için işliyorsun. Eğer farz namazı terk etsen, bütün sa'yin semeresi, yalnız dünyevî ve ehemmiyetsiz ve bereketsiz bir nafakaya münhasır kalır. Eğer sen istirahat ve teneffüs vaktini, ruhun rahatına, kalbin teneffüsüne medar olan namaza sarf etsen, o vakit, bereketli nafaka-i dünyeviye ile beraber, senin nafaka-i uhreviyene ve zâd-ı âhiretine ehemmiyetli bir menba olan iki maden-i mânevî bulursun.

Bir gün doktor size gelse ve dese ki: "Böbrek yetmezliğiniz son safhaya geldi. Artık nakil olmanız şart. Yoksa yaşamınız son bulacak."

Tam umudunuzun tükendiği bir anda biri de gelse ve: "Ben böbreğimi verebilirim. Bu kişinin yaşaması için ne gerekiyorsa yapın." dese ne hissederdiniz?

Eminim ki ameliyatı olur olmaz ilk, size böbreğini veren kişinin yanına gider, ona teşekkür üstüne teşekkür ederdiniz. Hatta bu teşekkürü sadece bir kez etmekle de kalmaz, her fırsatta o kişinin yanına gider, minnetinizi arz ederdiniz.

İnsan kendisine bir böbrek verene bile bu kadar minnet beslerken ona hayatın ta kendisini, yaşama nimetini, ölme nimetini, hastalandıktan sonra şifa bulma nimetini, görmek için göz, işitmek için kulak, vücuduna aldığı zararlı atıkları süzüp dışarı atması için böbrek nimetini, ümidini yitirdiği anda yağmur, kalbi daraldığı anda inşirah nimetini verene neden minnet beslemez?

Bir böbrek için teşekkür üstüne teşekkür eden insan, hayatı ve hayatının devamı için gerekli her şeyi kendisine verene neden secde etmez. Bizim yukarıdaki böbreğe muhtaç insandan ne farkımız var? Bizler de hayatımızın devam etmesi için her an her şeye muhtaç değil miyiz? Her sabah güneşin doğmasına, gündüzden sonra geceye, kıştan sonra bahara, acıkan midemizi doyurmak için ekmeğe, suya, portakala, kalbimizin anbean atmasına, iyiyle kötüyü ayırt edebilmek için aklımızın daimi çalışmasına, vücudumuzdaki kanın sürekli temizlenip yenilenmesine, aldığımız nefesi vermeye, verdiğimiz nefesi almaya her an muhtaç değil miyiz?

Gözümüzün önünde bizimle anbean ilgilenen bir Allah ve verdiği onca nimet varken, bizim hayatımızda ona teşekkürü sunacağımız namaz nasıl olmaz. Bizim böyle bir Allah'ın huzurundan geri durmak şöyle dursun o huzura çıkmak için can atıyor olmamız gerekmez mi?

İnsanın aklına gelen ne kadar güzellik varsa hepsinin esas kaynağı Allah'tır. Lezzetli üzüm salkımlarının hâsiyetleri (özellikleri), kuru çubuğunda aranılmaz. İşte etrafınızda esas sebep olarak gördüğünüz her şey öyle bir kuru çubuk hükmündedir. Annenizin şefkati bile buna dahildir. O şefkat bile Allah'ın şefkatinden gelir.

İşte insan, kendisindeki tüm güzelliklerin Allah'tan geldiğini anladığı an minnettar olur ve: "Birisi bana sürekli ikramlar gönderiyor. Bu kadar ikramın karşısında ezildim artık. Benim ona ettiğim teşekkürler yetmiyor." der. Bir an evvel huzuruna çıkmak ister. İşte biz tüm bu nimetlerin teşekkürünü sunacağımız o huzura çıkmaya namaz diyoruz.

Birinci maden: Bütün bağındaki yetiştirdiğin, çiçekli olsun, meyveli olsun, her nebatın, her ağacın tesbihatından, güzel bir niyetle, bir hisse alıyorsun.

Efendimiz(asm) bir hadisi şerifinde şöyle buyurmuştur: "Namazını vaktinde kılan kimsenin iki namaz arasındaki küçük günahlarını Allah Teâlâ affeder.[30]"

Allah iki namaz arası küçük günahlarımızı affettiği gibi iki namaz arası yaptığımız güzel işleri de ibadet sayar ve bize oradan bir rahmet kapısı açar. Mesela sen bahçe işleriyle uğraşan biriysen iki namaz arası orada yetiştirdiğin meyve, sebze de ibadet hükmüne geçer.

Sen onların yapmış olduğu tesbih ve zikirlerden de hisseni alır, sevap kazanırsın. Ya da sınava hazırlanan bir öğrenciysen çalıştığın dersler, meslek sahibiysen iş yerinde yaptığın işler, ev hanımıysan evde gördüğün vazifeler, yetiştirdiğin evlatlar, bunların hepsi iki namaz arasında yapıldığı takdirde ibadet hükmüne geçer ve sen tüm bunlardan sevap alırsın.

30 Müslim, Tahâret 14.

Namaz öyle bir şeydir ki insana altın vermez, adeta sihirli bir değnek gibi her dokunduğu şeyi altına çevirir.

Bizler sadece yanlış yapmayı günah zannediyoruz ama İslam'da bazı doğruları yapmamak da günahtır hem de yanlışı yapmaktan daha büyük bir günahtır. Mesela üzerimize farz olan namazı kılmamak gibi...

Bir müminin hayatında imandan sonra gelen en kıymetli hakikat namazsa, namaz kılmamanın verdiği günahı o insana başka ne verebilir?

Ama topluma baktığımızda çoğu insan "namazı kılsam iyi olur fakat kılmasam da çok bir zararı olmaz, önemli değil" diye düşünüyor, öyle bir tavır sergiliyor. Lakin bilinmeli ki insan bir işte iflas ettiği zaman malı sıfır olmaz. Borçlu kalır. Tıpkı namaz kılmayan insan gibi...

Çalıştığınız iş yerinde, mesaiye kalacak olsanız, patron "üç saat mesaiye kal" dese siz "beş saat daha kalayım" dersiniz. Çünkü mesaiye ne kadar fazla kalırsanız maddi getirisi de o kadar çok olur. Namaz kılan insan da iki namaz arası hangi güzel işi yapsa ibadet sayılacağını bildiği için daha fazla çalışmak, daha çok sevap almak ister. Onun için namaz kılan bir insan, namaz kılmayan insandan her zaman daha çalışkan olur. Tabi ki namazı manasından uzak şekilde altı boş olarak kılanlar değil, namazın hakkını vererek kılanlar...

Elhasıl: Ey nefis! Bil ki, dünkü gün senin elinden çıktı.

Hiç kimsenin hayatında dün diye bir şey yok artık. Dünün kıyameti koptu ve tüm dünya bir araya gelse dünü bize geri getiremez. Dünden bize kalan sadece verilecek hesabı...

Madem tüm dünya bir araya da gelse bize dünü getiremez, o halde çok kabirler "keşke" sesleri ile inleyecek.

Zaten ayette de öyle demiyor mu?

"Keşke toprak olsaydım...[31]"

İnsan neden toprak olmak ister ki...

Çünkü namazla nurlanmamış her günün hesabını ahirette verilecek ve tam da bu sebepten çok kabirler keşkelere bürünecek.

İslam'da cehalete cevaz yoktur. Yani senin bir şeyi bilmemen onun cezasını çekmene engel değildir. Mesela sen birisine zarar versen, sonra mahkemeye çıkıp hakime: "Ben bu yaptığımın suç olduğunu bilmiyordum. Bu cezayı çekmeyi hak etmedim." desen hakim sana: "Hukukta bilmemeye cevaz yoktur." der ve cezan neyse keser.

Müddessir suresinde şöyle bir ayet var: "Sizi şu yakıcı ateşe sokan nedir?" diye sorulduğunda onlar şöyle cevap verirler: "Biz namaz kılanlardan değildik." Çoğumuz bu ayetin varlığından bile haberdar değiliz. Ama bizim bunları bilmememiz, buradaki sonu yaşamaktan bizi kurtarmaz. Çünkü bizim ahirette bunları bilmiyorum deme gibi bir hakkımız yok. Mecbur bileceğiz. İş yerinde dosyaların, odamızdaki eşyaların, mutfakta tabağın yerini nasıl biliyorsak, Allah'ın ayetlerini de öyle bileceğiz.

> **Yarın ise, senin elinde senet yok ki ona mâliksin. Öyle ise, hakikî ömrünü, bulunduğun gün bil; lâakal günün bir saatini, ihtiyat akçesi gibi, hakikî istikbal için teşkil olunan bir sandukça-i uhreviye olan bir mescide veya bir seccadeye at.**

İhtiyaç akçesi sigorta demektir ve sigorta önceden ödenen prim karşılığında, bir insanın herhangi bir yönden ilerde karşılaşabileceği zararı gidermek için yaptığı sözleşmedir. Mesela bizlerin maaşından

31 Nebe suresi/ 40.

sigorta için aylık düzenli olarak para kesilir ve hiçbirimiz buna itiraz etmeyiz. Çünkü başımıza bir iş geldiğinde, hastalandığımızda o sigortadan faydalanırız.

İşte namaz da ahirette karşılaşacağımız herhangi bir sıkıntı karşısında zararı gidermemiz için günümüzün bir saatini sigorta primi olarak seccadeye atmamıza denir ve bizlerin bu sigortadan yararlanması için her gün düzenli olarak primini yatırması gerekir.

Namazını düzenli ve güzel kılan insan, başına ne gelirse gelsin hatta ölüm bile gelse korkmaz ve: "İstediği kadar gelsin, ben Allah'a fıtratımın borcunu ödemişim." der, ölümü bile gülerek karşılar.

Çünkü primini düzenli yatırmış, sigortası var.

Namazını kılmayan insan ise, gökteki kuyruklu yıldızı görse, yerde titrer ve "acaba bu serseri yıldız arzımıza çarpmasın" der, evhama düşer. Sigortasız çalışan işçi gibi başına ne gelse endişe eder.

Hem bil ki, her yeni gün, sana, hem herkese bir yeni âlemin kapısıdır. Eğer namaz kılmazsan, senin o günkü âlemin zulümatlı ve perişan bir halde gider, senin aleyhinde âlem-i misalde şehadet eder. Zira herkesin, her günde, şu âlemden bir mahsus âlemi var.

Bazen bize de olur ve sürekli: "Ruhum daraldı, içim sıkıldı, ne görsem üzülüyorum, başıma her gelenden bunalıyorum." deriz ya işte bu hallerimizin de dermanı namazda...

İnsan alemi kendi ruhundan görür. Mesela sizin ruhunuz karaysa, iki gülen insan görseniz irite olur, "bunlar bana mı gülüyorlar, benimle dalga mı geçiyorlar" dersiniz.

Ya da mutlu iki insan görseniz, "şimdi mutlusunuz ama elbet yarın belanızı bulacağınız günler de gelir" dersiniz.

Çünkü insanın kendi ruh alemi hangi renkse, dünyaya da o renkten bakar, alemi de kendi ruh aynasından müşahade eder.

> Ezan tüm insanlığa okunur. Üstüne alınan secdeye gider.

Mesela sizin ruh aynanız karanlık değil de aydınlık olsa bu seferde olumsuz bir olay bile görseniz olumluya çevirir: "Başıma gelen musibetlere sabredersem eğer, ahirette fazlasıyla mükafatını alırım. Hem hadiste ne diyor: 'Belâların en büyüğü peygamberlere, sonra evliyalara, sonra diğer has kullara gelir.[32]' Demek Allah beni onlara komşu etmek istiyor." dersiniz.

Bazen insan bir vakit namazını kaçırır ve o gün ona adeta zindan olur. Tüm gün kırık dökük bir cam parçası gibi olan içinden, etrafına bakmaya çalışır ve ruhu kırık dökük olduğundan etrafı da öyle görür. O gün etraf ne kadar şenlikli olursa olsun, etrafta güller de açsa, bülbüller de ötse, o insan onları görmez. Çünkü alem onun iç alemi gibi değil. İşte o âlemin rengini güzele boyayan namazdır ve insanın bütün âlemi güzel görmesinin iki yolu vardır.

Birincisi; ya eline boya alıp bütün âlemi boyayacak ki bu mümkün değil. İkincisi; kendi ruh aynasını boyayacak ve böylece bütün âlemi güzel görecek. İşte onun yolu da namazdır.

32 bk. Tirmizi, Zühd 57; Ahmed b. Hanbel, I/172, 174.

Nasıl ki, âyinende görünen muhteşem bir saray, âyinenin rengine bakar. Siyah ise siyah görünür; kırmızı ise kırmızı görünür. Hem onun keyfiyetine bakar. O âyine şişesi düzgünse, sarayı güzel gösterir. Düzgün değilse çirkin gösterir. En nazik şeyleri kaba gösterdiği misillü, sen kalbinle, aklınla, amelinle, gönlünle, kendi âleminin şeklini değiştirirsin. Ya aleyhinde, ya lehinde şehadet ettirebilirsin. Eğer namazı kılsan, o namazınla o âlemin Sâni-i Zülcelâline müteveccih olsan, birden, sana bakan âlemin tenevvür (nurlanır) eder. Adeta namazın bir elektrik lâmbası ve namaza niyetin onun düğmesine dokunması gibi, o âlemin zulümâtını (karanlığını) dağıtır ve o hercümerc-i dünyeviyedeki karma karışık perişaniyet içindeki tebeddülât ve harekât, hikmetli bir intizam ve mânidar bir kitabet-i kudret olduğunu gösterir.

Hayatımızdaki karamsar tablolar neden karamsarmış biliyor musunuz? Çünkü biz karamsarmışız! Ruhumuzun rengi namazın hakikatiyle boyanmamış. Aslında namaz bütün alemi en güzel görmemize vesileymiş ama biz ona başvurmamışız. Demek ki biz, o kapıyı bir çalsak, hayatımızda yolunda gitmeyen, içimizi karartan ne varsa, zülumatlı alemin elektrik düğmesine dokunmayla aydınlanması gibi aydınlanacak ve daimi huzura kavuşacağız.

Nasıl bir hurma çekirdeğinden tâ mükemmel bir hurma ağacına kadar, ne kadar merâtip bulunur. Öyle de, namazın derecatında da daha fazla meratip bulunabilir. Fakat bütün o merâtipte, o hakikat-i nuraniyenin esası bulunur.

Hurmanın dev ağaçları küçük tohumundan başlar ve hurma çekirdeği toprağa konar konmaz bir anda ağaca dönüşmez. Sulandıkça, güneşlendikçe mertebesi artar ve istenen kıvama gelir.

İşte namaz da tohum hükmündedir ve insan, tohumunu bu iman dersleri ile suladıkça, iradesini namazı kılma ve artırma yönünde kullandıkça, Allah'a kulluğunu yerine getirmede mücadele ettikçe, çekirdek hükmündeki namazı büyüyecek ve koca bir ağaç olacak.

Meyve vermeye başladığında: "Aman ya Rabbi! Namazın lezzetini duyuyorum." diyecek.

İnsana Birinin Önünde Eğilmek Yakışır mı?

Bazı insanlar diyorlar ki: "Başkasının ayak bastığı yere insanın kafasını koyması yakışır mı?"

Allah'ın huzurunda eğilmenin ne olduğunu bilmeyenler secdeyi yere kapanmak zannediyor. İşin ilginç yanı şu ki, bunu diyen insanlar günlük yaşantısında en az bin tane insanın önünde eğiliyor.

"Sayın müdürüm, şuraya imza atabilir misiniz?

Doktor Bey annemin ameliyatını siz yapsanız olur mu?

Sayın milletvekilim bizim çocuğun işi için bir de siz arasanız."

Düşünün önünüzde bir bebek var ve hiçbir ihtiyacını kendisi karşılayamıyor. Sizler bu bebek ağladığı zaman şaşırıyor musunuz? Ya da sana yakıştıramadım diyor musunuz? Demiyorsunuz çünkü bir bebeğe zaten ağlamak yakışır.

Aynı bebek kapıdan içeri girip, "var mı bana yan bakan, anne sen git sütümü ısıt, baba sen de gel altımı değiştir" dese işte asıl böyle aciz bir bebeğe bu tavır yakışmaz ve herkes güler.

Üstad Bediüzzaman der ki:

"İnsan, bir nazik, nazenin çocuğa benzer. Zaafında büyük bir kuvvet, aczinde büyük bir kudret vardır.[33]"

Bizler kalbimiz, midemiz de dahil hiçbir ihtiyacını kendisi karşılayamayan kullarız. İhtiyacımız olan güneş yarın doğmasa elimizden ne gelir? İliklerimize kadar kurusak, Allah gökten yağmur indirmese, bizim gücümüz o yağmuru yağdırmaya yeter mi?

---

33 İman ve Küfür Muvazeneleri.

Günlük yalnızca göz kırpma vazifesi kendisine verilse ayakkabısını bağlamaya bile fırsat bulamayacak insanın kuvveti, bulutları gökyüzünde direksiz tutmaya yeter mi?

Demek bizler her şeyimizle Allah'a bağlı, çaresiz bir çocuk gibiyiz. Ve bize bu halimizle başımızı eğmemek değil, acizliğimizi bilip, bütün kâinatı verenin kapısında ağlamak, dua dua yalvarmak yakışır. Zira böyle aciz bir insanın izzeti ve şerefi kulluğunun içerisindedir. Senin Allah'a kulluğunun içerisinde bir saltanat var.

Bir evde saltanat süren bebektir. İsterse evdeki herkesten gece üçte içtima alır. Herkes aç kalsa bile evdeki son lokma ona yedirilir. Odanın ısısından tutun, gidilecek yerlere kadar her şey bebeğe göre tayin edilir. Peki bebeğin evdeki bu saltanatı nereden gelir? Gücü ve kuvvetinden mi? Hayır hayır! Bebek acizliğini tam anladığından dolayı annesinin şefkatini babasının himayesini tahrik eder.

İşte biz de acizliğimizi ve bu acizliğimizin içindeki saltanatı bilsek, Allah'ın önünde eğilmekten başka bir yol olmadığını anlayacağız.

Arkadaşlarım hem Namaz Kılıyorsun hem de Yanlış İş Yapıyorsun Diyorlar Bu Yüzden Namazı Bırakmalı mıyım?

Âdemoğluna gelen en büyük vesveselerden bir tanesi "dini tam yapamıyorsan hiç yapma daha iyi" vesvesesidir ve şeytan bu düşünce ile çoğu insanı ilerlediği yolundan geri döndürür. Manevi alemde bu cümleleri şeytan söylerken maddi alemde de dersini ondan alan insi şeytanlar söyler.

"Adama bak arkadaş hem namaz kılıyor hem de faizle ev alıyor, içki içiyor, zina yapıyor. Böyle adamlar namaza kurban olsunlar, kılmasın bunlar namaz."

Öncelikle şunu belirtelim ki, bir insanın bu cümleleri kullanabilmesi için önce kendisinin kusursuz olması gerekir. Yoksa hem günah işleyip hem de başkalarının günahını eleştirmek çok etik bir davranış değildir. Eğer bunları söyleyenler günahsız değilse onlara da şunun söylenmesi gerekir. "Evet sen namaz kılıyor olabilirsin ama beşer olduğun için mutlaka senin de bir günahın vardır. Senin günahın diğer insanların günahından farklı diye onları bu şekilde eleştirmen doğru değil. Hem ne diyor Hz. Ali[ra]: "Ayıbın en büyüğü sende olmayan bir ayıpla başkasını kınamandır.[34]"

Günümüzde böyle insanların cümleleri yüzünden namaz kılmayı bırakan o kadar çok insana rast geliyoruz ki, onlara namazını neden bıraktın diye sorduğumuzda: "Çevremdekiler hem namaz kılıp hem de bu günahı işlemen olmaz, ikisi bir arada bulunmaz. Sen en iyisi namazı bırak dediler ben de onları haklı bulup ikisinin yan yana olmayacağını düşündüm ve namazı bıraktım." cevabını alıyoruz.

Öncelikle şunu bilmeliyiz ki: "Bir şey bütün bütün elde edilemiyor diye bütün bütün terk edilmez." Yani insan yaptığı güzel davranışta ne kadarını yapabiliyorsa o kadarını yapmalı ve buna devam etmelidir. Mesela sizin bana borcunuz olduğunu düşünelim. Siz bana borcunuzun beş bin lira mı olmasını istersiniz yoksa üç bin lira mı? Elbette üç bin lira. Çünkü ne kadar az o kadar kâr. Aynen öyle de madem her vakit namazın borcu ayrıdır ve sen ne kadarını kılsan borcun o kadar azalır. O halde, "ben zaten bir vakit kılıyorum o da işime yaramaz" diye düşünme. Çünkü borcunu az ödeyen hiç ödemeyenden hayırlıdır. Demek ki şeytan insana ilk vesveseyi buradan veriyor ve bütünüyle elde edilemeyen hayrı bütünüyle terk ettiriyor. Lakin Kur'an bize: "Âdem'in evlatları" diyor. Yani günah işlemek bizim yazgımızda var ama Allah'ın izni inayetiyle hemen tövbe etmek şartıyla.

Hem biraz mantıklı düşünürsek insan kebairden (büyük) bir günah işlese zaten bir günah cepte. Bir de namazı bıraksa ne olacak, bir günah daha eklenecek hanesine. İslam'da sadece bir şeyleri yapmak günah değil ki bazen de yapmamak günah. İmandan sonra en ehemmiyetli ibadet olan namazı terk etmek gibi. Bizlerde

34 Divan-ı Hz Ali; Hikmetler, Mehmet Oruç.

> Sevgili kardeşim! Günahlarından dolayı namazı terk etme. Namazdan dolayı günahlarını terk et. Bir de böyle düşün!

bu durumlarda, "battı balık, yan gider" kaidesi değil, "zararın neresinden dönersek kârdır" kaidesi geçerli olmalı. O halde bizim büyük günah işleyen insanlara tavrımız da: "İnşallah, o günahlarını terk eder ama terk etmiyorsa da biz ona 'namazı terk et' dememeliyiz." şeklinde olmalı. Bizler böyle insanlara: "İnşallah alkolü, zinayı, kumarı vesairi bırak ve namazını kıl ama bunları bırakamıyorsan da namazını sakın bırakma!" demeliyiz ama burada da ince bir ayar var, niyet. Yani insan: "Ya Rabbi, ben bu günahlardan kurtulmak istiyorum ama kurtulamıyorum. Mücadele ediyorum." diyorsa, evet burada o insana; "inşallah o günahlardan kurtulursun ama onları bırakamıyorum diye sakın namazını bırakma" denilebilir.

Ama bir insan dese ki: "Yahu ben hem içki içerim hem namaz kılarım. Onun yeri ayrı onun yeri ayrı." İşte o zaman her şey değişir. Çünkü bizim az önce söylediğimiz tavsiyeler bu kısma girmez. Bir insan: "Ben namaz da kılıyorum, zina da yapıyorum aman canım bu da haram mı?" diyerek içinde bulunduğu durumdan kurtulma mücadelesine girme yerine o hali normalleştirse o zaman itikadî bir zarar oluşur ve bu hal o insanı inkara ve şirke götürür. Yani bizim az önce söylediğimiz tavsiyeler, bir ümit ışığı besleyip bu günahlardan kurtulmak isteyen insanlar içindir. Yoksa bir insan haramı haram görmüyorsa bu bambaşka bir problemdir. Haramdan kurtulma mücadelesi başka bir şey, haramı haram olarak görmemek bambaşka bir şeydir. Bunun ayrımını iyi yapmak gerekir.

Gönül ister ki hepimiz tam kâmil mümin olalım ama öyle değiliz. Hepimizin günahları var. Ee madem hepimizin belli başlı günahları var o zaman bir insan sizinkinden farklı bir günah işliyor diye onu eleştirmek, yargılamak doğru değildir. O insana günahı var diye ibadeti terk ettirmek ise hiç doğru değil. Doğru olan o insanın yapabildiği kadarını yapması. İnsan içki içmesin, kumar, iddia oynamasın, piyangoya bulaşmasın, yalan söz söylemesin, rüşvete, faize, harama girmesin, adaletsizlik etmesin, kul hakkı yemesin, arkadaşına kötü gözle bakmasın, insanların arasını fitne fesatla bozmasın, topluma, vatana millete zarar vermesin ama bunları yapamıyorsa da diğer ibadetlerini de bırakmasın. Neden mi? Nedenini yine en güzel yol göstericimizden öğrenelim.

Efendimiz[(sav)] nübüvvet gömleğini giydiği ilk altı yılını Erkam bin Ebil Erkam'ın[(ra)] medrese olarak infak ettiği evi Darü'l Erkam'da geçiriyor. O dönemler inanılmaz zahmetli ve problemli dönemler. Nübüvvetin bu ilk altı yılında takribi 3100 tane ayet iniyor ve Kur'an'ın bu yarısı içinde içki, faiz henüz haram kılınmamış. Tesettür ayeti gelmemiş. Domuz etine, hacca, ezana, nikaha, bir insanın mirasını nasıl bırakacağına dair meseleler henüz yok. O altı yıl boyunca öncelikle en önemli meseleler olan; iman, ahlâk ve namaz gelmiş. Peki neden diğer ibadetler değil de namaz önden gelmiş. Çünkü: "Kuşkusuz ki namaz; hayasızlıklardan, kötülüklerden men eder.[35]"

İşte namazda böyle bir sır var. Namaz, bütün psikologların yapamadığı bir işi yapar. İnsana anne babasının bile veremediği noktada yüksek seciye verir. Bir insan, namazlaştığı anda kötü huylar ondan mecburen def olmak zorunda kalır. Bu bir kaidedir. "Nur ile zulmet aynı anda, aynı yerde olamaz." İnsan karanlık ile aydınlığı aynı anda göremez. Çünkü bu zıtlıklar aynı yerde olamaz. Demek ki bir yerde namaz varsa orada kötü huylar barınamaz.

35 Ankebût suresi 45.

Enes bin Malik[ra] rivayet ediyor: Ensar'dan bir genç vardı. Bu genç yanlış haller içerisindeydi ve biz onu şikayet etmek için Resulullah'a gittik.

> Ayıbın en büyüğü sende olmayan bir ayıpla başkasını kınamandır.
> (Hz. Ali)

"Ya Resulullah[sav] Ensar'dan böyle bir genç var. Bu gencin eli de dili de rahat durmuyor ama namaz da kılıyor." Efendimiz[sav] bize: "O genci rahat bırakın, eğer gerçek manada namazını kılıyorsa o halden kurtulacaktır." buyurdu.

Biz olayın tam da Resulullah'ın[sav] buyurduğu gibi gerçekleştiğine şahit olduk ve hayretler içinde kaldık. Bu şekilde birçok vaka yaşandı ve sahabeler hangi kişiyi, "hem namaz kılıyor hem de şu kötü işi yapıyor" diye Resulullah'a[sav] şikayete gittiyse Efendimiz[sav] hep aynı cevabı verdi ve sonuç ise hiç değişmedi. O kişinin bünyesine nur girdiği anda karanlıklar, kötü ahlaklar o bünyeyi terk etti. Çünkü bir insanın gerçek manada namazı devam ederken kötü alışkanlıklarının da bunun yanında devam edebilmesi imkansızdır. Bizler bir insana geceler boyunca, sabahlara kadar nasihat edebiliriz ama o insanın birkaç vakit namaz kılmasından sonra Allah'ın onun kalbine ilka ettiği o nurun tesirini asla gösteremeyiz.

"İnsan ile şirk ve küfür arasında namazı terk etmek vardır.[36]"

İzmir'de eski gayrimeşrulardan bir adam, yıllarca bizlerin çay içtiği gibi kokain içmiş ve birçok kötü işlerde bulunmuş. Bir gün bu adam evine gidiyor ve hanımına: "Odanın kapısını üstüme kilitle. 40 gün boyunca bir yemek bir de su ver ama dünya ters dönse bana bu kapıyı açma." diyor.

---

36 Müslim, Îmân 134, Ebû Dâvûd, Sünnet 151.

Hanımı dediğini yapıyor, adam 40 gün boyunca krizlere giriyor, başka başka haller yaşıyor ama o 40 gün boyunca da namazına tutunuyor, bırakmıyor. İşte o adam namaza öyle tutunduğu için namaz da ona tutunuyor ve onu namazlaştırıyor. 40 gün boyunca birçok merkezin, profesörün, insanların tedavi edemeyeceği madde bağımlılığını namaz tamir ediyor. Çünkü hakiki ve gerçek manada kılınan namazın bir bünyeye girip o bünyeyi temizlememesi imkansız.

Muhammed Hamidullah Hocaefendi Fransa'ya gidiyor ve Fransa'da böyle bir mesele anlatırken dinleyiciler içerisinde olan bir bilim insanı ondan etkileniyor. Bu bilim insanı hocanın yanına gide gele bir zaman sonra iman ediyor ve bir gün hocaefendinin yanına gelip: "Hocam bir durum var. Ben iman ettim, her şey tamam, aklıma, mantığıma yatıyor. Domuzun haram olmasıyla ilgili de bir problemim yok ama domuz etini çok seviyorum bırakamıyorum." diyor. Hocaefendi kendisine gelen bu insana: "Sen namazını kıl, domuzu da ye, bir gün gelecek o namaz domuzu kovacak." diye karşılık veriyor.

Ne kadar ince bir yaklaşım. Çünkü İslam'da sövmenin bir yeri yok. Sabaha kadar Ebu Cehil'e sövsen zerre sevabı yok. Ama zihninden bir Ebubekirlik(ra) geçirip amel etmesen o düşüncenin sevabı var. O zaman şunu anlamamız gerekiyor, "bu din sövme dini değil" sövme dini olsaydı bunun karşılığı verilirdi. Demek başka bir şey var. Gayrete, hamiyete sevk ediyor seni. Sürekli karanlığa küfretme hadi sen de bir yerlerden meşale yak, ışık taşı diyor. Hal böyleyken de insanların ufacık parçalardan ümitlerini kırıp onları ye'se (ümitsizliğe) sevk etme noktaları çok makul olmuyor.

Namazlarımdan Neden Lezzet Alamıyorum?

Üç tarafı denizlerle her karış toprağı da birbirinden farklı bin bir çeşit insanla çevrilmiş yurdumun neresine gitsek ayrı bir tat ayrı bir lezzet alıyoruz. Mesela biraz Doğu'ya gittiğimizde sıklıkla Arap, Kürt, Zaza kardeşlere rastlarken, kuzeye gittiğimizde Lazlara, daha içlere girdiğimizde ise Anadolu toprağının mert insanlarına rastlarız. Bu güzide insanların her biri nevi şahsına münhasır orijinal insanlardır. Örneğin dünya tarihinin en kısa maçı bizim Batman'da oynanmıştır. Çünkü "ağalar şehri" denilen Batman'da top taca çıkmış ve herkes "ben almam" deyince maç orada sonlanmıştır.

Böyle orijinal anılar sadece Batman'a has değildir. Zira Karadenizli kardeşlerimizin de onlardan eksik kalır yanları yok. Mesela biz bir gün bizim tabirimizle Akçaabat onları şiveleriyle Aksaabat'a bir arkadaşımızı ziyarete gittik ve köy yerinde birkaç el silah sıkalım dedik. Birkaç el ateş etmemizle sanki tüm Akçaabat bizi bekliyormuş gibi art arda on köyden "tak tak tak" karşılık sesleri geldi. Tabi ziyaretine gittiğimiz arkadaşımızın bir de babası var akıllara zarar. Kime Trabzonlu bir emice resmi çiz desek onun gibi bir tip çizer. Düşünün yirmi kişilik bir grup muhabbet için masada oturuyoruz, amcanın sıkmadığı adam kalmadı. Yarım saatin içinde herkese atar gider yaptı. En son dedim, "acaba bizi bitirince kime sıkacak" baktım kimse kalmayınca: "Eskiden İslam böyle miydi? İnsanlar böyle miydi? Bizler bu halde miydik? Bir de beni okula gönderdiler. Ben okula niye gittim? Ne bileyim ben niye gittim?" diye kendine sıkmaya başladı.

Latife bir yana Efendimiz(sav) bir hadis-i şerifinde buyuruyor ki: "Allah'ı öyle çok zikredin ki, tâ insanlar size mecnun/deli desinler.[37]"

Yurdum insanında bu deli damarından çokça var. Ama biz Avrupa'ya da gidiyoruz. Orada zihin olarak anlaşabileceğimiz çok güzel insanlar var. Lakin bu güzel insanların hayatlarında hiç iniş çıkış yok. Yaşantılarında kriz olmadığından dolayı bir anda gözlerini karartamıyorlar. Buna nazaran hayatları sürekli inişli çıkışlı olup, canı sıkılınca evde tavana sıkan yurdum insanı, yanlış yaptığında yanlışını görünce bir anda dönebiliyor. Çünkü herkese atar gider yapmaya alışan insan nefsine de yapabiliyor. Avrupa'daki insanların zihin düzeyleri çok iyi olmasına rağmen bir hakikati duyduklarında, dönüş seviyeleri maalesef bizdeki gibi olmuyor. Zira bir şeyde ne kadar avantaj varsa o kadar da dezavantaj vardır. Mesela bizim milletin dezavantajı; bu kadar ciddi bir potansiyelin tamamını İslam namına kullanamamalarıdır.

Avantajı ise kalbi İslam'ı aldığında bizim Anadolu topraklarından çıkan herkesin ülke yönetebilecek potansiyelde güzel gönüllü insanlar olmasıdır. Avrupa'daki avantaj; masaya oturulduğunda 500 kişiyle sessiz bir şekilde sohbet edebilmekken, dezavantaj ise çok tekdüze ve yeknesak bir hayata alışmış olup, kafaları bir anda bozulduğunda: "Evet benim bunlardan vazgeçip Allah'a yönelmem lazım'' diye düşünemiyor olmalarıdır.

---

37 Ahmed b. Hanbel, 3/68; Hâkim, 1/499; Mecmau'z-Zevaid, 10/16.

Mesela ben, benden pek hoşlanmayan bir insana kaba bir şekilde "kalk lan bana bir bardak su getir yoksa ilerde senin ayaklarını kırarım" desem o kişi bırakın su getirmeyi, bana çok sert tepki verir. Ama aynı kişinin yanında silahı çeksem, on tane adamın kah topuğuna kah kafasına sıkıp ondan sonra, "kalk lan bana bir bardak su getir" desem bu sefer o kişi bırakın bir bardak su getirmeyi oraya baraj diker. "Abi ayaklarını da yıkayayım mı?" der. İyi de fark nerede ikisinde de aynı şekilde su istedim? Çünkü bizim fıtratımızda cezalar anlık verilmediğinde umursamama hastalığı oluyor, tıpkı cehennemi umursamadığımız gibi. Bizler heyecanları, sevinçleri, mutlulukları kalabalık içinde yaşadığımızdan; kader bizimle kalabalık olarak alakadar zannediyoruz. Halbuki durum hiç öyle değil. Bir gün en sevdiklerimizin yanında, dünyanın en iyi iki doktorunun elinde can verirken kaderin bizimle birebir alakadar olduğunu da anlarız.

Toplumun genelinde şöyle bir yanılgı daha hakim. Arkadaşlarımız namaz kılmıyor diye biz de namaz kılmıyoruz ve bu bizde bir sorun teşkil etmiyor. "Ya ne olacak sanki onlar da kılmıyor." diyoruz. Halbuki 300 kişilik bir arkadaş grubu toplanıp terasa çıksak sırayla herkes terastan aşağıya atlasa ve sen de sonuncu kişi olsan, senden önceki 299 kişi atladı diye sen de atlar mısın? İhtimal dahilinde bile değil, kesinlikle atlamazsın. Nefsi görüyor musun? Kebap olan yerde varım, diken olan yerde yokum diyor. Bizler hazırda ceza gördüğümüzde ikna oluyoruz ama ileride ceza gördüğümüzde ikna olmuyoruz. Bizim lezzetle ilişkimiz de aynen bu şekilde. Çoğu zaman lokantaya oturduğumuzda, kebap gelmeden önce mezeler, salatalar geliyor ve onları o denli yiyoruz ki kebap geldiğinde yiyecek yerimiz kalmıyor. Peki kebabın yanında salatanın lezzetinden söz edilemezken niye böyle yapıyoruz? Hazırda verilen bir dirhem lezzeti, gelecekte verilecek binlere lezzete tercih ediyoruz. Bizlerin bu ahlakının en kötü olduğu yerlerden bir tanesi de; namaz meselesi. Namaza yeni başladığımız zamanları hatırlayalım. Ben de ilk zamanlar başımı secdeye koyduğumda muazzam bir lezzet alıyordum. Aradan aylar geçti, yıllar geçti aynı lezzeti bir türlü yakalayamadım. "Acaba bu ilk aldığım lezzet neden gitti? Yoksa benim namazım kabul olmuyor mu?'' diye bir derde düştüm.

Halbuki Allah Azze ve Celle bu işe yeni baş koyanlara bir mükafat nevinden namazda bu lezzeti hissettiriyor. İleride bu lezzeti arar, kendine bir çıta yaparsın diye işin başında bir lezzet veriyor. Aradan aylar geçtikten sonra o lezzeti geri çekiyor. Biz de diyoruz ki: "Eyvah! İbadetlerimden eski lezzeti alamıyorum. Yoksa benim namazım kabul olmuyor mu?'' Gelen sorulardan birisi de: "Ben öyle bir namaz kıldım ki, şeytan gelse onu da cemaate dahil ederdim ama şimdi namazımdan bu lezzeti, bu hazzı alamıyorum. Yoksa benim ibadetlerim kabul olmuyor mu?'' Halbuki insan düşünse ki; namazın 12 tane farzı var ve bunun içerisinde lezzet almak farz değil. Ama bizler burada aldanıyoruz.

Zamanında Cüneyd-i Bağdadi Hazretleri birine soruyor: "Ey kardeşim sen ne için namaz kılıyorsun?" Adam: "Ben lezzet için kılıyorum." deyince: "İşte bu Abdüllezzet, yani lezzetin kulu." diyor. Başka birisine soruyor: "Sen bu namazı niçin kılıyorsun?'' Karşısındaki: "Ben huzur için kılıyorum." deyince ona da: "Bu da Abdülhuzur yani huzurun kulu." diyor ve ekliyor: "Bunların içerisinde Abdullah, Allah'ın kulu nerede?''

Demek ki namazda marifet, lezzet ve zevk almak değilmiş. Allah emrettiğinden, O'nu razı edebilmek için o namazı eda edebilmekmiş. Şunu da belirtelim ki; namazda lezzet almak kötü bir şey değildir. Ama namaz lezzet için kılınamaz. Çünkü sen namazını lezzet için kılarsan namazın bütün hükmü iptal olabilir.

> İçine değil, secdeye kapanırsan geçer acılar.

Namaz kâinattaki kudreti müşahede edilmiş bir Zât-ı Zülcelal'e teşekkür etme edasıyla, O'nun haşmeti ve haşyetinden korku duyma şekliyle kılınır. Peki bu korku nasıl olmalıdır? Biz Allah'tan korkarken çok sevdiğimiz bir zatın sevgisini kaybetmekten korkar gibi korkarız. Tabi bu ancak Allah'ı tanımakla oluşabilecek bir korkudur. İnsan Allah'ı hakkıyla tanımayınca sevgisi de korkusu da olması gerekenden başka bir yere gidiyor ve bunun neticesinde o insan, ibadetlerinden farklı beklentilere giriyor. İnsanlar bizlere gelip: "Biz ibadetlerden lezzet alamıyoruz." diyor düşündüm, aynı hal benim de başımda var. İlk kıldığım namazla şimdiki arasında lezzet cihetiyle farklar var. Ben de sordum kendime: "Lezzet almak mı iyidir yoksa almamak mı?" diye. İşte zamanında bu hali yaşayanlar da aynı bizim gibi sormuşlar Üstad Said Nursi Hazretlerine.

Aziz, sıddık kardeşlerim,

Üstad Bediüzzaman çoğu mektuba böyle başlar. Çünkü aziz, galebe edilemeyen demektir. Zira Müslüman hiçbir şartta mağlup olmaz. Ayağına diken batsa; günahlarına kefaret olur. Malı mülkü zayi olsa, sadaka-i cariye sayılır. Canı gitse, şehadet mertebesine erer. Böyle bir insana nasıl galip olunur ki? O yüzden Üstad Said Nursi çoğu mektubuna; 'Aziz, sıddık kardeşlerim' diye başlar.

Kastamonu'da ehl-i takvâ bir zât, şekvâ tarzında dedi: "Ben sukût etmişim. Eski halimi ve zevkleri ve nurları kaybetmişim."

Üstad Bediüzzaman Kastamonu'dayken yanına panik halde ve şikayet edercesine ehli takva yani Allah'tan korkabilen, Allah'a dair emir ve yasakları mümkün olduğu kadar yerine getirebilen bir zat geliyor. İbadetlerinde lezzet gittiğinden dolayı: "Eyvah! Lezzetler gitti. Demek Allah benden razı değil." diyor. Kendisince bir vesveseye düşüyor.

Ben de dedim: "Belki terakki etmişsin ki, nefsi okşayan ve uhrevî meyvesini dünyada tattıran ve hodbinlik hissini veren zevkleri, keşifleri geri bırakıp, daha yüksek makama, mahviyet ve terk-i enâniyet ve fâni zevkleri aramamak ile uçmuşsun."

Bir insan namazdan sürekli lezzet alsa nefsi okşanır. Nefsi okşandıkça bencil bir hale düçar olur ve artık bir müddet sonra kendisine: "Vay be! Ben Allah'ın ne özel bir kuluyum böyle." diye paye vermeye başlar. Bu hal insanı ahiretteki nimetleri dünyada yeme bahtsızlığına sürükler. Mesela muzu çok sevdiğinizi varsayalım. Size bir tane muz versem onu büyük bir zevkle yersiniz. 5 muz versem yine az da olsa bir zevkle yiyebilirsiniz ama 55 muz versem yiyemez, 555 muz versem kusar, muz görmek istemezsiniz, muz dünyasında mı yaşıyorum der kaçarsınız. Lakin cennette durum hiç dünyadaki gibi değil. Oradaki eşyalarla, buradaki eşyaların şekli ve isimleri tanıyabilelim diye aynı ama lezzetleri dağlar kadar farklı. Mesela cennette muzu aldın, birinci ısırığı ısırdın ağzında çiğnerken artan bir lezzet var. Hatta düşünün, o esnada çilek mi yeseydim deseniz; muz ağzınızda çileğe dönüşüyor. Çünkü dünya hikmet diyarı, ahiret kudret diyarı. Dünyada en sevdiğin meyveyi art arda on beş tane yiyemezken, ahirette her ısırığın ötekilerden daha lezzetli bir hale dönüşüyor. İster misin ahirette yiyeceğin muzu dünyada yemeyi? Hiçbir akıllı insan bunu istemez. Aynen öyle de biz namazdan sürekli lezzetler alsak, ahirette Allah'ın bize nasip edeceği cennetleri, kasırları, dostlukları, muhabbetlerin hepsini bu dünyada yesek, bunu da istemeyeceğimizden Allah o lezzeti çekiyor, alıyor bizden. Demek ki namazda lezzetlerin bizden çekilmesi iyi bir şeymiş. Çünkü bu hal bizlere ahiretteki nimetleri dünyada yedirip bitirtmez ve bizler lezzet için değil; bizzat Allah Azze ve Celle için, sırf o emretti diye namaz kılanlardan oluruz.

Platonik aşk diye bir şey vardır bilir misiniz? Genelde lisede olur bu haller. Bu sevgi tarzında kişi; 'karşı taraf kendisine bir karşılık verir mi, muhabbet besler mi' diye düşünmez bile, düşünse de bu durum hiç umurunda olmaz. Hatta Türk filmlerine çokça konu olan;

"Neriman'ı bırak!"

"Nayırrr!"

"O, seni sevmiyor."

"Ama ben onu seviyorum..." sahneleri de platonik sevdalara misaldir.

Eskiden sevdalar sentetik değilmiş. O yüzden birinin derdine şiir bile yazdırırmış. Mesela Ahmet Arif bir şiirinde demiş ki:

"Terk etmedi sevdan beni.
Aç kaldım, susuz kaldım, hain karanlıktı gece.
Can garip, can suskun, can paramparça.
Ve ellerim kelepçede tütünsüz, uykusuz kaldım.
Terk etmedi sevdan beni."

Başka bir tanesi de diyor ki:

"Bir güzel şuha dedim iki gözün sürmelidir,
Dedi vallahi seni Hint'e kadar sürmelidir.

Dedim ateşler yaktı yüreğim oldu kebap
Dedi söndürmek için payeme yüz sürmelidir.
Dedim ey Mehlika al bu gece bezmemen.
Dedi beyhude uğraşma kapılar sürmelidir.
Dedim âşıklara cevrin ne cefadır güzelim.
Dedi âşık olanın üzerine at sürmelidir."

Eskiden sevdalarından şair olan bu insanlar, platonik olarak birini sevdikleri zaman karşılık beklemezlermiş. Biz de namazı böyle sevsek ya... Platonik sevsek, hiçbir karşılık beklemesek. Lezzet beklemesek, huzur beklemesek. Bazen edilen cümleleri duyuyorum da kimileri: "Ben namaz kılıyorum. O yüzden işlerim çok iyi gidiyor." diyor. Yani işlerin iyi gitmese Allah'ı, namazı mı terk edeceksin? Namazın karşılığı hiç bu kadar ucuz olabilir mi?

Evet, bir ehemmiyetli ihsan-ı İlâhi, ihsanını, enâniyetini bırakmayana ihsas etmemektir -tâ ucub ve gurura girmesin.

İhsan; ikram ve hediye, ihsan-ı İlahi ise Allah'ın hediyesi demektir. Demek Allah'ın bir kuluna verdiği en güzel hediye, o kulun farkında olmadığı hediyedir. Mesela birisi güzel bir konuşma yapsa, birileri de dese ki: ''Ya abi ne güzel anlattın.'' O da kendine denildiğini bile fark etmeyip: "Allah Allah! Bana demiyorlar herhalde..." diye düşünse o insan için en güzel hediye odur. Ama bunun zıddı örnek de var maalesef. Bir tanesini yıllar önce yaşamıştım, yeri gelmişken paylaşayım. Mersin'de Muğdat Camii'nde çok güzel bir çay ocağı var. Biz bazen kandil gecelerinde arkadaşlarla Muğdat'a gider sabahlardık. Yine bir gece çay ocağında oturduk. İçerisi tıklım tıklım dolu. Camiden çıkan oraya geliyor. Tevafuk, bizim de yanımıza iri yarı, saçı olmayan bir abi geldi, oturdu. Abinin tavırları olumsuz manada biraz garipti. Böyle olunca bizim de dikkatimizi çekti. Muğdat Camii etrafındaki insanlar, çevresindekilere yardım eden insanlar olduğundan Allah oraya bol meczup gönderir. O gün de bir meczup geldi ve o iri yarı abinin elinden öptü. Aradan 2-3 dakika geçti. Başka bir meczup daha geldi. "Abim!'' dedi bu sefer adamın kelinden öptü. İki dakika daha geçti. Başka bir meczup "Canım abim!'' dedi ve adama sarıldı. Derken adam tribe girdi ve: "Ben demedim mi size? Bende özel bir şey var. Bak Allah'ın ne kadar evliya kulu varsa hepsi beni öpüyor." dedi. Az kalsın peygamberliğini ilan edecekti.

İşte bizler üç tane meczup elimizden, kelimizden öptüğünde, tribe girip rollenen insanlarız. Bir de Allah bize verdiklerini hissettirse ve biz bunları kendimizden bilsek ne hale gelir, nasıl rolleniriz? Artık o saatten sonra kimse bizimle baş edemez. Uçarız resmen değil mi? Bizlerde maalesef nefsini özel hissedip, "ben başkayım'' deme isteği çok fazla var. Bu yüzden bizler insanlara zahiren bakar, dış görünüşe göre hüküm veririz. Oysaki bir meseleyi güzel anlatabilmek demek, güzel yaşayabilmek demek değildir. Zira bir insanın davayı anlamasının ölçüsü, davada yaptığı fedakarlık ile ancak ortaya çıkar. O yüzden zahirde bir kişiye baktığınızda, bu çok mübarek bir insanmış diye kanı oluşturamazsınız. Çünkü ne o insan öyledir ne de sen onu anlayabilecek evliyalıkta bir kişisindir. O yüzden biz bu dünyada bülbül gördüklerimizin birçoğunu ahirette, lâl olmuş görecekken; insanlar içerisinde bir insan, "ferdenminennas" olarak gördüklerimizin birçoğunu da ahirette Şah-ı Geylani'nin yanı başında ve meleklere; "bu kulumdan defter sual etmeyin'' denilirken görebileceğiz. O halde bizlerin zahir ile bu cihetlerde hüküm vermemesi gerekir. Çünkü Allah'ın verdiği en önemli hediye kulun hissetmediği hediyedir.

Kardeşlerim,

Bu hakikate binaen, bu adam gibi düşünen veya hüsn-ü zannın verdiği parlak makamları nazara alan zâtlar, sizlere bakıp içinizde mahviyet ve tevazu ve hizmetkârlık kisvesiyle görünen şakirtleri âdi, âmi adamlar görür ve der: "Bunlar mı hakikat kahramanları ve dünyaya karşı meydan okuyan? Heyhât! Bunlar nerede, evliyaları bu zamanda âciz bırakan bu kudsî hizmet mücahidleri nerede?" diyerek, dost ise inkisâr-ı hayâle uğrar, muarız ise kendi muhalefetini haklı bulur.

Günümüzde çoğu insan birilerine görünüşe bakarak makam veriyor. Elbette bir insanın sarık, takke takması, cübbe giymesi çok güzel sünnetlerdir. Ama bunun bir sıralaması vardır. Nasıl önce pastayı yaparsın tadı, lezzeti, kreması çok güzel olur. Ondan sonra üzerini süslersin. Aynen öyle de sarık ve cübbede süsleme nevinden bir sünnettir. Eğer bizler bir insanın dışına bakarak; "bu adam cübbeli, bu zat sarıklı, bu kişide nur gördüm'' diye hüküm verirsek az önce namazdan lezzet almayı bekleyen insanlara döneriz. Çünkü bir insanın bu meseleyi anlaması; dış görünüşü ile değil yaptığı fedakarlıkla ve terk-i enaniyetle ölçülür. Ben Üstad Bediüzzaman'ın ve talebelerinin hayatlarını okuduğumda anladım ki, içlerinden bazıları aynı bizim köydeki Ali dayıya, bazıları ise Tevfik amcaya benziyor.

Hele Said Nursi'nin: "Ben Zübeyr'i kainata değişmem." dediği bir talebesi var, dışardan baksan 50-60 kilo bir adam dersin. Ben bu güzide insanları okudukça hayretler içinde kaldım ve: "Allah Allah! Bu davayı yıllar boyu sürdüren insanlar bunlar mıymış? O hakikat kahramanları bunlar mıymış?'' diye çok şaşırdım. İşte her dönemde çoğu insan, kişinin davası için yaptığı fedakarlığa ya da enaniyetini nasıl terk ettiğine değil de dış görünüşe baktığından, hakiki dava adamlarını gördüklerinde eğer dostane bir bakışa sahipse; "ben bu adamları gözümde çok büyütmüşüm, 50 kilo adam mı bu işi yapıyor" diyerek hayal kırıklığına uğrayabiliyor. Eğer düşmanca bir bakışa sahipse; "ben size demedim mi 50 kilo adam bu işleri yapamaz" diyerek kendisini haklı bulup hem aldanıyor hem aldatıyor.

Peki neden böyle oluyor? Sebebi biziz. Biz İslam'ın içerisinde belki yüzde bir oranında bulunan keşif ve kerametleri en merkez meseleye koyuyoruz. Halbuki Efendimiz'in(sav) sahabelerin hayatlarına baktığımızda, hakikatin yanında keşifler ve kerametler yüzde bir hükmüne varıyor. Bizler sürekli; "keşif var mı, keramet var mı"

> Pişmanım Allahım! Kılmadığım namazların ağırlığı var yüreğimde...

diye nazarımızı oraya verdiğimizden bu hastalığın başka bir tecellisi de namazda lezzet beklemek olarak açığa çıkıyor. Diyelim ki, ben evliyaullah bir zatım ve çok kerametim var. Parmağımı kaldırdım etraftaki herkes havaya uçtu. Çay dağıtılırken elimi şaklattım çayların hepsi tantuniye dönüştü. Soruyorum size, kabrinize ne faydası var? Ben suyun üzerinde ayak basmadan yürüsem, etraftaki herkesi havaya kaldırsam, bu bana ancak acizlikten verilen bir hediye ve ikram olabilir. Sizin imanınıza bizzat bir faydası olur mu? Bendeki keşif ve kerametlerin sizin ne kabrinize ne imanınıza zerre kadar yararı olmaz ama bu satırlarda anlatılan meselelerin yüzde yüz olur. Çünkü bunlar iman dersleri...

Doğu'da Üstad Bediüzzaman'a veya onun gibi hocalara; Seyda derler ve bir gün Üstad Bediüzzaman'ın yanına birisi gelip: "Seyda o kadar yoldan gelmişiz, hele bir keramet göster de gidelim." der. Üstad Said Nursi: "Kardeşim! Ben mücevherat dükkanının dellalıyım. Benim dükkanımda balon bulunmaz." diyerek içinde bulunduğu hakikatin onun beklediğinden çok daha yüksek olduğunu ifade eder. Gerçekten insanın algıları burada kalınca, namaz gibi imandan sonraki en mühim meselenin dahi ehemmiyetini unutur hale geliyor. Zira bu meselenin farz kısımları var, sünnet kısımları ve örfi kısımları var. Mesela ben misvakla dişimi temizlesem ve bu amelimle Efendimiz'i(sav) Efendimiz'den(sav) de Allah'ı hatırlasam bir sünnet sevabı alırım. Çünkü sünnetin önemi hatırlatıcı olmasından gelir. Ama misvak kullanmazsam bana günah yazılmaz.

Ya da suyu üç yudumda içip: "Ben Efendimiz'e(sav) benzemek istiyorum ve oradan Allah Azze ve Celle'yi hatırlayacağım." desem bu içme şeklimden sevap alırım. Ama üç yudumda içmesem günah kazanmam. Bunlara sünnetin örfi tabakatı denir. Yaparsan bu güzel davranıştan Efendimiz'i(sav) ve Allah'ı hatırlar sevap alırsın. Yapmazsan günahı yoktur. Sünnetin bu tarz örfi tabakatının yanında çok daha ehemmiyetli bir de farzî tabakatı vardır. Allah'ı tanımak, tanıtmak, bilmek, bildirmek, sevmek, sevdirmek tam olarak bu tabakadadır. Bizler bu kısımda neredeyiz peki? Mesela sen, iman ettiğin Kur'an'a ne kadar vakıfsın? Ondan sonra keramet ara, keşif ara. Yakışıyor mu? Bence olmuyor.

Bir gün, Mersin'de bir kardeş yanıma geldi ve: "Mehmet Abi çok önemli bir şey oldu. Ben Üstad Said Nursi'yi yakazaten gördüm." dedi. Yakaza evresinde kişi ne uyuyordur ne de uyanıktır, arada bir evredir. Yani o kardeş bana bunu söyleyerek alttan alta "ben evliyayım" demek istiyor. Neyse devam etti anlatmasına. "Yakazaten Said Nursi'yi gördüm. Vallahi baş ucumda oturuyordu. Sen namaz kıl dedi. Ne yapayım?'' dedi. Üstad Bediüzzaman namaz kıl dediyse bunda düşünecek ne var? Adamın hayatında daha namaz gibi bir hakikat yok düşündüğü şeylere bak. Çok üzücü gerçekten.

Velhasıl, insanın namazlardan lezzet alamaması kötü bir şey değildir. Enaniyeti terk etmesine sebep olur. Hatta Allah'ın lezzeti çekmesi ahiretteki nimetleri dünyada yemesine engel olur. Lakin bir insan tam bu esnada vesveseye düşse ve: "Acaba benim namazlarım kabul olmuyor mu da Allah bana lezzet vermiyor?'' dese, çok ciddi zarara düşer. İlk aşamada o kişi bu vesveseden dolayı, namazlarını terk edebilir. Allah'ın huzurundan geri durduktan sonra bu sefer şüpheler başlar, vesveseler artar. İşin sonu: ''Ya Allah'ın benim namazlarıma ne ihtiyacı vardır''a kadar gider ve en kötüsü Allah Azze ve Celle ile arası açılır. Benim hayatımda gördüğüm tecrübelere binaen, hiç kimse ama hiç kimse çok zeki veya farkındalığı bizden çok yüksek olduğundan dolayı hayatında imandan başka bir yol bulmuyor. Hepsinin altını kazdığımızda ya haramlar çıkıyor ya da enaniyet. Başka hiçbir şey yok. Birisi namazı bırakmışsa ve: "Artık bana İslam uzak geliyor, bu yolda yürümeye gerek yok ben kendime şöyle bir yol buldum.'' diyorsa burada hiçbir zeka emaresi mevcut değildir. Yani o kişi bizden farklı olup atomu parçaladı diye kendisine yeni bir yol bulmuş değil. Sebebi çok net ortadadır, enaniyet ve haramlardan dolayı bu yola gidiyor.

Geçen gün dışarıda bir kardeşle denk geldim. Kardeşi önceden tanıyorum arada sırada yanımıza gelip giden güzel bir kardeşimizdi. Ama duydum ki üniversitede kız ortamına dalmış. Abaza gibi olanlardan değil de sohbet muhabbet edip çekici davrananları bilirsiniz, bu kardeş tam öylelerinden işte. Ben onlarla sohbeti seviyorum diyerek, onlarla bir arkadaş ortamına daldığından dolayı ruhu iyice perişan olmuş. Muhabbet ettik biraz. Yakın zamanda Almanya'ya üniversitede çalışma yapıp makaleler yayınlamaya gidecekmiş. Dedim ki: ''Kardeş! Maşallah çok güzel bir fırsat. Tabi git ama Allah'la arandaki meselelerini unutma. Namazını aklından, hayatından çıkarma." Ne dedi biliyor musunuz? "Abi ben artık inanmıyorum...'' Zamanında Allah'a başını eğmeyi bilen insanın haramlardan dolayı nasıl baş kaldırabildiğine bir kez daha şahit oldum. O zaman epey bir konuştum onunla. "Niye inanmıyorsun kardeşim? Kâinattaki bütün mevcudat bizim için böyle hizmetkar oluyor iken, dünyanın bir milyon üç yüz bin katı büyüklüğünde bir lamba tepemizde sürekli emrimize amade yanmaya devam ediyorken. Vücudunda doksan altı bin kilometre damar yolları var ve vücudundaki hücreler her seferinde doğru yere gidip doğru besinleri buluyor. Bu nasıl oluyor? Proteinler tırnakta ters bağlanıp keratini nasıl oluşturuyor? Fosfor veya kalsiyum her seferinde dişime veya gözüme nasıl yol bulup gidiyor? Kalsiyum gözüme gelse taş gibi yapacak ve kör olacağım. Fosfor dişime gelse pamuk gibi yapacak. Doksan altı bin kilometre damar yolu diyorum. Beni İstanbul'da bıraksan ben evimi bulamam.

Her an sana bu kadar teçhizat, bu kadar cihazat veriliyorsa tabi ki veren bir gayeye binaen vermiş demektir. Bir insana askerde bir şey verilmişse, bu emir demektir. Kıyafet verilmişse giy demektir. Süpürge verilmişse süpür demektir. Yemek verilmişse ye demektir. Allah Azze ve Celle'nin verdiği cihazat da aynı cinstendir. Göz verilmişse bak ama benim için bak demektir. Ağız verilmişse konuş ama gıybetli değil benim için konuş. Ayak verilmişse koş ama benim yolumda Musab bin Ümeyr gibi koş demektir. Bunca emir ve bunca teçhizat, cihazat senin vücudunda iken, nasıl olur da sorgulamaya gerek duymaz, abi ben artık inanmıyorum diyebilirsin?" İnsan kendinden bu denli habersiz olur mu?

Aynı bu kardeşim gibi benim bir de çocukluk arkadaşım var, şu anda yurtdışında yaşıyor. O da çok marjinal bir kişi. Geçenlerde onunla da konuştum. Başka vesveselere kapılmış. O da benzer şeyleri söyledi. Ona dedim ki: "Kardeşim, ortada senin kadar masraf yapılmış bir adam var ve sen yakılsan, yok olsan, heba olsan yazıktır. Ben son model Audi alsam, ertesi gün de benzin döküp yaksam ne dersin? 'Kardeş bu kadar masraf yaptın yakılır mı?' dersin. Ee senin kadar masraf yapılmış ve bu dünya kadar sarfiyat harcanmış bir düzen var ortada. Yok olmak için yaratılmış olabilir mi?'' Dedi ki: "Ben bu dünyaya gelmeyi kendim seçmedim Mehmet.'' Dedim "Senin ağzına kurban. Sen kendin gelmediysen seni biri gönderdi. Kim gönderdi?''

Bu örneklerde görüldüğü gibi bizim yaşadığımız yer olan Çukurova sorunlu bir bölge. İnsan İstanbul'da en azından nefes alabilecek Fatih, Eyüp Sultan gibi yerler bulabiliyor. Ama ben Mersin'de mahalleyi bırak, 10-20 Müslümanın birlikte olduğu bir apartman dahi görmedim. Hal böyle olunca uğraştığımız arkadaşlar da sorunlu oluyor. Mesela yıllar önce bir kardeş ile ilgileniyorduk. Liseli, güzel bir çocuktu. Bu arkadaşın lisede Whatsapp grubu varmış. Özür dileyerek söylüyorum bir hayat kadınının numarasını atmışlar oraya. O kardeş de, o numaradan kötü bir yola düşmüş. Ve bunun için hırsızlık bile yapmış. Buna rağmen: "Yapma, etme. Bunca hakikat dersi almışsın. Kalbinden yersin bu saatten sonra. Senin kadar bilinçli birisi burada düşer mi?" diye defalarca konuştuk onunla. Şu an haramların içerisinde devam ediyor. Bir de yaratılış ve varoluş gibi kavramları sorgulamaya başlamış. Bu çocuk abdestli, namazlı bir çocuktu. Velhasıl böyle insanların hiçbirisi atomu parçalayacak kadar zeki olduğundan ya da başka mantıklı bir yol olduğundan yeni bir yol bulmuyor. Enaniyetten ve haramlardan dolayı kalp bu yollara sevk oluyor. Kişi hayatından namazı kopardığı anda, Allah'a günlük hesap vermeyince, sorgulamalar başlıyor. Belki de artık Allah Azze ve Celle o kişiyi çok sevmiyor. Yoksa bir insan bu hallere düşer mi diye sorasımız geliyor.

Namaz Kılmayacaksan Bahanen Hazır mı?

İnsanlarla namaz hakkında konuştuğumuzda birçoğundan şöyle bir cümle duyuyoruz: "İçimden gelmiyor." Duydunuz mu hiç böyle bir cümle? Biz, bizim oralarda yani Çukurova bölgesinde çok duyuyoruz. Her yerde de vardır diye düşünüyoruz. Çünkü insan her yerde insan. O zaman bu; "içimden gelmiyor" cümlesini biraz açalım. Kalbimizi şöyle bir elimize alalım. Acaba içimizde ne var? Mesela Kur'an'ı düşünelim. Ortada iman ettiğimiz hatta belki de okumadan iman ettiğimiz bir Kur'an var. Acaba içimiz iman ettiğimiz Kur'an ile, Efendimiz'in[(asm)] kainata gönderilişinin temel manası ile ne kadar dolu? İçimizde ev var, araba var, çoluk çocuğun geleceği var, dünyamı bir garanti altına alayım var, istikbal endişesinden kurtulayım var. Biraz daha bakıp içimizi dışa bir çevirsek çelik araba jantı bile vardır belki ama namaz yok diyoruz. O zaman içimden gelmiyor cümlesi bize içimizin imandan ne kadar uzak olduğunu gösteriyor. Başka bir grup insan diyor ki: "Siz namaz filan diyorsunuz iyi hoş, ama adamın içinde olacak.'' Bunu duydunuz mu? Bir de entelektüel bir havaya bürünerek söylüyor bunu söyleyenler. Çünkü onlar, yaratılışı çok iyi biliyor. Yani haşa Allah, Ali'nin içine koymuş onun içine koymamış. Öyle mi? İyi de eğer namaz birisinin içinde olup diğerinin içinde yoksa Allah -haşa- zalim demektir. Hikmeti bu şekilde iktiza etmez. Demek namaz senin içinde var ama sen onu köreltmişsin.

Bazıları da var: "Abi namazı kılmayı çok istiyorum ama kılamıyorum.'' diyor. Birincisi kılamıyorum değil, kılmıyorum. Çünkü eğer kılamıyorum dersen bir de yalana girmiş olursun. İkincisi senin bu söylediğine göre sen namaz kılmayı çok istiyorsan da Allah yaratmıyorsa Allah yine zalim olur haşa. Sen istiyorsun ama Allah diyor ki: ''Dur ben bu kulumu cehenneme atayım." Öyle mi? Tabi ki durum hiç de sanıldığı gibi değil. Namaz senin içinde, iç niyetinde olmadığından kılamadığını sanıyorsun. Kalbin betonlarla, makamlarla, mansıblarla, haramlarla örülü olduğundan Allah Azze ve Celle'nin en ehemmiyet verdiği, baş ibadet olan namaza yer vermiyorsun. Sonra bir de ben kılmak istiyorum ama kılamıyorum diye iftira atıyorsun. Böyle yaparak bir de ukalalık yapıp kalbini öldürüyorsun haberin yok. Yakışıyor mu bu tavırlar?

Reçete

Allah'ın, bizi sürekli gördüğünü hissederek O'na(cc) saygı duyup boyun eğmemize huşu denir. O'nun(cc) azametini ve büyüklüğünü düşünmemiz, yani birinin sürekli bizi görüyor olduğu düşüncesinde olmamız bize o huşuyu verir. Düşünsenize, Allah koskoca kainatı senin için yaratmış. Tâ bebeklikten şefkat kahramanı anneler, ev direği babalar vermiş. Sen hiç irade kullanmadan belki unutarak günlük sekiz bin sekiz yüz litre havayı teneffüs ediyorsun. Tüm bunlardan sonra insan böyle bir Allah'a nasıl karşılık vereceğim diye düşünerek bile o namaza durur ve böylece huşu oluşur. Namazda huşuyu yakalamak isteyen insanın şu üç şeyi yapması gerekiyor.

Birincisi

Namazdaki huşu namazda değil namazın dışında yakalanır. Mesela bir esnaf, bir saat sonra namaza gidecek, o esnada kapıdan bir müşteri giriyor ve o esnaf bütün şuurunu ona mal satmaya adıyor. Tam o esnada gerçek rızık vericinin Allah olduğu unutulup, kapıdan giren müşteriye; "benim rızkım buna bağlı" diye kalp akıyorsa ve hatta o anda yalan devreye giriyor ve esnaf müşteriyi tav edip malı satabilmek için her türlü fırıldaklığı yapıyorsa, bir saat sonra namazda yakalayacağı huşuyu bir saat önce ticarette yemiş oluyor. Bazı esnafların kapı önünde çok muhabbetleri olur ve maalesef etrafa da kafalarını çok çevirip baktıklarından gözleri haramlara fazla ilişir. İşte tam bir saat sonra namaza gidecek esnafın kapının önünde harama gözü ilişse bir saat sonra namazda alacağı huşuyu haram nazar ederek yemiş olur. Peki şeytan sadece esnaflarla mı uğraşır? Hayır hayır, her insan için ayrı planı vardır. Mesela ev hanımlarını da gıybetten yakalar. Ev hanımı bir ablamız tam börek açacakken kapı çalar, üç numaralı dairede oturan komşu gelir ve: "Gülsüm yeni koltuk takımı almış ama hiç güzel değilmiş. Gördün mü?" der. O da: "Ay Gülsüm'ün zevki olsa zaten o kocayı bulmazdı." diye gıybeti sürdürür. Veya telefonu çalar arayan bacısıdır. Akşama kadar kocasından tut, kaynanasına kadar herkesin lafını eder. Sonra da ben zaten olanı konuşuyorum diye vicdan rahatlatır. Böylece bir saat sonra namazda yakalayacağı huşuyu bir saat önce çalan kapıda veya telefonda gıybet yaparak yiyip bitirir. O yüzden eğer bir kişi namazda huşuyu yakalamak istiyorsa evvela namazın dışındaki hal ve hareketlerini düzeltmesi gerekir.

İkincisi

Namaz sizlerde ne manaya geliyorsa, bir gece oturup evinizde çayınızı, kahvenizi koyun ve yazmaya çalışın. Zira ben denedim ve kalemime şöyle cümleler döküldü: "Ya Rabbi ben Sen'in(cc) varlığından gafil değilim, başka birçok yere gitmek yerine Sana(cc) geldim. Evet günahkârım, bugün de çok günah işleyip Sana geldim Rabbim. Ne yapayım başka gidecek kapım mı var? Yine Sana geldim Rahim olan Rabbim. Sen(cc) sadece iyilerin değil, Sen benim gibi kötülerin de Rabbisin. Sen benim gibi işte güçteyken çoğu zaman Sen'i unutan gafillerin de Rabbisin. Ama Sen(cc) bu haşmetli kainatın yaratıcısısın. Güneş'i, Dünya'yı ve yıldızları kabza-i tasarrufunda döndüren ve hakiki rızık veren Sen'sin Rabbim. Şimdi ben tüm ihanetlerime rağmen yine Sana(cc) secde etmeye geldim."

Bizler namaza giderken yüzsüz olursak, şeytan bizi hiçbir vesveseyle kandıramaz. Zira Allah'a giderken yüzsüz olmak: "Ya Rabbi bana diyorlar ki senin gibi gafilin kıldığı namaz kabul olmaz. Ama ben o gafletimle bile gidecek başka kapı bulamadım. Bu yüzsüzlüğümle yine Sana geliyorum." demek lazım.

Üçüncüsü

Eğer huşuyu yakalamak istiyorsak kendimize Allah'ı hatırlatacak bir günlük program yapmamız lazım. Bizim bugün namazda zorlanmamızın en büyük sebebi; Allah Azze ve Celle'yi tanımamamız. İnsanlar haşri, kaderi, kabri, evliliği, namazı neyi sorarlarsa sorsunlar İslami olarak bütün soruların en temelinde aynı sorun var. Kimse nasıl bir Allah'a iman ettiğinin farkında değil. Bir patron aylık dört bin lira maaş vererek bizi istediği gibi çalıştırır. Oradan oraya koşturup, ekstra işleri yaptırır. Bir patron dört bin liraya tüm bunları yaptırıyor ama koca kainatın yaratıcısı cennet karşılığında seni bir saat alamıyorsa, sen o yaratıcıyı tanımıyor, patronun elindeki imkanlara inandığın kadar Allah'ın kudretinin farkına varamıyorsun demektir. Demek ki bizim günlük programımızdaki ilk mesele; "Ben nasıl bir Allah'a iman ediyorum?" olması gerekir. Bizlerin Allah'ı tanıma, bilme, sevme meselelerini çok iyi oturtması lazım. Çünkü bir insan bu meseleleri ne kadar çok anlarsa bu davada o kadar çok fedakarlık edebilir.

Ben Ege Üniversitesi mezunu matematik öğretmeniyim. Üniversitedeyken çok kolay bir dersimiz vardı ve sınava üç gün kala bir anda dersin hocası değişti. Bu hocadan hayatta geçemem diye tam 50 saat uykusuz ders çalıştım ve sınava girdim. Sınavdan çıktıktan sonra da kendime sordum: "Ulan Mehmet! Hiç Allah için elli saat uykusuz kaldın mı?'' Sorunun cevabı benim için biraz üzücü oldu.

Bizler namaz için verdiğimiz bir saatimizi bile o kadar sıkıntılı veriyoruz ki. Tam iftitah tekbirinde Allahuekber dedikten sonra üstümüzü düzeltiyoruz, pantolonu çekiyoruz. Sonra tekrar saçlarımızı düzeltiyoruz. Utanmasak parfüm olsa bir de parfüm sıkacağız. Namazdan başka her şeyle alakadar oluyoruz. Ayırdığımız zaten bir saat onu da böyle ayırıyoruz? Böyle bir saat olur mu? Halbuki kusurlarımızı bilsek de o hassasiyetle Allah'a yönelsek ne güzel olurdu.

Allah senin bütün kusur ve günahlarını biliyor ama yine de seni huzuruna davet ediyor. Sen bu kadar yanlışa rağmen bir de o daveti kabul etmezsen saygısızlığın boyutunu artırmaktan başka bir şey yapmış olmazsın. Ama maalesef etraf bu daveti kabul etmeyenlerle dolu. Hastanelere bakıyorum da tıklım tıklım sanki bütün insanlar hasta olmuş. Bazen alışveriş merkezine gidiyorum, tıklım tıklım sanki bütün insanların alışveriş yapası tutmuş. Yollara çıkıyorum oralar da tıklım tıklım sanki bütün insanlar seyahate çıkmış. Ama bir de camiye gidiyorum bomboş. Sanki namaz hiç farz olmamış...

40 Günde Namaza Başlamanın Formülü

İnsanoğlu sabah namazına kalkmakta zorluk yaşayınca nefsi içerden enteresan sorularla kafasını karıştırabiliyor. "Sabah namazı öğlen namazına yakın olsa daha iyi olmaz mıydı? Hem herkes uyanır, kimse de sabah namazını kaçırmazdı."

Böyle bir soru da ya şeytandan gelir ya da şeytanın destekçisi olan nefisten. İyi de güzel kardeşim, sabah namazına kalkmanın tek amacı, namazı kılabiliyor olman değil ki. İçinde bir sürü amaç barındırıyor. Mesela sen Rabbine sadık mısın? Verdiğin sözü tutacak mısın? O saatte sıcak yatağından kalkarak rahatını feda edebilecek misin? Allah bunları görmek istiyor ve bizden bunu amelimizle ispatlamamızı istiyor.

İnsana sabahın o saatindeki uyku kadar tatlı gelen bir şey daha yoktur. Hele bir de mevsimlerden kış, dışarısı buz gibi, yorganın içi sıcacıksa; işte şeytan öyle zamanlarda çok fragman çektirir insana. Daha gerçekleşmemiş şeyleri zihninde sürekli oynatır. İşte tam o an nefis tüm çıplaklığı ile çıkar ortaya. Kişi yapmacık tavırlardan uzaklaşıp kendisinin ne olduğunu tam o zaman anlar.

Medresede kalan insanların bile en bilinmez yanları bu zamanlarda açığa çıkar. Herkes ile anlaşan, gül gibi bir kardeşimiz uykunun en tatlı yerinde sabah namazına kaldırıldığında canavara dönüşüp "üzerimi ört ve hemen yanımdan uzaklaş" diye şaşırtıcı tepkiler verebilir. Bizde de böyle olmuyor mu bazen? Normalde insan çocuğunu gördüğünde sever; ta ki yoğun geçen bir günün gecesinde sabah namazını kıldıktan sonra uyuma planları yaparken o çocuk yatakta kafasına oturana kadar. Dünyayı verseler vermeyeceği baldan, şerbetten tatlı gelen çocuğu hangi anne baba alıp kenara atmak ister. Ben istedim, o an kızım Ecmel'i kafamdan atıp uyumak istedim. Çünkü uyku gerçekten çok tatlı bir şey. Bunu sabahlara kadar beşik sallayan anneler, gece boyu nöbet tutan işçiler iyi bilir.

Demek ki burada başka bir mana daha var. Sen en sevdiğin şeyi en Sevdiğin Zat'a(cc) feda edebiliyor musun Allah bunu görmek istiyor.

Adetullahta bir kaide vardır. Bir insanın maneviyatta istifadesinin olmazsa olmaz şartı, fedakarlıktır. Fedakarlıkta yükselmemiş bir insan, hakikatlerin derinliğini asla anlayamaz. Demek ki senin sabah namazında yaptığın o fedakarlık, uykunun en tatlı yerinde yorganı kaldırıp üzerinden atman, aslında sadece namazı eda etmiş olmanla kalmıyor. Bu fedakarlık senin ilerde İslam'dan, imandan istifade etmene de bir sebep oluyor. Zira televizyonun başında sabahlara kadar uykusunu feda edenlerle; Rabbi için, namazı için uykusunu feda edenler tam da bu noktalarda ayrılacaklardır. Birisi hakikati duyunca daha iyi istifade edecekken; öteki maalesef duyacak ama duymamış gibi yaşayacaktır.

Sabah namazı kıymeti kadar, mücadelesi de çok olan bir namazdır. Kalkmak ayrı bir mücadele. Abdest ayrı bir mücadele. Sünneti kılsam mı kılmasam mı bambaşka bir mesele. Kılana kadar devam eden bir mücadele var. Efendimiz'de(sav) bu konu ile ilgili şöyle buyuruyor: "Biriniz uyuduğu zaman şeytan onun ense köküne üç düğüm atar. Her bir düğümü attığı yere: 'Gecen uzun olsun, yat, uyu!' diye eliyle vurur. Şayet o kimse uyanarak Allah'ı anarsa, düğümlerden biri çözülür. Abdest alırsa, bir düğüm daha çözülür. Bir de namaz kılarsa, şeytanın attığı bütün düğümler çözülür ve böylece neşeli ve huzurlu bir şekilde sabahlar. Allah'ı anmaz, abdest alıp namaz kılmazsa, uyuşuk ve tembel bir halde sabahlar.[38]"

Ben bu üç düğüm meselesini bir gün yanıma gelen birinin şu cümleleriyle daha iyi anladım: "Abi ben sabah namazına kalkıyorum uykuyla problemim yok. Abdest de alıyorum. Zaten suyun serinletme hissini çok seviyorum. Ama sabah namazının iki rekatlık sünneti bana ölüm gibi geliyor. Farzı kılıp hemen yatağıma kavuşmak istiyorum. Buna karşı ben de bir taktik geliştirdim. Şeytanı seccadeye gidene kadar kandırıyorum. 'Tamam oğlum sadece farz kılacağız, tamam sakin ol iki rekat kılıp kalkacağız.' diyerek şeytan ne dese tamam diyorum. Seccadeye gidince farz kılacakmış gibi gösterip hemen; 'niyet ettim sabah namazının iki rekat sünnetini kılmaya' diye iftitah tekbiri getiriyorum. Şeytan deli oluyor."

Demek nefsi böyle bir ikna mekanizmasıyla çalıştırmak gerekiyor. Çünkü insan sabah namazını kıldıktan sonra kendisini dünyanın en hafif, en güçlü, en kuvvetli insanı gibi hissediyor. Özellikle sabah namazı, diğer namazlara nazaran bahaneye en açık namazdır. Zaten insanların söylediklerine baktığınızda da bunu çok rahat görürsünüz. Onlara göre kimse sabah namaza kalkmıyor değil, herkes kalkamıyor.

"Gecelere kadar ders çalıştım, sonra uyuya kalmışım."

"Bugün iş çok yoğundu, eve gidince devrilmişim, sabah kalkamadım."

---

38 Buhârî, Teheccüd 12, Bed'ü'l-halk 11; Müslim, Müsâfirîn 207.

İyi de güzel kardeşim hadi bu bahanelerle kendini ve çevreni ikna edeceksin diyelim. Kaderin Sahibi olan, sana namazı farz kılarken, senin nasıl bir hayat yaşayacağını bilen Allah Azze ve Celle'ye de mi bu bahaneleri sunacaksın? İmkansız...

> "Ezan ile çağırana gitmezsen dua ile çağırdığın gelir mi hiç?"

Sen bir okula öğretmen olarak atanıp çalışmaya başlasan daha sonra oturduğun evin altındaki bahçeye boş durmayayım diye domates, maydanoz eksen ve bahçe işleri yoğunlaştığından artık okula gidemez hale gelsen. Bir gün İl Milli Eğitim Müdür'ü gelse ve sana: "Ya hocam nedir bu halin? Okulda talebeler seni bekliyor. Haftalık derslerin var ve sen okula gelmiyorsun." dese sen de açıklama olarak: "Sayın müdürüm durumlar bildiğiniz gibi değil. Bahçeye domates, maydanoz ekiyim derken işler aldı başını gitti. Baş edemiyorum bu yoğunlukla. İşime de bu yüzden gelemiyorum." desen o müdür ne yapar? "Aslî vazifesini talî bir mesele için terk ediyor, bu öğretmen kafayı yemiş." der ve "hocam ya asıl mesleğini aksatmamak şartıyla bahçe işlerine devam edersin; ya da ben seni azlederim" diye uyarır. Çünkü bir öğretmen zarurî olmayan domates-maydanoz işleri yapmadığı için ceza almaz. Ama aslî vazifesini yapmazsa cezaya çarptırılır. Aynen öyle de sen dünyaya Allah'ı tanımaya ve ibadet etmeye geldin, diğer meselelerden ötürü: "Namaza vaktim yok. Benim gece işten eve kaçta geldiğimi, sabah kaçta uyandığımı biliyor musunuz?" diye bahane sunman hocanın ileri sürdüğü maydanoz, domates işi gibi olur. Çünkü senin asıl yaratılış sebebin, Allah'a kul olmak ve bunun en ciddi göstergesi de namaz.

Aslî işini yapmadıktan sonra, diğer işlerin hiçbir ehemmiyeti kalmaz. Bizim aslî işimiz Allah Azzeve Celle'yi icraatlarıyla tanımaktır ve bu mesleğin adı insanlık mesleğidir. İnsan olan, insanlığını bilen, bu cihette Allah'a yaklaşmaya çalışır. Demek bunun zıddını yapıp o meslekten istifa eden ise, insanlığından istifa etmiş olur.

Bir gün çok ciddi zeka ve iş gücüne sahip bir arkadaşımla sohbet ediyordum. Ona: "Namazların, okumaların ne zaman düzene girecek?" dediğimde, aklı dünya cihetinde harika çalışan o arkadaşım bana: "Elli yaşıma geldiğimde bir cami yaptıracağım, hepsini çözeceğim." tarzında bir cümle söyledi ve ben hayretler içerisinde kaldım. Ne kadar kulluktan uzak bir cümle. Meseleye ne kadar bürokratik bakıyor.

Toplumdaki birçok gençte de durum böyle değil mi? Hepsinin dilinde "ilerde tövbe ederim" cümlesi dolanıyor. Ben sana küfür etsem, ilerde de özür dileyeceğim desem, sen bunu kabul eder misin? Etmezsin. Kendinin kabul etmeyeceği bir şeyi Allah'tan bekliyorsun ama böyle yaparak Allah'ı aldatmaya kalkıyorsun. Bir pazarlıkla işi çözerim zannediyorsun. Burada günahtan çok daha öte bir hal vardır. Pazarlık yapan insan, Allah'a meydan okuyor demektir.

Peki size bir soru, iman edip de ibadet etmeyen bir insanın kurtulma ihtimali var mı?

Mesela siz bir sürücü kursu sahibi olsanız. Ben de kapınıza gelip: "Sizin bir sürücü kursunuz var. İnsanları çok iyi eğitip ehliyet verdiğinize kuşkusuz inanıyorum. Arabalarınızın olduğuna da inanıyorum. Sizden hiçbir şüphem yok. Lütfen bana da bir ehliyet verin." desem ne dersiniz? "Olmaz! Önce yazılı sınav sonra direksiyon sınavını amel edip geçmen gerek. Sadece bizim bir kurs olduğumuzu kabul edip inanman yetmez." dersiniz.

İman, inanmak demektir. Onun için bizim inancımızın ortaya çıktığını gösterecek ispatlar lazım ve o ispatın en önde geleni de namazdır.

Yani bir insan imandan sonra ortaya çıkan ilk amel olan namazı bile hayatında tutamıyorsa, o insanın imandan söz etmesi gerçekten de çok üzücüdür. Çünkü onun elinde kafası, gözü kırık, yarım yamalak, başını secdeye götürmeye bile yaramayacak bir iman vardır.

Manevi özellikler maddi gözlere, maddi surette zuhur eder, görünür. Bir insan dese ki: "Ben çok iyi bir ressamım!" Biz bunu anlamak için; "bir resim çiz de görelim" deriz. İşte bir kişi de: "Benim imanım var." dese onda ilk görünecek maddi özelliğin namaz olması gerekir. Çünkü iman gibi manevi bir özellik maddi gözlere maddi bir surette namaz olarak ortaya çıkar. Zira namaz İslam olmanın bir şartıdır. İbadetsiz iman sebeb-i necat olamaz; çünkü ibadet dediğimiz şey, imanın tezahürüdür. Bir insanın kalbi iman dolu olursa dışarıya namaz taşar. Demek ki taşmıyorsa dolmamış demektir. Seni dünyada secdeye götüremeyen iman, sana kabirde yardımcı olamayacak demektir.

Sabah Namazı Alarmım Ne Olmalı?

İnsan sabah namazıyla yola başlarsa bütün düğümler çözülüp o gün o insanın sırtına hiçbir yük ağırlık yapmaz. Hiçbir güneş onun tenini yakmaz. Hiçbir zemheri onu üşütüp soğutmaz. Güne Rabbimiz ile başlamak o kadar önemlidir ama namazdan önce "niyaz" diye bir kelimeyi de öğrenmemiz gerekir. Niyaz dua ile yalvarmak demektir. Yani ruhumuz niyaz haline girmeden bedenimiz namaza niyetlenmiyor. Demek ki biz namaz öncesinde ruhumuzu hazırlayamıyoruz. Uçakla sabah şehir dışına gidecek olsak vücudumuzu geceden kuruyor ve adeta tedirgin şekilde uyuyup uçağın saatine kalkıyoruz. Demek ki ruhumuzu niyaz ile hazırlamışız. Ya da birisiyle bir randevumuz oluyor, toplantıya yetişecek oluyoruz, arkadaşlarımızla tatile gidecek oluyoruz, hangi işimiz olursa olsun hepsine saati saatine yetişiyoruz. İnsan, demek ki ruhunu niyazla namaza kurduğu anda, bedeni de namaza kalkmaya hazır olacak. Ama bir insan kalbini, ruhunu, niyaz ile o namaza hazırlamadıktan sonra, istediği kadar halay melodileriyle telefon alarmı kursun, nafile yine de kalkamaz. Sırayla erteler tüm alarmları.

Namaz Yaratılışın Gereği

Dünyanın herhangi bir yerinde yaşayan bir kabile duysak; orada su var mı diye düşünmeyiz. Çünkü yaşam varsa su vardır. İşte insan nasıl susuz yaşayamazsa, dinsiz, imansız, inançsız da asla yaşayamaz. Demek insanın olduğu yerde maddeten su nasıl varsa, manen iman da o cihette vardır ve o din namazın direği üzerinde durabiliyorsa dindir. Onun için Allah Resulü(asm): "Namaz dinin direğidir. Kim onu terk ederse dinini yıkmıştır.[39]" buyurur.

Çadırın orta direğini sökseniz çadırın ayakta kalma ihtimali olmadığı gibi binanın merkez kolonlarını sökseniz, o binanın ayakta kalma ihtimali de yoktur. Demek ki namazı olmayan bir dinin ayakta kalmasından söz etmek çok zordur.

Anadolu'da namaz için: "Boynumuzun borcu." derler fakat bu tabir aslında sıkıntılı bir ifadedir. Zira namazdan borç olmaz. Çünkü Allah'ın verdiği ile Allah'a borç ödenmez. Allah sana bir hayat veriyor, bir de bu verdiğim hayatı kullanarak cenneti kazan diyor. Hiç böyle borç ödeme olur mu? Öyleyse namazın her tarafı lütuf her tarafı iltifat sana. Mesela ben sana tablet versem ve: "Al bu tableti sat, parasını bana getir. Buna mukabil ben de sana kendin çalışsan asla alamayacağın kadar büyük ve güzel arsalar vereceğim."

39 Acluni, Keşful Hafa, II/31.

> Namaz psikiyatrik bir tedavidir. Namaz kılanın tedavisini ise Allah yapar.

desem, böyle bir ticaretten borç cihetiyle bahsetmek mümkün değildir. Demek ki bizler namaza boynumuzun borcu diyemeyiz. Desek desek ancak fıtratımızın gereği diyebiliriz. Çünkü senin fıtratını yaratan Zat, fıtratının namaz gibi bir vazifeyi yapabileceğini de biliyor. Mesela bizler kainatın fıtratını okuyarak hangi işleri yapacağını biliriz. Kartalın kanatlarına bakarak onun işinin uçmak olduğunu anlarız. Elmas uçlu matkabı elimize aldığımızda onun görevinin delmek olduğunu anlarız. Aslanın pençesini okuyarak onun işinin parçalamak olduğunu anlar, fıtratı buna programlanmış deriz.

Aynen öyle de insanın fıtratına baktığımızda da iman ve imanın hemen sonraki getirisi olan namazın o fıtratın gereği olduğunu anlarız. Çünkü namaz, insanın olmazsa olmazıdır. Nasıl kuşun kanadı uçmaya, aslanın pençeleri parçalamaya programlandıysa, insanın ruhu da namaza programlanmıştır. Peki kullandığımız alet ve eşyalar fıtratının gereğini yapmazsa ne olur?

Mesela evimize bir klima alsak; o klimanın fıtratının gereği ısıtmak ve soğutmaktır. Biz ona bu vazifesinin hatrına bir sürü para yatırırız. Ama o klima fıtratının gereğini yapmazsa onu hurdaya göndeririz. Ya da salonda oturduğumuz koltuklar artık oturulamaz hale gelse, vidaları bacağımıza batsa, her yeri yırtılsa biz onu fıtratının gereğini yapmıyor diye önce çekiçle parçalara ayırır, sonra da sobaya atar yakarız. Demek insan da fıtratının gereğini yapmazsa gideceği yer bellidir. Çünkü biz vazifesini terk eden her şeyi ateşle buluştururuz.

Bir şeyin mahiyeti bize onun ne için yapıldığını gösterir. Ruhumuz beka alemi için gelmiş ve cennet standartlarında yaratılmıştır. Onun için dünyada başımıza her gelene, mesela Afrika'da bir insan ölse veya yolda araba çarpmış bir köpek görsek üzülüyoruz. Çünkü fıtratımız tüm alemlerle alakadar olabilecek kadar geniş yaratılmıştır. Demek bu fıtrat bu dünya için değil. Fıtratımızda ebediyet var ama buna karşılık dünyada elimizi attığımız her şey fani. Sevdiklerimiz, mutluluğumuz, çok severek aldığımız arabamız, beden elbisemiz, hepsi... İhtiyaçlarımız sonsuz ama sermayemiz kısıtlı. İşte bizim ruhumuzun ibadet için yaratıldığı buradan bile çok belli.

Kainatta Rubûbiyet ve ubudiyet diye iki daire vardır. Rububiyet, Rablık; ubudiyet ise kulluk dairesidir. Rubûbiyet'te her şeyin yönetimi sonsuz kudretin elindedir. Ubudiyette ise her şeyin aczi ve fakri en yüksek seviyededir. Mesela kulluk vazifesini yapacak bir elma kainata yani sonsuz Rububiyet'e ihtiyaç duyar. Bu yüzden bir yerde sonsuz ihtiyaç sınırlı sermaye varsa, yani bir yerde Rububiyet dairesi bir yerde de ubudiyet dairesi varsa kesinlikle bu ikisinin birleşmesi şarttır. Örneğin, kendine bakan yönüyle ubudiyetini yapmak isteyen bir tavuk, kainat kadar ihtiyacı olduğundan dolayı sonsuz gücü yeten Rububiyet dairesine dayanmak zorundadır.

Dünyada sonsuz acziyle bir güneşin doğuşuna gücü yetmeyen, sonsuz fakrı ile oksijene, suya, yemeğe her daim ihtiyacı olan insan, sonsuz acz ve fakr halindedir. Öyleyse bu insan sonsuz ihtiyacıyla tüm ihtiyaçlarına karşılık verebilecek bir Rububiyet dairesiyle buluşup hemhal olmak zorundadır. İşte bizler, sonsuz aciz kulun sonsuz kudretli Rububiyet sahibiyle buluşmasına namaz, bu buluşmanın amele dönmüş haline de secde diyoruz.

Siz de secdeye varınca o huzuru almıyor musunuz? Dergah-ı İlahi'nin kapısını çalmıyor musunuz? İnsan secdeye varınca lisanı haliyle adeta der ki: "Ya Rab sonsuz aczimle, sonsuz kudretine geldim. İhtiyacım sonsuzdur ama Senin sermayen de sonsuzdur. Aczim sonsuzdur ama Senin gücün de sonsuzdur, cennetin de sonsuzdur..."

Bunu Yaparsan Bir Daha Namazı Bırakmazsın

Namazın hayatınızda kalıcı hale gelmesi için ortaya attığımız çok kuvvetli bir iddia var. Madem ortada böyle büyük bir iddia var; bence denenmesi lazımdır. İddiamız ise şudur; "40 gün üst üste namaz kılan birisi, bir daha namazı bırakamaz." Bence bu satırlara kadar gelen insan, tüm bunları boşuna okumamıştır. Madem boşuna okumadın; gel 40 günlük bir gayrete girelim. İnsan 40 gün neler yapmıyor ki? Hastalanıyor şifa için 40 gün hastanede yatıyor. Canı sıkılıyor 40 gün tatile gidiyor. Bir meslek sahibi oluyor ve para için 40 günü geçtim 40 yıl işe gidiyor. Madem öyle, sonsuz bir cennet için de 40 gün ard arda namaz kılmayı denesek ne kaybederiz ki?

Efendimiz(sav) bir hadisi şerifinde "Sabah namazının iki rek'at sünneti dünyadan ve dünyada bulunan her şeyden hayırlıdır" buyuruyor.[40] Bakın dikkatli okuyun. Bahsettiği sabah namazının farzı bile değil, iki rek'at sünneti. Demek ki sabah namazını kaçırdığımız zaman sadece biraz yüzümüzün düşmesi de bu işin pişmanlığı değil. Sen o gün akşama kadar sanki çocuğunu bir yerde unutmuş gibi vicdan azabı duyuyorsan nedamet o zaman var demektir. Bizlerin üzüntüden kendimize " Allah'ın bu davetini ben nasıl kaçırırım? Allah bana bu sabah namaza kalkmayı neden nasip etmedi? Nerde benden razı olmadı?" diye defalarca sual etmesi "Nasıl olur böyle?" diye sabah akşam tövbe etmesi lazım. Bu tövbelerin sonunda Allah bizden razı olur da yakarışımızı kabul ederse, bizim o şiddetli tövbemiz kulluğun ta kendisi olduğundan ertesi gün bizi sabah namazına "Bu adamın tövbesi çok kuvvetli bir daha böyle bir tövbeye vesile olmamam lazım. Tek sabah namazını kılsın da bir daha böyle tövbe etmesin. Az kalsın bunun tövbesiyle bütün ümmetin günahları affolunacaktı"diyerek şeytan kaldırır.

---

40 Müslim, Misâfirîn, 96, 97; Tirmizî, Salât, 190.

Namaza Daha İyi Odaklanmanın Yolları

Namaza konsantre olamıyorsun çünkü birazdan anlatacağım şeyleri henüz bilmiyorsun. O halde başlayalım.

Kâinatta en yüksek hakikat iman, imandan sonra ise namazdır. Madem namaz sonsuz hayatımızı etkileyecek kadar mühim bir meseledir, o halde onunla ilgili daha fazla bilgi ve hassasiyet gereklidir. Namazla ilgili hususların en başında namazda konsantrasyonu sağlamak gelir. Bizlerin namaza tam konsantre olamamasının birçok sebebi vardır elbette ama ben bugün bunların altısından bahsedeceğim.

Birincisi

Namaz kılacağımız mekânda ses ve görüntü olarak dikkatimizi dağıtacak, namazdan bizi uzaklaştıracak ve huşumuzu bölecek unsurların bulunmasıdır. Aklın bir şeye tam odaklanabilmesi için duyu organlarından gelen veri akışının durdurulması şarttır. Bunun için bizler sabah, akşam ve yatsı namazlarını kılarken ortamın ışığını kısıp, sadece secdeyi görecek kadar bir ışığı ortamda bırakırız ki dışarıdaki şartlar ile namaz kıldığımız ortamın şartlarını birbirine benzeterek aynı manayı hissedebilelim.

Bir gün Allah Resulü'ne(sav) üzerinde işlemeler, nakışlar bulunan bir elbise hediye edildi. Efendimiz(sav) bir namaz vakti, namaz kıldıktan sonra elbiseyi çıkarıp: "Bu elbise beni namazda oyaladı, bana eski elbisemi getirin." buyurdu.[41]

İşte bizlerin de aynı Efendimiz(sav) gibi elbisenin üzerinde bulunan süslemeye varıncaya kadar, odak noktamızı namaz dışına taşıyabilecek her türlü sebepten uzak durmak için hassasiyet göstermemiz gerekir.

Bir gün Hz. Ebû Talha(ra) Mescid-i Nebevi'ye yakın bir bahçede namaz kılıyor. O anda bahçeye inanılmaz güzellikte bir kuş giriyor. Bahçenin güzelliğinin yanında bir de kuş kendi güzelliği ile oradan oraya öterek konunca, Ebû Talha'nın(ra) dikkati dağılıyor ve kaç rekât namaz kıldığını unutuyor. Yaşanan bu hadise onu o kadar derinden etkiliyor ki, namazını iade edip hemen soluğu Efendimiz'in(sav) yanında alıyor. Başından geçenleri anlattıktan sonra: "Ya Resulallah! Bana namazımın rekâtlarını unutturan ve huşusunu bozduran bu bahçeyi Allah yolunda infak etmek istiyorum. Bahçeyi Sen nasıl istersen öyle kullan!" diyor. Buradan bizlere büyük dersler çıkıyor. Zira Ebû Talha'nın(ra) namazın huşusunu bozduğu için bahçesini infak etmesi, durup üzerinde düşünmemiz gereken bir konudur.[42]

İkincisi

Fiziksel ihtiyaçları karşılamadan direkt namaza başlamak da namazda konsantrasyonu bozar. Açlık, uyku, tuvalet gibi ihtiyaçlar, aklımızın onlarda takılı kalmasına neden olur. Peygamber Efendimiz(sav) bir insan açsa ve yemek hazırsa, önce yemek yiyip sonra namaza geçmesinin daha doğru olacağını buyurur.

---

41 Buhârî, "Ebvâbu's-salât fi's-siyab", 13; Müslim? "Mesâcid", 62.

42 İbn Abdilberr, el-İstiâb, c. 2, s. 123.

Başka bir hadiste ise: "Yemek hazır olduğunda ve bir de kişinin küçük ya da büyük tuvaleti kendisini sıkıştırdığında namaz yoktur.[43]" der.

İmam Ebu Hanefi(ra) ise bu konu ile ilgili: "Benim için yemeğimin namaz olması, namazımın yemek olmasından daha makbuldür." diyerek, namazın değil yemeğin öne alınması gerektiğine işaret eder. Yani namaz boyu yemeği düşünmektense, yemek boyu namazı düşünmeyi tavsiye eder.

Efendimiz(sav) geceleri teheccüd namazı kılmak isteyen ashabına: "Sizden biri namaz kılarken uyuklamaya başlarsa namazı bırakıp uyusun. Çünkü uyuklayarak kıldığı namazda Allah'a tövbe istiğfar ettiğini zannederken tutup kendi kendisine sövebilir.[44]" buyurur.

Bu konuya ilişkin birçok nasihat varken bizler çoğu zaman yeniden abdest almaya üşendiğimiz için sıkışık abdestle yahut açken: "Bir an önce namazı kılayım da rahat rahat yemeğimi yiyeyim." diye aklımızda yemek olduğu halde namaza duruyoruz. Bu tür duygu ve düşüncelerle hareket ettiğimiz zaman da gözümüzün nuru hükmünde olan namazın kıymeti düşüyor. O namaz, namaz olmaktan çıkıyor. Eğer bizler namazın sadece bir yat kalk hareketinden ibaret kalmasını istemiyorsak, bu hususlara çok daha fazla ehemmiyet vermemiz gerekiyor.

Üçüncüsü

Namazda okuduğumuz dua ve sureler ile yaptığımız fiil ve hareketlerin ne anlama geldiğini bilmemek de namaza konsantrasyonumuzu azaltıyor. Bizler, namazda okuduğumuz surelin, duaların anlamını düşünmüyoruz. Allah, yüce kitabımız Kur'an-ı Kerim'de:

---

43 Müslim, "Mesâcid", 67.

44 Buhârî, "Vudû", 52; Müslim, "Salâtü'l-müsâfirîn", 222.

"Ey iman edenler! Sarhoş iken, ne söylediğinizi bilinceye kadar namaza yaklaşmayın.[45]" buyuruyor. İşte bizler de sarhoş olmadığımız halde ne söylediğimizi bilmeyince bizde de bu ayette belirtilen duruma benzer bir hal söz konusu oluyor. Aslında hepimiz namazda okuduğumuz Sübhaneke, Tahiyyat, Salli-Barik, Rabbena duaları, Fatiha suresi ve namaz surelerinin anlamlarını istersek öğrenebiliriz. Namazda bunları okurken ayet ayet uymasa bile aklımızdan manalarını geçirebiliriz. Çünkü okuduğumuzun manasını anlamak namazın bütün seyrini değiştirecek bir etkiye sahip olabilir. Bu konuya dair ibni Abbas: "Düşüne taşına kılınan orta (ne uzun ne kısa) namaz, düşünmeksizin gafil kalple sabaha kadar kılınan namazdan daha hayırlıdır.[46]" buyuruyor.

> Allah bir kulu severse, onun kalbini kendisi ile meşgul edermiş.

Normalde namaz kılarken okunulan ayetlerin manası düşünülmez; hatta eğer bu derinleştirilirse namazın dışına çıkılır, namaz bozulur. Bu mesele için kendiliğinden gelmesi hali müstesnadır. Müminin namazdaki huşusu okuduğu ayetin manasını düşünmek değil, kimin huzurunda olduğunu bilmektir. İbni Abbas'tan nakledilen rivayet de bizlere, fiziken değil namazda kalben ve aklen namazın dışına çıkmamamızı söylüyor. Yani namazda ekin biçmeyin, para saymayın, ayakkabınızı nereye koyduğunuzu hatırlamaya çalışmayın, çocuğu okula yollamayın, akşama ne yemek yapacağınızı düşünmeyin diyor. Zira bizlerde bu hal bazen öylesine kesifleşiyor ki, hangi rekatta olduğumuzu, ne okuduğumuzu bile unutuyoruz artık. İşte ibni Abbas da bizi bu noktada uyarıyor. Yok-

---

45 Nisâ suresi 43.ayet.

46 Gazalî, İhyâ, I, 151.

sa ibni Abbas'ın rivayeti zaten Arap olan ve manayı düşünmeden anlayan sahabeye, Arapça manasını anlamayı zorlamaya yönelik değildir. Bizler namaza ilk duruş esnasında masivayı, dünyayı, Allah'ın rızası olmayan, namazımızın huşusunu etkileyecek ne varsa hepsini, ellerimizin tersiyle itip sanki uçurumun kenarına seccademizi sermişiz de artık dünya bizim için yokmuş gibi iftitah tekbirini alsak namaza da konsantre olabileceğiz. Ama bunu yapabilmemiz için önce namazda yaptığımız hareketlere bir mana vermemiz gerekiyor. Zira namazda yapılan bütün hareketler tam anlamıyla bir itaat halidir.

Bizler önce ayakta durur ve ellerimizi yukarıya kaldırarak, Allahuekber deriz. Böylece O(cc) müstesna her şeyi bir tarafa bırakıp O'nun emir ve iradesine tâbi duruma geçeriz. Kulluk ve köleliğimizi bu şekilde tescil eder, böylece ayakta duran tüm varlıkların ibadetini de temsil ederiz.

Namazda ellerimizi bağlamamız kimin huzurunda olduğumuzun bir göstergesidir. Bir nefer sultanın huzuruna çıksa ve ellerini bağlasa bu: "Senin huzurundayım sultanım. Sen beni görüyorsun, ben de bunu biliyorum ve ne dersen onu emir telakki ediyorum." demektir. Bizler ellerimizi bağladığımızda O'nun huzurunda kıyamda durur, O'nun kelamını okuruz. Allah'ın şanına yakışan övgüler serdettikten sonra bu yücelik karşısında kendimizi o kadar aciz ve zayıf hissederiz ki, bunu ifade için rükûya eğilir, saygı işareti olarak da başımızı alçaltırız. Böylece O'na olan itaatimizi belirtiriz.

Sonra tekrar doğrularak bizi bu doğru yola ilettiği için Allah'a şükür ve hamdimizi arz eder, Allah'ın yüceliği ve kendi hareketimizin basitlik ve küçüklüğü karşısında ayakta tefekküre dalar, ondan sonra da secdeye kapanır ve alnımızı, tevazu ve acizliğimizi tam manasıyla hissederek yere değdiririz. Böylece O'na yaklaşma ve itaatte son sınıra ulaşırız.

Bizler bu hareketlerin bir dizi tekrarıyla kendimizi, arada hiçbir vasıta veya aracı bulunmaksızın doğrudan doğruya Allah'ın huzurunda hissederiz. O'ndan istimdat edip yardım talep ederiz. En sonunda ise önce sağa sonra sola selam vererek namaza başlarken alakayı kestiğimiz ne kadar sebep varsa onlarla yeniden alaka kurmaya hazır olduğumuzu gösteririz.

Dördüncüsü

Namazda aklımızı alıkoyan bir başka problem ise şeytanın sürekli vesvese vermesi ve bizim bununla nasıl başa çıkacağımıza dair yeterince bilgi sahibi olmamamızdır. Bu konu aslında bir, iki cümleye sığabilecek bir husus değildir. Lakin vesvesenin yok edilebilmesi için bilmemiz gereklidir. Üstad Bediüzzaman Said Nursi Hazretleri Risale-i nurlarda vesvese için: "Cehil onu dâvet eder. İlim onu tardeder." buyurmaktadır. Yani insan eğer vesvesenin mahiyetini bilmezse bu bilmemezlik vesveseyi çağıracakken; eğer mahiyetini bilse o ilim onu uzaklaştırıp yok edecek. Çünkü vesvese, dua ve zikir ile azalıp yok olur. Bunun için, vesvese gelince, hemen Allah'ı anmalı, istiğfar ederek şeytanı uzaklaştırmaya çalışmalıyız.

Eğer insan vesvesenin mahiyetini anlarsa onun sadece kendisini yormak için oluşan sesler ve görüntüler bütünü olduğunu rahatlıkla kavrayabilir. Bunların şeytandan olduğunu, sığınabilecek yerin ise yalnızca Allah olduğunu düşünerek vesvesenin önüne geçebilir.

Efendimiz(sav) bir hadis-i şerifte: "Kişi namaza başladığında şeytan ona gelerek başka zaman aklına gelmeyen nice şeyleri 'şunu hatırla, bunu hatırla, şunu düşün' diyerek sürekli vesvese verir. Sonunda kişi namazda kaç rekat kıldığını unutur.[47]" buyuruyor. Hakikaten de öyle oluyor. Bazen namaza tam konsantre oluyoruz

47 Buhârî, "Ezan" 4; Müslim, "Salât" 19.

ardından kulağımıza bazı sesler, gözümüzün önüne bazı görüntüler geliyor ve zorla toparladığımız odağımız bir anda dağılıyor. Üç yıl önce arkadaşımıza verdiğimiz söz üç yıl boyunca aklımızda yokken öğlen namazının farzında aklımıza geliyor. Ya da akşam namazının farzında aklımıza bir anda tatlı geliyor ve "şimdi ters çevrilince tereyağı damağımıza yapışan bir baklava olsa da yesek" diyoruz. Hayır o baklava orada nasıl akla geliyor? Yemek sofrası değil ki orası namaz sonuçta.

Hiç akla gelmeyecek olaylar, şuuraltının en derinlerinde batıp gitmiş mevzular, bir anda insanın zihnini kurcalamaya başlayabiliyor. Bütün bunların namazda insanın aklına geliyor olması da bizlere şeytanda böyle bir yeteneğin olduğunu kanıtlamış oluyor. Eğer siz de bu tarz vesveselere maruz kalıyorsanız bilmelisiniz ki gelen görüntülerin ve düşüncelerin geçmesini, ehemmiyet vermeden sabun köpüğü gibi sönüp gitmelerini beklemek, derhal o vesveseleri bırakıp namaza odaklanmak en doğru çözüm yolu olacaktır. Zira vesvese balon gibidir, ehemmiyet verirsen şişer, ehemmiyet vermezsen söner gider.

Beşincisi

Namaza konsantre olamamamızın en önemli sebeplerinden biri de namazdayken kimin huzurunda olduğumuzu tam olarak idrak edememememizdir. Bizler namaza başlamadan önce kendimizi namaza hazırlayarak, ihtiyacımız olan şuuru yakalamamız gerekir.

Rivayet edildiğine göre Hz. Ali'nin namaz vakti gelince yüzünün rengi sararır, titremeye başlardı. Kendisine: "Ey müminlerin emiri ne oluyor sana?" denilince: "Allah'ın yere, göklere ve dağlara arz edip kabul etmedikleri ve insanın kabullendiği emanetin ifası vakti geldi. Korkum bu emaneti gereği gibi yerine getirememektir.[48]" derdi.

> "Kuşkusuz ki namaz; hayasızlıklardan, kötülüklerden men eder." (Ankebût/ 45)

Bu konuyla alakalı Mevlana Hazretleri ise: "Namazda iken namazda olmak gerekir." der. Yani namaz kılarken kişinin, namazda olduğunu unutmaması, namazın gereklerini yerine getirmesi, fikren, aklen, okuduklarını, yaptıklarını takip etmesi, Allah'ın huzurunda olduğunun idrakinde olması, namaz miracına yakışır bir şekilde dünyadan sıyrılması, kendini yalnız namazla meşgul etmesi, başka meşgaleleri geride bırakması gerekir.

Altıncısı

Son olarak namaza konsantre olamamamızın bir diğer sebebi de kıldığımız namazın belki de son namazımız olduğu gerçeğini unutmamızdır.

Bizler sanki ömrümüze senedimiz varmış, geleceğimiz garanti altındaymış ve daha önümüzde çok ibadet etme, namaz kılma şansımız varmış gibi bir vehme, kuruntuya kapılıyoruz. Oysa kıldığımız bu namaz ömrümüzün son namazı olabilir.

Peygamber Efendimiz(sav) kendisinden tavsiye isteyen bir sahabeye: "Namaza duracağında sanki son namazını kılacakmışsın gibi kıl.[49]" buyuruyor.

Düşünün az sonra ölüm riski çok yüksek bir ameliyata gireceksiniz veya düşmanlar sizi idam edecek. Son namazınızı kılıyorsunuz.

48 H. Kamil Yılmaz, Tasavvuf ve Tarikatlar, İst. 2000, s.94; Maverdi, Edebü'd-dünya ve'd-din, 71.

49 İbn Mace, Zühd, 15.

Haliniz nasıl olurdu? Aklınıza namazdan başka bir şey gelir miydi? Elbette gelmezdi.

İşte bizlerin bütün namazlarda aynı lezzeti yakalaması için bu tarz düşünceleri sürekli pratik yapması gerekir.

Elhasıl bu bahsettiğimiz parçaların tamamına birden kuvvet verecek olan şey imandır. Namazdaki huşu ve konsantremizdeki en büyük problem de yine imanımızdaki zafiyetten kaynaklanır. Çünkü kime, niçin, ne şekilde iman ettiğimizi yeterince bilsek, sürekli görülüyor olduğumuz mülahazasıyla hareket eder, namazı da öyle kılarız. İşte bir insanın bu ufka yaklaşması için mutlaka iman zafiyeti hastalığını çözmesi, gündelik gereksiz işlerle, boş muhabbetlerle, hiçbir faydası olmayan aksine zararı dokunan dedikodu, gıybetle ilişkisini kesmesi gerekir. Bir yandan bu fenalıkları def ederken bir taraftan da iman hakikatlerini okuma, anlama, uygulama, tefekkür etme cihetinde programlar yapması gerekir. Zira sen bu dünyada yaşarken Rabbini hakkıyla tanıyıp marifetullah ilmini öğrenemeyeceksen ölünce mi öğrenmeyi bekliyorsun?

Namaz Kılmayanların Büyük Kaybı

İnsanın bu dünyada gelip gelebileceği en yüksek makam hangisidir? Bir üniversite de ordinaryüs olmak mı yoksa askeriye de mareşal olmak mı? Evinde reis olmak mı yoksa iş yerinde CEO olmak mı? Hangisi?

Herkesin aklından geçen bir cevap vardır ve insan aklından geçen neyse ona meftundur. Kainatın Efendisi'nin ise meftun olduğu tek makam vardır o da "abd" (kul) olmaktır. Allah Rasûlü(sav), Cenâb-ı Hakk'a kul olmayı her şeyin üzerinde tutmuştur. Çünkü Allah'ın kudret ve azametini bir nebze de olsa anlayan insan, kendi acziyetini ve zayıflığını da anlar. Kendisinde ne kadar imkan ve kabiliyet varsa hepsinin Allah'a âit olduğunu bilir ve ona göre davranır. Bunu teyid eden bir vakıa:

Bir gün Allah Resulü(sav) Cebrail(as) ile sohbet ederken o anda semadan bir melek indi ve Cebrail(as) bu meleğin dünyaya ilk defa indiğini söyledi. Melek:

"Yâ Muhammed! Beni sana Rabbin gönderdi. Melik bir peygamber mi yoksa kul bir peygamber mi olmak istediğini soruyor." dedi.

Bu soru üstüne Efendimiz(sav) Cebrail'e(as) baktı, ve Cibril-i Emin'in(as):

"Ey Allah'ın Resulü! Rabbine karşı mütevazı ol!" demesi üzerine, Efendimiz(sav):

"Kul bir peygamber olmayı isterim." diyerek tevazusunu gösterdi.[50]

Efendimiz(sav), hayatının her alanında herkese karşı tevazu sahibi bir insandı. Enes bin Malik(ra) Onun(sav) bu tevazusunu bizlere şöyle anlatıyor: "Allah Resulü'ne yaklaşık on sene hizmet ettim. Vallahi seferde ve hazarda, hizmet etmek için yanında bulunurdum da Onun bana olan hizmeti benim Ona yaptığım hizmetten daha fazla olurdu. Bu zaman zarfında bana bir defa olsun "Öf!" demedi. Yaptığım bir şey için: "Niçin bunu böyle yaptın?" yapmadığım bir şey için de: "Niçin böyle yapmadın demedi.[51]"

Zira bu ahlakta olan sadece Efendimiz(sav) de değildi, Onun terbiyesinde yetişen ashâb-ı kirâm da aynı ahlâk üzereydi. Hazreti Ömer(ra), hac yolculuğunda yanındakilere hizmet eder, onlar uyurken develerini otlatıverirdi. Tüm bu yaptıkları onun kemâlinden ve Allah Resulü'nden(sav) aldığı ahlâkının güzelliğindendi.

Onun(sav) yolundan yürüyüp de Onun(sav) ayak izlerine basmamak mümkün değildi ve her dönem o yola revan olan insanlar vardı. İşte bu güzel yolun yolcusu olan bir isim de Somuncu Baba'ydı.

Yıldırım Bayezid padişahlık zamanında Bursa'ya Ulu Camiyi yaptırırken çalışan ne kadar işçi varsa hepsinin ekmek ihtiyacını

---

50 (Ahmed, II, 231; Heysemî, IX, 18, 20) (Beyhakî, Sünen, 7: 49 HD No: 13105).

51 (Müslim, Fedâil, 51; Ahmed, Müsned, III, 195, 255; İbnHibbân, Sahîh, VII, 152; Abdurrezzâk, Musannef, IX, 443).

Somuncu Baba karşıladı. Caminin yapımı bittikten sonra bir cuma günü açılış merasimi yapıldı ve Yıldırım Bayezid Emir Buhari'ye caminin açılış hutbesini okumasını söyledi. Emir Sultan ise: "Padişahım, zamanın büyük alimi dururken hutbe okumak bize düşmez." diyerek Somuncu Baba'yı gösterdi. Ne büyük tevazu örneği değil mi? Yıldırım Bayezid'in emri ile Somuncu Baba hutbe vermek için minbere gidiyor ama kendisinin sırrının açığa çıkmasını, Allah ile olan irtibatının halk tarafından bilinmesini asla istemiyor.

İnsanlar onu sadece ekmek dağıtan mübarek bir mümin diye bilsin istiyor. Hatta minbere giderken kendisini işaret eden Emir Sultan'a: "Emirim beni niçin ele verdin?" diyor. Emir Sultan: "Bu işe senden daha layık olanı yok." deyince minbere çıkıyor ve: "Bazı alimlerin Fatiha-i Şerife'nin tefsirinde anlayamadıkları yerler vardı. Onun için bu surenin tefsirini yapalım." diyerek yedi mertebede Fatiha suresini şerh ediyor. Birinci mertebeyi anlatıyor, ikinci mertebeyi anlatıyor, üçüncüyü, dördüncüyü, beşinciyi, altıncı, yedinciyi derken en son Molla Fenari kendisini tutamıyor ve cemaatin arasından ayağa kalkarak: "Vallahi ben böyle bir şey görmedim. Biz yıllardır okuruz, araştırırız ama daha bu surenin üçüncü mertebesinden öteye gidemedik. Bu nasıl bir kutb-u azamdır ki kendisinden yedi mertebe birden çıktı." diyor. Onun böyle demesi üzerine Somuncu Baba; "eyvah sırrım açığa çıktı" diye hemen hutbeden inse de insanlar onun elini öpmek istiyorlar. Caminin dört kapısı vardır ve her kapıdan çıkan: "Ben Somuncu Baba'nın elini öptüm." der. Somuncu Baba bir anda dört kapıdan birden çıkıyor. Geçmişte insanlar: "Aman bana makam vermesinler. Beni fakir bir somuncu baba bilsinler." diye halktan kaçarken şimdi bizler, tam zıddını yapıyor, ne kadar teveccüh varsa hepsini üstümüze alalım da başkasına kalmasın diye çabalıyoruz. Bu ise bizde çok ciddi bir hastalık olan ucubu meydana getiriyor.

Ucub kelime anlamı olarak amele güvenmek demektir. Mesela birisine ahiretle ilgili bir mesele açıyorsunuz ve birkaç cümle sonra mesele: "Ya biz zaten şerif soyundanız. Ya biz zaten Seyyid soyundanız." ile bitiyor. "Kardeşim sen namaz kılıyor musun?" diyoruz. "Ben bir hanım aldım. Gece gündüz seccadeden ayrılmıyor. Evde resmen Kabe TV'ye sarılıp uyuyoruz." diyor ama bir türlü konu kendi kılmadığı namaza gelmiyor. Sağlığında sorun oluyor, işi çok yoğun oluyor, o insan kendince bir sebepten namazı kılmıyor. Çünkü onda ucub hastalığı başlamış. Kur'an'ı okuyor ama içindeki namaz emrini uygulamaya tenezzül etmiyor. Kur'an'ı okumak sünnetken anlamak ve yaşamak farz bunu bir türlü idrak edemiyor. Kur'an'ın içindeki o emirler, o azap sureleri kime geliyor? Kim için yazılmış onlar? İnsan ameline bu kadar güvenir mi? Uhud Savaşı'nda Efendimiz ile yola çıkan bin kişiden üç yüz tanesi yolun yarısında, bir münafığa aldanarak geri dönüyor ve senin hala hem namazın yok hem de ameline güveniyorsun. Peygamber görmüş kişiler bunlar, onların yanında bizim ne hükmümüz kalır? Buna rağmen birileri ile hala Allah'a dair iki kelam konuştuğumuzda kendilerini sahabelerin üstü gördüklerine şahit oluyoruz. Amele bakıyorsun; namaz yok, kelama bakıyorsun; haşa sanki cennetle müjdelenmiş. Demiyor ki nefsine: "Beni secdeye götürmeyen iman, ahirette nasıl kurtaracak?" İnsan namazı bu kadar hafife alır mı?

Bediüzzaman Hazretleri: "Her bir günah içinde küfre gidecek bir yol var." buyuruyor. Yani bugün dişin çürüdüğünde bir anda çürümüyor. Bir mikrop gelip orayı kendisine yuva yapıyor ve diğer mikroplara da referans oluyor. İşin nihayetinde tüm mikroplar birleşince diş çürümeye mahkum kalıyor. Kanser ilk başladığında kişi sapasağlam ayaktaymış gibi görünse de 3-5 ay sonra bedeni yavaş yavaş çökmeye başlıyor. Aynen öyle de kişinin günaha devamlı girmesi ile de iman git gide çöküyor ve netice küfre varıyor. Tabi her şey zıddıyla bilinir. Bir insan günah işledikçe küfre gidiyorken, salih amel işledikçe de imanı kuvvetleniyor. Kötülük kötülüğü, güzellik güzelliği doğuruyor. Yani bir kişi düzgün namaz kılıyorsa, içinden zekat verme istediği de geliyor. Onu da güzel yapıyorsa çevresine Allah'ı anlatma istediği de oluyor. Onu da güzel yapıyorsa: "Bugün Rabbimi tanıyacağım bir kitap daha okumalıyım.'' isteği geliyor. Tabi günümüzde bunlara rastlamak çok zor. Ahir zamanda kişi bugün namaz kılıyor, yarın faize giriyor. On dakika önce namaz kılan insan on dakika sonra gıybetin tam ortasına batıyor. Bakıyorsun bir esnafa camide namaz kılarken; camiden çıktıktan sonra elindeki üç kuruşluk malı satmak için müşteriye tonla yalan söylüyor. İyi de neden böyle oluyor? Çünkü eğer kişinin namazı tam ve düzgün olsa devamında evleneceği eşin doğru seçilmesinden, çocuğunun ahlakından tutun da işindeki berekete kadar her şey düzgün olacak ama demek ki kişide bunu engelleyen ucub var. Ameline güveniyor. İslam'ın temel disiplinlerini unutuyor. İslam öyle bir dindir ki bir köleyi Bilal Habeşi(ra) yaparken, peygamber amcasını Ebu Leheb yapar. Ama buna rağmen içimizde hala: "Ben dünyayı istediğim gibi yaşayayım, ondan sonra yanımda biri namaz kılar, diğeri Kur'an okur." diyenler var. Çünkü bunu söylemek onlara kolay geliyor. İyi de biri trafik kazasında ölse, sen de yanına gidip trafik kurallarını hatırlatsan olur mu? Peki sen dünyada Kur'an'ı

> "Hiçbir batıl din, her gün ama her gün, ortalık ışımaya başlarken, kurt kuş uykuda iken, insanı ayağa kaldırmaya cesaret edemez."
> (Sezai Karakoç)

yaşamamışsan öldükten sonra ruhuna okunan Fatihaların, yanında kılınan namazların sana faydası olur mu? Nafile...

Yüce kitabımız Kur'an-ı Kerim: "Allah hiçbir kimseyi gücünün yetmediği bir şeyle yükümlü kılmaz.[52]" buyururken birçok insan hala: "Ben namaz kılamıyorum." diyor. Allah: "Ben kulumun yapamayacağı bir şeyi ona yüklemem.'' diyor. Onlar ise tam zıddıyla: "Ben kılamıyorum.'' diyor. Hangisine inanalım? Şayet ben, Allah'a inanıyorum ve "namaz kılamıyorum" diyenlerin namaz günahının üstüne bir de yalan günahına, eğer Allah'ı tenkit ediyorlarsa da iftira günahına girdiklerini düşünüyorum. Zira Allah bizim günlük kaç nefes aldığımızı, kaç yaşına kadar yaşayacağımızı, kaç kere hastalanıp hangi hastanelere gideceğimizi, saçımızın ne kadar uzayacağını, ölene kadar kaç sefer saç kestireceğimizi, ilerde kiminle evleneceğimize kadar her şeyi biliyor. Tüm bunları bilen Allah, bizim namaz kılabileceğimizi de biliyor ki namazı bize emrediyor. Ama sen hala diyorsun ki: "Ben namaz kılamıyorum.''

Ebû Hüreyre'den(ra) rivayet edildiğine göre, Resûlullah(sav) şöyle buyurdu: "Kıyamet gününde kulun hesaba çekileceği ilk ameli onun namazıdır. Eğer namazı düzgün olursa, işi iyi gider ve kazançlı çıkar. Namazı düzgün olmazsa, kaybeder ve zararlı çıkar. Şayet farzlarından bir şey noksan çıkarsa, Azîz ve Celîl olan Rabbi: 'Kulumun nâfile namazları var mı, bakınız?' der. Farzların eksiği nafilelerle tamamlanır. Sonra diğer amellerinden de bu şekilde hesaba çekilir.[53]"

Ebu Hureyre'nin(ra) rivayet ettiği hadisten yola çıkarak Taberanî de: "Kıyamette kulun ilk sorguya çekileceği ibadet namazdır. Namazı düzgün ise, diğer amelleri kabul edilir. Namazı düzgün

---

52 Bakara Suresi, 286.ayet.

53 Tirmizî, Mevâkît 188. Ayrıca bk. Ebû Dâvûd, Salât 149; Nesâî, Salât 9; İbni Mâce, İkâmet 202.

değil ise, hüsrana uğrar (hiçbir ameli kabul edilmez.)" buyurdu.[54]

> "En büyük sigorta sabah namazıdır, sözleşmeye uyan Allah'ın himayesi altındadır."

Dikkat edin hadiste namaz kılmıyorsa demiyor namazı düzgün değilse diyor. Burada Taberanî'nin rivayetindeki son cümle: "Namazı düzgün değilse, diğer amelleri de boşa gider." manasına gelmektedir.[55]

Tehlikeyi anlayabiliyor muyuz? Yani bizlerin hayatında namaz yoksa, kurban kesiyoruz ama kabul olmuyor. İyi de bu nasıl oluyor? Mesela sen hayatında namaz yokken kurban kestin diyelim. Allah o kurbandan razı olursa borçtan düşüyor. Ama sana hiçbir ekstrası olmuyor. Ya da namazın yokken zekat versen aynı şekilde borçtan düşüyor. Ama sana hiçbir ekstrası yok. O zaman hayatında namaz olmayan biri istediği kadar sünnettir deyip dişini misvaklasa ona hiçbir ekstrası kalmıyor. Çünkü namazı olmayanın geri kalan hiçbir ameline bakılmıyor.

Hz. Ömer'in(ra) hilafet döneminde Firuz denen bir bahtsız, Hz. Ömer(ra) mescitte namaz kılarken onu hançerle şehit etti. Hz. Ömer(ra) hançerle yaralandıktan sonra hemen vefat etmedi. Yaklaşık bir, bir buçuk gün boyunca yarı uyanık yarı baygın halde yattı. Bu süre zarfında da gözlerini ne zaman açsa oradakilere: "İnsanlar namazlarını kıldılar mı?" diye sordu. Evet cevabını alınca da: "Namazı terk eden kimsenin İslam'dan nasibi olmaz." dedi ve abdest alıp namaz kıldı.[56]

---

54 (Bk. Nesai, Salat, 9, h. No:332).

55 Taberani, el-Evsat, h.no: 1859.

56 Sahih-i Buhârî şerhi, İbn Hacer, Fethu'l-Bari, 7/64.

Bizlere namazın önemini daha ne anlatabilir? Bizlerin bu hayatta bundan daha önemli bir meselesi var mı? Sahabe efendilerimiz yanlarında bulunan bir kişinin ibadetlerinin çoğunda sıkıntı olsa bile "kardeşimiz günah işliyor" diye düşünürlerken, namazı olmayana direkt dininde problem var gözüyle bakarlarmış. Çünkü namaz bu kadar önemli, dinin ta kendisi. Ama bizim hayatımızda hiç öyle görünmüyor. Çoğu insan kendisini artık zaman değişti diye kandırıyor. Üstad Bediüzzaman ise onlara şöyle yanıt veriyor:

Ey nefsim! Deme, "Zaman değişmiş, asır başkalaşmış. Herkes dünyaya dalmış, hayata perestiş eder, derd-i maişetle sarhoştur." Çünkü ölüm değişmiyor.[57]"

Bize deseler ki sabah altıda işle ilgili uçak var. Her türlü kalkarız. Ya da deseler ki: "Sabahın beşinde hanımınız doğum yapacak." Beşten daha erken kalkarız. Televizyonda bir haber geçse ve yarın sabah dörtte deprem olacak dese gözümüze uyku girmez. O saate kadar on kere kalkarız. Ama mesele Allah'ın rızası olunca kalkamıyoruz. Çünkü imanımız zayıf. Bizler namaz kılmayarak lisan-ı halimizle Allah'a: "Ben kendi dünya cennetimde mutluyum Allah'ım. Senin vereceğin cennete ihtiyacım yok. Kendi işim, eşim, çevrem beni mutlu etmeye yetiyor. Tamam sen Allah'sın ve zaten bende başım sıkışınca Sana dua ediyorum. Sen bununla yetin. Ben ciğerimi ayda dört bin lira maaş için günde on saat patrona satarım. Ama Sana günlük bir saatimi satamam, kusura bakma." diyoruz ve bunun farkında bile değiliz. O halde soruyorum: "Esas taptığınız kim? Patronunuz mu Allah mı?" Ben söyleyeyim: "Kime daha çok amel ediyorsanız, ona tapıyorsunuz." Bu sözlerimi namaz kılmayan ve Allah'a ayırması gereken vakti; çek defterine, müşteriye, kadına, paraya, esbaba... ayıran kim varsa hepsine söylüyorum.

---

57 Sözler, On Dördüncü Söz, Hatime.

Peki biz neden böyleyiz? Bizler peşin seven insanlarız. Namazın karşılığının ahirette verilecek olması mantığı nefsimize çok cazip gelmiyor. Madem nefis peşin sever ve madem bizler her şeyi karşılıklı yaparız. Şu an bulutlarda duran yirmi üç trilyon ton suyu, günlük soluduğumuz sekiz bin sekiz yüz litre havayı, vücudumuza otoyol gibi döşenmiş doksan altı bin beş yüz kilometre damarların hakkını ahirette ödeyebilecek miyiz? Madem karşılıklı seviyoruz, bunların karşılığını nasıl vereceğiz? Versene Allah'ın verdiği bir nefesin karşılığını? Patron arasa gözümüze uyku girmez. Allah günde beş kez çağırıyor ama aynı hassasiyet oluşmuyor. İyi de sen ne kadar geçim derdiyle meşgul olursan ol ölüm değişmiyor. Yarın ne giyeyim diye düşünürken aklına hiç kefen geliyor mu?

Firak, bekâya kalb olup başkalaşmıyor. Acz-i beşerî, fakr-ı insanî değişmiyor, ziyadeleşiyor. Beşer yolculuğu kesilmiyor, sür'at peydâ ediyor. Hem deme, "Ben de herkes gibiyim. Çünkü herkes sana kabir kapısına kadar arkadaşlık eder."

Liselerde öğretmenlik yaptığım dönemler: "Neden namaz kılmıyorsun?" dediğimde öğrencilerin ağzından en çok duyduğum cümle şu oluyordu: "Baksana hocam sınıfa, hangisi namaz kılıyor da ben kılayım?" Yani demek istiyor ki: "Etraf ne yapıyorsa, ben de aynısını yaparım." Basit mantıkla düşünecek olursak, 40 kişiyle yüksek bir yere çıkarttığımızı varsayalım. O kırk kişinin otuz dokuzu aşağıya atlayıp intihar etse, onlar atlıyor diye sen de atlar mısın? Elbette atlamazsın. Nefsin oyununa bak. Namaz olunca: "İyi de onlar da kılmıyor." diyen insan, canına kast edilince: "Ben onlar gibi yapamam." diyor.

Namaz Allah ile Kul Arasında mıdır?

Bizler kardeşlerimizin ahiret akıbetinden endişe ettiğimiz için onlara sürekli namaz kılmalarını tavsiye ediyor ve meselenin hakikatini anlatmaya çalışıyoruz. Yapmaya çalıştığımızı anlamayan bazıları ise bize: "Siz sürekli namaz kıl diyorsunuz da, namaz Allah ile kul arasında bir ibadettir. Sizin araya girmemeniz lazım." diyorlar. Onların bu düşüncelerinin yanlışlığını bir örnek ile izah edelim.

Siz bir parkı yaksanız, devlet size suçunuzdan ötürü kamu davası açar. Çünkü seksen milyon insanın hakkını müdafaa devletin vazifesidir. Sizin park yakmanız nasıl maddi düzeni bozuyorsa, namaz kılmamanız da kainatta zerre atomlardan koca galaksilere kadar her birinin üzerinde bulunan müekkel meleklerin, ziruhların, canlıların, çiçeklerin, böceklerin manevi ahengini, dinamiklerini bozuyor. Tüm bunlar ahirette sizden hesap talep edeceğinden Allah onların hakkını müdafaa ediyor ve siz namazsız geçen altmış yıllık bir hayatın sonunda sonsuz cehennemi hak ediyorsunuz. O zaman tekrar soralım mı kendimize, namaz gerçekten Allah ile kul arasında mı?

Hem deme, "Ben de herkes gibiyim." Çünkü herkes sana kabir kapısına kadar arkadaşlık eder. Herkesle musibette beraber olmak demek olan teselli ise, kabrin öbür tarafında pek esassızdır.

Bir gün Hz. Ebubekir'in(ra) torunu, Hz. Aişe(ra) Validemiz'in ise yeğeni Urve'nin(ra) bacağı rahatsızlanıyor. O dönem Şam'da tıp ilmi üst düzey olduğundan onu hemen Şam'a gönderiyorlar. Tabipler, Urve'nin durumunu değerlendirdikten sonra: "Biz, bu bacağını dizin altından kesmek zorundayız." diye karar alıyorlar. Hz. Urve(ra), kesimin nasıl olacağını sorunca: "Bir tane ot var. Onu çiğneyince bir gün boyunca uyumuş olacaksın. Biz de o esnada keseceğiz." diyorlar. Hz. Urve(ra) derin derin düşünüyor ve: "Yani bir gün boyunca Rabbimi anamayacak, namazımdan uzak mı kalacağım? Ben buna razı değilim." diyor. Doktorlar başka çare olmadığını, bu acıya başka türlü dayanamayacağını söyleseler de Urve(ra) kararından vazgeçmiyor ve: "Beni kıbleye çevirin." diyor. Bacağını namaz kılarken kestiriyor ve acıyı bile hissetmiyor. Orada adeta: "Namaz müminin miracıdır.[58]" hadisini yaşıyor. Urve'nin(ra) bu hassasiyetinden sonra artık kim kime tapıyor, kim kime biat ediyorsa, gitsin onun dediğini yapsın.

58 bk. el-Munavî, Feyzu'l-Kadir, 1/497; el-Kari, Şerhu'l-Mişkat, 2/523; el-Alusi, 6/361; Razi, 1/226; Suyuti (ve ğayruhu), Şerhu süneni İbn Mace, Keratişi, ts, 1/313; Nizamuddin el-Hasen el-Kummi, en-Neysaburi, Ğaraibu'l-Kur'an ve Reğaibu'l-Furkan, Beyrut, 1416, 1/114.

Namaza İştah ile Gitmenin Üç Yolu

İslam'ı tek kelime ile anlatın deseler bu kelime şüphesiz namaz olurdu. Zira Efendimiz(sav) de namazın ehemmiyetini bizlere daha iyi anlatmak için: "Namazsız bir dinde hayır yoktur.[59]" buyurmuştur. Allah insanı kendisini tanıması için yaratmıştır ve Allah'ı tanımanın en güzel yolu ise namazdır.

Bir hali nefsimde çok iyi analiz ettim ki, ne zaman namazlarımı vaktinde kılsam hele bir de cemaatle birlikte yirmi yedi kat fazla sevaba mazhar olarak kılsam, işte o zaman içimi muazzam bir huzur kaplıyor. O anda vazifemi bitirmiş olmamın vermiş olduğu rahatlık paha biçilemez. Sanki kıyamet kopmuş da bana: "Haydi bakalım gir cennete." demişler. Ama ne zaman namazımı vaktinde kılmazsam o zaman da her geçen saniye üzerime bir üşengeçlik, bir ağırlık, bir tembellik biniyor. Hele ki o namaz yatsı namazıysa ve ben vaktinde kılmayıp ertelediysem, vakit gece yarısını gördü, gözlerimin perdeleri film bitti diye aşağı çekildi, bir de uyku bastırdıysa, ha üzerime bin tonluk bir ağırlık koymuşsun ha yatsı namazını bir farkı kalmıyor. Namaz gözümde öyle büyüyor. İçimden sürekli:

---

59 Ebu Davud, Harac, 25-26.

"Şimdi kalkıp kılacağım." diye geçiriyorum ama dakikalar geçtikçe geçiyor. Sonra bir bakmışım yatsı namazını kılmışım ama imsak vaktinden yirmi dakika önce. Tabi namazı geciktirmeme her zaman ertelemem sebep olmuyor. Bazen de sevdiğim bir işe ara vererek namaz kıldığımda nefsimin: "Bir an önce namazı kılayım da işime devam edeyim." diye düşündüğünü, namazı o işin arasında ikinci plana attığını görüyorum. Bu da namazımın bütün lezzetini iptal ediyor. Peki bizler bu halden nasıl kurtulacağız? Namazı vaktinde ve hakkıyla nasıl kılacağız? Ben bu haller başıma geldiğinde, aklımda namazı ertelemek, vaktinde kılmamak adına düşünceler gezdiğinde, kalbimde namazımın önüne başka şeyler geçtiğinde kendime şu üç soruyu soruyorum.

Birincisi

Namaza karşı nefsimde bir tembellik mi hissettim aklıma hemen: "Onlar (münafıklar) namaza kalktıklarında üşenerek kalkarlar, insanlara gösteriş yaparlar, Allah'ı da pek az hatıra getirirler."[60] ayetini getiriyorum ve nefsime diyorum ki: "Ey nefsim yoksa sen de münafıklar gibi namazda tembellik mi edeceksin?"

İkincisi

Namaz kılmak nefsime ağır geldiğinde ise aklıma hemen Kur'an'dan bir diğer ilacı: "Sabır ve namazla Allah'tan yardım isteyin. Şüphesiz bunlar, Allah'a huşû ile boyun eğenlerden başkasına ağır gelir. Onlar kesinlikle Rablerine kavuşacaklarını ve O'na döneceklerini bilen kimselerdir.[61]" ayetini getiriyorum ve yine nefsime soruyorum: "Sen ey nefsim! Allah'ı sevdiğini iddia ediyor, bir gün O'nun huzuruna çıkıp hesap vereceğine inanıyorsun.

---

60 Nisâ/142.

61 Bakara/45-46.

Cennette O'na kavuşmak, cemalini seyretmek istiyorsun. Bütün bunlar ise O'na karşı derin bir sevgi ve saygı duymana yani huşû sahibi olmana bağlıdır. Şüphesiz ki iddia ispat ister. Lakin sen bu iddialarına karşılık namazı ağır bir yük şeklinde görüyorsun.

Halbuki namaz huşu sahipleri için:

"Gönüldeki yaraların sabır ipliği ile dikilmesidir."

"Ya Rab kâinatı seyrettim ve duyduğum haşyeti haber vermek için huzuruna geldim." demektir.

"Canım çok yanıyor Allah'ım. Bilirim ki Senden(cc) başka şifa verecek yok." diye ilan etmektir.

"Kulun dergahına geldi, secde etti, rahmet kapının tokmağını vurdu. Beni de içeri almaz mısın?" deme şeklidir.

"Ruhun gıdası, derdin devası, gönlün safâsıdır."

Madem namaz huşu sahipleri için bu anlamlara gelir o zaman sen ey nefsim Allah'ı sevdiğini iddia ettiğin namazda nasıl olur da tembellik edersin? Karnı acıkan kimse ziyafet sofrasına oturmakta tembellik eder mi?

Üçüncüsü

Ben Allah'ı(cc) sevdiğim gibi Resulullah'ı(sav) da sevdiğimi iddia ediyorum. O halde bu bir kaidedir ki: "Seven, sevdiğinin sevdiklerini de sevmek zorundadır."

Mesela ben eğer eşimi seviyorsam, eşimin ailesini de severim. Ya da bir dostumu seviyorsam, onun yanındaki dostlarını da severim. Çünkü sevmek bir fedakarlıktır. Namaz Allah'ın bizlere Efendimiz(sav) ile gönderdiği Miraç hediyesidir. Belki de şu kainatta namaza en az muhtaç olan insan Efendimiz'dir(sav) zira Efendimiz(sav), Allah'ın en sevdiği kulu ve Resulü idi. Geçmiş ve gelecek günahları bağışlanmıştı. Gündüz vakitlerinde namazları kıldırması, bazı zamanlarda cihada çıkması, ashabının işleriyle ilgilenmesi, anlaşmazlıkları çözmek için gayret göstermesi gibi işlerle meşgul olurdu. Buna rağmen geceleri de ayakları şişinceye kadar namaz kılar; "namaz benim göz aydınlığımdır.[62]" buyururdu.

> "Kılınmamış her namaz, yırtılan bir cennet bileti değil midir?"

Öyleyse sen ey nefsim hem Onun(sav) ümmetinden olmak istiyorsun hem de Onun sevdiğine karşı tembellik mi ediyorsun? Bu olacak iş değildir.

İşte bu üç noktayı hatırlamak ve düşünmek nefsimin namaza karşı tembellik gösterdiği durumlarda onunla olan mücadelemde bana yardımcı oluyor. Evet bu satırları okuyan kardeşim, sen de kendi nefsini dizginlemek istersen bu satırları hayatının tam orta yerine yerleştir ki namaz vazgeçilmezin olsun...

62 Nesâî, İşretu'n Nisâ l; Ahmed b. Hanbel, Müsned, 111, 128, 199).

Namazda Yapılan On İki Büyük Hata

Daha önce hiç sizin için çok değerli olan bir şeyin başkası için hiçbir anlam ifade etmediğine şahit oldunuz mu? Ya da başkası için çok kıymetli olan bir durumun sizin için bir mana ifade etmediğini hissettiniz mi? İlla ki böyle şeyler yaşamışsınızdır. Çünkü kıymet kişinin karşıdaki şeye verdiği değere göre değişir. Mesela erkekler için futbol çok kıymetliyken çoğu kadın için o kadar da kıymetli değildir. Veya kadınlar için özel günlerin hatırlanması çok önemliyken; çoğu erkek için de bu o kadar ehemmiyetli olmadığından o günler unutulabilir. Hiçbir çocuk başkasının kalbinde kendi annesinin kalbindeki kadar kıymetli değildir. Aynı şekilde başka babalar da olmasına rağmen herkese göre en iyi baba kendi babasıdır. Birçok şeyin kıymeti insandan insana farklılık gösterebilir. Tek şey hariç. Namaz!

Müminler arasında farklılık arz etmeyen tek değer vardır; o da namazdır. Namaz her mümin için Allah Resulü'nden(sav) kendisine armağan edilmiş paha biçilemez bir hediyedir. Öyleyse kıymeti bu denli yüksek olan bir hediyenin korunması gerekir. Zira insan en kıymetlisini korumak ister. Mesela evini, hanımını, çocuğunu, malını korumak isteyen insan önce evinin dış kapısına çelik kapı taktırır. Sonra apartmana bir dış kapı yaptırır. O da yetmez, sitenin etrafını duvarla çevirip güvenlik görevlisi alır ve sitenin dört bir yanına kameralar taktırır. Canını, sevdiklerini, malını korumak için her şeyi yapar. Peki insanın imanı mı daha önemli yoksa evi mi? Tabi ki de imanı! Madem insanın imanı her şeyden ehemmiyetli o halde evini koruyan insanın namazını da koruması ve namazda yapılan hatalara dikkat ederek güvenlik önlemlerini alması gerekir. Zira insanın tadili erkan ile namaz kılabilmesi için bu hataları yapmaması şarttır. Bizlerin namazda sıkça yaptığı çok hata var ama biz bu satırlarda bunların 12 tanesine yer vereceğiz.

Birincisi

Sizin de hem namaz kılıp hem de o esnada etrafta olan her şeyi takip edebilen tanıdıklarınız var mı?

Böyle insanlar bir yandan Fatiha'yı okurken diğer yandan "yoldan kim geçiyor, kargo arabası bize mi geldi, bugün de hava biraz yağmurlu gibi" diye çevrede olan her şeyi görebilirler. Çünkü namaz esnasında yerde olması gereken gözleri yukarıdadır. İşte bizlerin namaz kılarken yaptığı hatalardan ilki bakışları kaldırmamızdır. Halbuki bakışlarımız secdeye gittiğimiz yerde olmalıdır. Enes bin Malik'in rivayetine göre bir gün Efendimiz(sav) böyle yapanlar için: "Bazı kimselere ne oluyor ki, namazlarında gözlerini semaya dikiyorlar?" demiş ve daha sonra ses tonunu şiddetlendirerek: "Ya bundan vazgeçerler ya da gözlerinin nuru alınır da kör olurlar.[63]" buyurmuştur.

63 Buhârî, Ezân 92. Ayrıca bk. Müslim, Salât 117; Ebû Dâvûd, Salât 163; Nesâî, Sehv 9; İbni Mâce, İkâme 67.

İkincisi

Bir gün Ayşe(ra) annemiz Efendimiz'e(sav) namaz esnasında başı sağa sola çevirmenin hükmünü soruyor ve Allah Resulü(sav): "Bu, kulun namazından bir miktarını şeytanın kapıp aşırmasıdır.[64]" buyuruyor.

Ebû Zerr'el Gıffari'nin(ra) rivayet ettiği bir hadise göre de aynı konu için Efendimiz(sav): "Kul namazda iken Allah Teâlâ hep ona yönelmiş halde bulunur. Kul sağa sola bakınca Allah da kulundan yüz çevirir.[65]" diyor.

Peki neden basit bir baş çevirme hareketinin hükmü bu kadar ağır oluyor? Çünkü bizler namazda başımızı sağa sola çevirerek şeytanın bizi meşgul etmesine fırsat verdiğimizden onun eline bir zafer vermiş oluyoruz. Şeytanın meşguliyetine kapıldığımızdan Allah ile bağımızı koparıyoruz. Bu yüzden de bazen namazda hataya düşüyor, okuduğumuzu şaşırıyor hatta kaçıncı rekatta olduğumuzu bile unutuyoruz. Çünkü o anda kalbimiz Allah ile meşgul değil. Huşumuz bozulmuş, şeytan vesveseleri ile Allah'a yönelmemizi ihlal etmiş. İşte Allah bu halimizden razı olmadığı için de namazdan kazanacağımız ecir ve sevap noksanlaşıyor. Onun için bizlerin namaz esnasında sağa sola bakma hatasından bir an evvel kurtulması gerekiyor.

Üçüncüsü

Toplum içinde "jet imam" diye bir tabir vardır duymuş muydunuz? On rekatlık namazı iki dakikada bitirebilen insanlar için kullanılır. Hatta bazen bizim de ev işlerinden, iş yerinin yoğunluğundan, çocuğun ağlamasından, misafir gelecek telaşından, hoca gelmeden

64 (Buhârî, Ezân 93, bk. Ebû Dâvûd, Salât 161).
65 (Nesâî, Sehv 10).

derse yetişebilme çabasından jet imamların arasına katıldığımız zamanlar olur. Namazı öyle hızlı kılarız ki, ne okuduğumuz sure ve duaların kelimeleri anlaşılır ne de namazda söylediklerimizi düşünmeye vaktimiz kalır. İşte bu şekilde rükunların hakkını vermeden namaz kılmak da namazda yapılan hatalardan biridir. Efendimiz(sav) namazı hızlı kılanlar için: "İnsanların hırsızlıkta en ileri olanı, namazından çalan kimsedir." demiştir. "Ey Allah'ın Resulü, kişi namazından nasıl hırsızlık yapar?" denilince: "Rükusunu ve secdesini tam yapmaz. Bu namazdan çalmaktır. İnsanların en cimrisi de selâm (verip alma) da cimri davranandır.[66]" buyurmuştur.

Bizlerin işimizin çokluğunu ve vaktimizin darlığını sebep göstererek tadil-i erkanı terk etmemiz asla doğru değildir. Çünkü insanın iş için namazda acele etmesi bir kere en başta İslam'a aykırıdır. İlla bir fedakarlık yapılacaksa bu fedakarlık namazımızdan değil, işimizden olmalıdır.

Dördüncüsü

Secde etmek namazın farzlarından biridir ve secdenin en mükemmel şekli iki eli, iki dizi, iki ayağı ve alın ile birlikte burun kemiğini bir bütün halinde yere koymaktır. Eğer bir kimse iki ayağının hiçbirini yere koymazsa secde sahih olmaz. Kadın ve erkek için durum aynıdır. Secde süresince ayakların her ikisinin de yerden kesilmesi namazı bozar. Ancak bir rükün yerine getirilinceye kadar ayakların ikisi veya biri az da olsa yerde olursa namaz geçerlidir.

İbni Abbas'tan(ra) rivayet edildiğine göre; Efendimiz(sav) bu konu ile ilgili şöyle buyurmuştur: "Yedi kemik veya uzuv üzerinde secde etmeye emrolundum. Bunlar; alın, burun (alın ve burun ikisi bir

66 (Müsned-i Ahmed b. Hanbel, III/70).

sayılıyor) iki el, iki diz, ve iki ayağın kenarları. Bir de elbise ve saçlarımızı toplamamakla emrolunduk.[67]"

Yani bizlerin namazda sıkça yaptığı secdede ayakları kaldırmak, burnu yere değdirmekten kaçınmak, son zamanların modası olan namaz esnasında elbisemizi toplamak, üstümüzü düzeltmek, sakalımızı okşamak, dağılan saçımızı düzeltmek de bir an evvel düzeltmemiz gereken hatalardandır.

Beşincisi

İmamla yarışa girer gibi namaz kılmak. Cemaatle namaz kılarken bazı insanların imamdan önce rükuya eğilip imamdan önce secde ettiğine şahit oluyoruz. Halbuki bizler cemaatle namaz kılarken en evvel imama uymaya niyet ederiz. Madem imama uymaya niyet ediyoruz. O halde onu takip etmeli ve yaptıklarımızı ondan hemen sonra yapmalıyız. Çünkü hem imama uymamız, hem de uymamış gibi ondan önce hareket etmemiz caiz değildir. Zira Efendimiz(sav) bu davranışta bulunan insanlar için: "Sizden biriniz, imamdan önce başını (rükû veya secdeden) kaldırdığı zaman, Allah Teâlâ'nın; başını merkep başına veya suretini, merkep suretine çevirmesinden korkmuyor mu?[68]" demiştir.

Cemaatle namazda kendisi imama değil de imam kendisine uyacakmış gibi davranan kimselerin yaptıkları şey ahmaklıktan başka bir şey değildir. Zaten böyle insanların hadiste merkebe benzetilişleri de bu ahmaklıkları sebebiyledir. Çünkü basiretsizlik, inatçılık, ahmaklık merkebin vasfıdır.

67 (Buharî, Ezan, 133-134).

68 (Buhârî, Ezân 53; Müslim, Salât 114-116. Ayrıca bk. Tirmizî, Cum'a 56; Ebû Dâvûd, Salât 75; Nesâî, İmâmet 38; İbni Mâce, İkâme 41).

Altıncısı

> "İnsanların hırsızlıkta en ileri olanı namazından çalan kimsedir"
> (Hadis-i Şerif)

Namaz kılarken secdede bazı erkeklerin yere elden dirseğe kadar tüm kollarını koyduklarını, bazılarının da tamamen uçuşa hazırlanıyor gibi dikey olarak havada tuttuklarını görürüz. Bu da namazda yapılan hatalardan bir diğeridir. Zira secde pozisyonunda erkeğin duruşu kadınınki gibi değildir. Kadın tesettürüne daha uygun olduğu için secdede karnıyla uyluğunu yapıştırır, ellerini dirseklerine kadar yerde bitişik durumda tutar ama erkek ellerini secdeye koyarken kollarını yere koymaz ve karnını da uyluğu ile yapıştırmaz.[69]

Hz. Enes'ten nakledilen rivayete göre Allah Resulü(sav) erkeklerin secdede iken yaptığı bu yanlış için: "Secdelerinizde mutedil olun, biriniz (secde ettiği vakit) kollarını köpeğin döşediği gibi sermesin.[70]" buyurur.

Yedincisi

Sizin de hiç, camiye on metre kala ezanın okunmasıyla, cemaate yetişeyim diye koşu yarışına katılmış gibi kaçarak nefes nefese camiye gittiğiniz oldu mu? Eminim ki, birçok insanın başına gelmiştir. Hatta bunu yapan insan belki de içinden; "ne koştum beee, ben de ne mübarek bir kulum" diye geçirip havaya bile girmiştir.

İşte bu da bizlerin namazda sıkça yaptığı hatalardan bir diğeri ve böyle haller için Efendimiz(sav): "Namaz için kamet getirildiğini işittiğiniz zaman, sakin ve ağırbaşlı bir şekilde (namaz kılmaya)

---

69 (Bk. Haşiyetü's-Sindi ala'n-Nesai, 2/183, 214).
70 (Ebu Davud, h. No:897).

yürüyerek gelin. Hızlı bir şekilde gelmeyin. Namaza yetişebildiğiniz kadarını (imamla birlikte) kılın. Yetişemediğiniz kısmı ise (kendiniz) tamamlayın.[71]" diye bizleri ciddi uyarıyor. Bizim o yetişme telaşımız insanların zihninde "ne oldu acaba" diye bir algı oluşturup cemaatin huşusunu bozabilir.

Sekizincisi

Size bir soru: "Sonradan cemaate yetişen kişinin imamın secdeden veya rükudan kalkmasını beklemesi gerekir mi, gerekmez mi? Siz bekleyenlerden misiniz? Yoksa beklemeyenlerden mi?'' Eğer bekleyenlerdenseniz bu da namazda yapılan bir hatadır ve Efendimiz[(sav)] bu konu ile ilgili: "Siz mescide geldiğinizde imam hangi hal üzere olursa hemen uyun ve yapmakta olduğunu yapın.[72]" buyurmuştur. Yani burada bize düşen imamın kalkmasını beklemek değil hemen namaza durmaktır.

Dokuzuncusu

Çoğu insanın namazda sıkça yaptığı hatalardan bir diğeri de rükudan sonra tam doğrulmama halidir. Halbuki bizlerin namazda rükudan kalkarken, secdeye gitmeden önce iyice doğrulması ve en az bir kere: "Sübhâne Rabbiye'l-Azîm." diyecek kadar ayakta durması gerekir. Zira Allah Resulü[(sav)] bu konu ile ilgili bizlere: "Vücudun tam istikrar buluncaya kadar bekledikten sonra başını kaldır ve ayakta tam doğruluncaya kadar bekle.[73]" demiştir ve tam doğrulana kadar beklememizi emretmiştir.

---

71 Buharı, Ezan 21, Cum'a 18; Müslim, Salât 151-154 (602); Ebu Dâvud, Salât 54 (572, 573); Tirmizî, Salât 127 (327); Nesâî, İmame 57; İbn Mâce, Mesâcîd 14 (775); Ahmed b. Hanbel, 2/270,489.

72 (Tirmizi, Salat 414, (591); Ebu Davud, Salat 28, (506).

73 (Sahih Buhari, 10/186).

Onuncusu

Hz. Aişe Validemiz'in[ra] rivayet etiğine göre Efendimiz[sav] rükuya vardığında başını ne kaldırır ne de eğerdi. Bu ikisi arasında bir ölçüde tutardı. Rükudan başını kaldırdığında iyice doğrulup ayakta durmadıkça secde yapmazdı. Secdeden başını kaldırınca da iyice oturmadan ikinci secdeyi yapmazdı.

Normalde rüku avuç içlerini diz kapaklarına yapıştıracak şekilde iki büklüm olmak demektir ama günümüzde bazı insanlar bu eğilmede de sorun yaşıyor. Tam eğilmiyor ve namazda hataya düşüyor. Rüku özel durumu olan insanlara göre farklılık gösterse de sünnete en uygun rüku şu şekildedir: "Vücudun yukarı kısmı, baş dik olarak yere paralel şekilde öne doğru eğilir. Ayaklar kırılmaksızın dik tutularak eller de dizlere konur ve parmaklarla kavranır. Bu arada baş ile arka düz halde bulunmalıdır."

Kadınların erkekler gibi tam rükuya varmaları gerekmez. Rükuya yakın bir şekilde eğilmeleri kafidir. Oturarak namaz kılan kimselerin rüku ederken alnını dizlerine paralel olacak kadar sırtlarını eğmeleri gerekirken, sırtları yere paralel şekilde kambur kimselerinden ise sadece başlarını eğmeleri kafidir.

On Birincisi

Namazda yaptığımız bir diğer hata ise resim, fotoğraf veya tasvirler olan yerde namaz kılmamızdır. Bir gün Efendimiz[sav] namaz kılacakken Ayşe annemizin tasvirli perdesi dikkatini çekti ve ona "Şu perdeyi karşımdan kaldır. Çünkü üzerindeki tasvirler namazdayken sürekli bana görünüp duruyor.[74]" diyerek namaz kılacağı yerden üzerinde tasvir bulunan perdeye kaldırttı.

74 (Buhârî, "Libâs", 93).

Bizlerin de namaz kılacağımız yerde bu tarz şeyler bulunup bulunmadığına dikkat etmemiz şarttır. Fakat bunu yapabilmemiz için önce odada bulunan şeylerin hükmünü iyi bilmemiz gerekir. Öncelikle bilmeliyiz ki namaz kılınacak ortamdaki resmin gazetede veya televizyonda olmasının bir farkı yoktur. Fotoğraflar ise canlıya ve cansıza ait olmak üzere iki farklı hüküm alır. Canlıya ait fotoğraflar ya yaşayacak şekilde boy resmi olur ya da yaşamayacak şekilde yarım resim olur ve bu durumda yaşamayacak şekilde yarım, yahut bakınca seçilemeyecek kadar küçük olan fotoğrafların namaz kılınan yerde olmasının mahzuru yoktur. Ancak boydan resim ve fotoğraflara bir ihtiyaç olmaksızın cevaz verilmemiştir. Zira duvarında insana, hayvana veya diğer canlılara ait boy resimleri olan odada kılınan namaz mekruh olur. Eğer böyle bir odada namaz kılacaksak ya odadaki resimleri indirmemiz ya da üzerini örterek namaza durmamız gerekir. Gelelim cansızlara ait manzaralara. Çiçek, göl, orman manzaraları gibi görüntülerin namaz kılınan ortamda bulunmasının ise hiçbir mahsuru yoktur.

On İkincisi

Namazda sıkça yapılan bir diğer hata ise namaz kılan kimsenin önünden geçmektir. Bir insan namaz kılarken onun önünden birisinin geçmesi ile namazı bozulmaz ancak geçen kişi çok günahkar olur. Zira Efendimiz(sav) bu hatayı yapanlar için "Namaz kılan bir insanın önünden geçen kimse ne kadar günah aldığını bilseydi, onun önünden geçmektense 40 zaman orada durmayı tercih ederdi.[75]" buyurmuştur.

Bizlerin hem bu günaha düşmemesi için namaz kılan kimselerin önünden geçmemesi hem de karşıdaki insanı bu günaha

---

75 (Buhârî, Salât 101; Müslim, Salât 261. Ayrıca bk. Ebû Dâvûd, Salât 108; Tirmizî, Mevâkît 134; Nesâî, Kıble 8; İbni Mâce, İkâme 37).

düşürmemek için önlem alması en güzeli olacaktır. Namaz kılacak bir insanın önceden tedbir alıp sütre kullanması sünnettir. Sütre, önü açık bir yerde namaz kılan kimsenin gelip geçene siper olmak üzere ön tarafına koyduğu şeydir ve en az bir arşın yani 70 cm yükseklikte olmalıdır. Bir sütun, bir ağaç veya yere dikilmiş bir değnek, sandalye gibi yüksekliği olan herhangi bir şey namazda sütre olarak kullanılabilir. Eğer sütre olacak bir şey bulamazsak önümüze uzunca bir çizgi çizeriz ki onun arkasındaki şeylere bakıp kalbimizi meşgul etmeyelim. Namaz kılarken seccade sermemiz yere çizdiğimiz çizgiden önümüze geçmeyi daha çok engellediği için sütre yerine geçebilir. İbni Âbidin ise önümüze elbise veya kitap koymamızı da sütre için kafi görür.

Konunun sonuna gelirken bir şeyi daha hatırlatmakta fayda var. Bir insanın namaz için tüm bu hatalardan daha mühim ve büyük olarak yaptığı bir hata varsa o da "namazı kılmamasıdır!" Zira bir sorsanıza kendinize, şeytan da Allah'a secde etmiyor siz de. Farkınız nerede?

Yeni kitap önerimiz
için karekodu
telefon kameranıza
okutunuz.
Aynı karekod ile her hafta başka bir kitap

iyi ki kitaplar var...

ARAYIŞ

MEHMET YILDIZ

Ömrünün baharında solmuş bir genç...
Aile içi şiddeti, cinayeti, sokakları, uyuşturucuyu, pisliği,
yetimhaneyi, pişmanlığı ve varoluş sancısını yaşamış gencecik
bir yürek. Bu genç yaşında kaldıramıyor bu kadar yükü...
Bir arayışta...
Yaşadığı acı dolu hayata bir anlam bulmak istiyor bu genç.
Dipsiz bir kuyuda geleceği için bir parça umut arıyor...
Ve yolunu kaybedenlere rehberlik eden çiçeği
burnunda idealist bir öğretmen...
Büyük kâinatta kaderlerinin birlikte yazılması asla tesadüf değildi.
Mehmet Yıldız'ın gerçek bir hayat hikâyesinden
esinlenerek yazdığı bu romanda, bahtsız bir gencin sarsıcı
ve dokunaklı dönüşümüne şahit olacaksınız.
"Kimse boşu boşuna girmemiştir hayatımıza.
Ya imtihan olmuştur ya armağan."